高等职业教育公共基础课精品教材

心理健康教育教程

杨晓燕 孟丽娟 蒙金寿 主 编
朱晓宇 张云仙 彭力群 副主编
　　　　　　吕 薇 主 审

电子工业出版社
Publishing House of Electronics Industry
北京·BEIJING

内 容 简 介

为提升学生心理素养，促进学生健康成长，服务中国的发展建设，本书由教学经验和咨询经验丰富的教师编写而成。

本书包含辨识与走向健康、认识与提升自我、塑造与优化人格、认识与管理情绪、有效与快乐学习、增进与优化交往、培育与经营爱情、应对与战胜挫折、敬畏与珍爱生命、规划与适应职业10个章节，每章含有"名人名言""心理故事""知识链接""案例分析""拓展阅读""训练活动"等内容，中间穿插丰富的案例、翔实的阅读资料、活泼的训练互动和实践练习。

本书以学生为中心，以学习理论为指导，以"知情意行"的思路引导学生展开学习，让学生明白"是什么"、理解"为什么"、习得"怎么做"，实现实操性与理论性结合、学生自主与教师主导结合；引入丰富的思政案例，体现系统性与前沿性，实现"大思政"的育人效果。

本书既可以作为高校学生接受心理健康教育的课堂教材，也可以作为高校学生心理保健的自助读本。

未经许可，不得以任何方式复制或抄袭本书之部分或全部内容。
版权所有，侵权必究。

图书在版编目（CIP）数据

心理健康教育教程 / 杨晓燕，孟丽娟，蒙金寿主编. —北京：电子工业出版社，2024.6
ISBN 978-7-121-44716-7

Ⅰ. ①心… Ⅱ. ①杨… ②孟… ③蒙… Ⅲ. ①大学生－心理健康－健康教育－高等学校－教材
Ⅳ. ①G444

中国版本图书馆 CIP 数据核字（2022）第 242299 号

责任编辑：王昭松　　特约编辑：田学清
印　　刷：三河市鑫金马印装有限公司
装　　订：三河市鑫金马印装有限公司
出版发行：电子工业出版社
　　　　　北京市海淀区万寿路173信箱　　邮编　100036
开　　本：787×1 092　1/16　印张：15　字数：384千字
版　　次：2024年6月第1版
印　　次：2025年6月第2次印刷
定　　价：49.80元

凡所购买电子工业出版社图书有缺损问题，请向购买书店调换。若书店售缺，请与本社发行部联系，联系及邮购电话：(010) 88254888，88258888。

质量投诉请发邮件至 zlts@phei.com.cn，盗版侵权举报请发邮件至 dbqq@phei.com.cn。
本书咨询联系方式：(010) 88254015，wangzs@phei.com.cn，83169290（QQ）。

前言

为提升学生心理素养，促进学生健康成长，我们组织教学经验和咨询经验丰富的老师编写此书。本书坚持以社会主义核心价值观教育和心理品质形成规律为主线，坚持育心与育人相结合，将心理培育和家国情怀融合，将心理健康教育与社会心理服务体系融合，将"健康中国、幸福中国、平安中国"的理念贯穿始终，在潜移默化中坚定学生的理想信念，厚植爱国主义情怀，提高心理素质，加强品德修养，增长知识与见识，提升学生综合素质。

本书的特点体现在三个方面。

第一，从"积极导向、提升潜能"视角进行编写。关注积极心理品质的养成，把脉学生心理成长需求，以"知、情、意、行"的思路助推学生学习，将知识、活动、训练有序结合，实现以认知引发积极情感体验、以意志促积极行动、以行动促积极改变。

第二，贯穿"学生体验、教师引导"的理念。以体验式教学法为指导，设计体例，选取案例，设计训练，凸显学生的主体作用和教师的引导作用，鼓励学生自我体验、自我成长。

第三，遵循"助人自助、助人助己"原则开展教学。以"贴近生活、贴近心灵、贴近岗位"为主题设计教学训练及课堂讨论作业，使学生在自主完成、协作学习的过程中提高能力、促进成长。

本书由杨晓燕、孟丽娟、蒙金寿任主编，朱晓宇、张云仙、彭力群任副主编。其中，黄冈职业技术学院杨晓燕负责编写第一章、第二章、第十章；滨州职业学院孟丽娟负责编写第八章，湖北孝感美珈职业学院蒙金寿负责编写第三章；黄冈职业技术学院朱晓宇负责编写第六章和第九章；滨州职业学院张云仙负责编写第七章，湖北孝感美珈职业学院彭力群负责编写第四章，滨州职业学院黄海红负责编写第五章。此外，马金玲、王文峰、刘光辉等参与了部分内容的编写。本书由吕薇担任主审，负责全书审稿工作。

本书编写人员均为在高校心理健康教育一线工作、经验丰富的专职教师。他们克服困难，查阅资料、丰富案例，字斟句酌、反复修改，碰撞心灵、毫无保留地奉献自己的智慧和心血。

相信读者能够感受到本书编写人员的认真、积极、主动、负责，这本身就是对心理健康教育工作的解读和阐释。希望读者与编者一起获得成长、取得进步，以心理学功能服务更多人。

由于时间紧、能力有限，书中难免存在不足之处，恳请广大教师、学生和其他读者在使用过程中提出宝贵意见，使之更加完善。本书在编写过程中，参考和借鉴了许多相关书籍，谨向原作者表示衷心感谢！有些资料找不到原出处，在此，一并感谢所有的智慧贡献者！

编　者

目录

第一章　辨识与走向健康	1
第一节　心理健康概述	1
第二节　走近心理咨询	9
第三节　了解心理危机干预	15
第二章　认识与提升自我	23
第一节　自我意识概述	23
第二节　提升自我效能	39
第三章　塑造与优化人格	55
第一节　揭开人格面纱	55
第二节　解读气质与性格	65
第三节　塑造健康人格	72
第四章　认识与管理情绪	79
第一节　情绪概述	79
第二节　大学生的情绪特点	84
第三节　大学生的情绪管理	90
第五章　有效与快乐学习	99
第一节　学习心理概述	99
第二节　激发学习动机	103
第三节　掌握学习策略	109

第六章 增进与优化交往 ……………………………………………… 118
第一节 人际交往概述 …………………………………………… 118
第二节 人际吸引概述 …………………………………………… 126
第三节 运用沟通技巧 …………………………………………… 128
第四节 处理人际冲突 …………………………………………… 135

第七章 培育与经营爱情 ……………………………………………… 144
第一节 爱情概述 ………………………………………………… 144
第二节 走出恋爱困境 …………………………………………… 152
第三节 培养爱的能力 …………………………………………… 156

第八章 应对与战胜挫折 ……………………………………………… 164
第一节 挫折概述 ………………………………………………… 164
第二节 增强心理韧性 …………………………………………… 174

第九章 敬畏与珍爱生命 ……………………………………………… 183
第一节 生命与生命教育 ………………………………………… 183
第二节 感恩与宽恕 ……………………………………………… 188
第三节 触摸幸福 ………………………………………………… 196
第四节 健康生活 ………………………………………………… 201

第十章 规划与适应职业 ……………………………………………… 211
第一节 规划职业生涯 …………………………………………… 211
第二节 适应职业角色 …………………………………………… 218
第三节 做好创业准备 …………………………………………… 223

第一章 辨识与走向健康

"一切的成就,一切的财富,都始于健康的心理。"对于大学生来说,具有健康的心理是非常重要的,掌握心理健康的概念和标准,了解通向心理健康的途径和方法,提高心理健康水平,是适应未来社会生活和走向成功的关键因素。

第一节 心理健康概述

 名人名言

如果做好心理准备,一切准备都已经完成。

——莎士比亚

感觉剥夺实验

1954年,美国心理学家做了一项"感觉剥夺"实验。心理学家以每人每天20美元的报酬雇用了一批学生作为被试者。心理学家将学生关在有隔音装置的小房间里,让他们戴上半透明的保护镜,尽量减少视觉刺激。接着,又让他们戴上木棉手套,并在其袖口处套了一个长长的圆筒。为了限制各种触觉刺激,又在其头部垫上了一个枕头。除了进餐和排泄的时间,要求学生们其余时间都躺在床上。这样就形成了一个所有感觉都被剥夺的状态。结果,尽管报酬很高,但是几乎没有人能在这项实验中忍耐3天以上。最初的8个小时还能撑住,之后,学生们就吹起了口哨或者自言自语,有点烦躁不安了。在这种状态下,即使在实验结束后让他们去做一些简单的事情,他们也会频频出错,精神也集中不起来。实验持续数日后,一些学生产生了幻觉。到第4天时,一些学生会出现双手发抖、不能笔直走路、应答速度迟缓,以及微感疼痛等症状。实验结束后,学生们需要3天以上的时间才能恢复到原来的正常状态。

> 启示：由上述实验可以得出，丰富的感觉刺激对维持我们正常的心理状态和心理健康是必需的。我们所处的世界丰富多彩，每个人的生活和个人的职业发展都是建立在与外界大量接触的基础上的，需要有足够的心理准备去应对外界的刺激。如果能体验酸甜苦辣的人生百味，如果有机会领略各地不同的风土人情，如果拥有丰富的知识和情感，那么我们对于生命的体验就越深，就越能有效地把握自己的命运，驾驭好自己的命运之舟。

健康是一个人生命的基石，拥有一颗健康的心灵是成功、成才的基础。面对复杂纷扰的世界，如何维护好自身的健康？什么是健康？健康的标准是什么？

一、健康的定义

传统医学和世俗观念通常用人体测量、体格检查和各种生理指标来衡量人的健康，忽略了人的内心世界和社会方面。随着传统的"生物医学"模式开始向"生物—心理—社会医学"模式转变，人们对健康的定义有了更深刻、全面的认识。

世界卫生组织（WHO）提出了关于健康的新观念，将健康定义为"健康乃是一种生理、心理和社会适应都臻于完满的状态，而不仅仅是没有疾病和虚弱的状态"。1990年，世界卫生组织对健康的定义又赋予了新的内涵，指出健康是一个人在身体健康、心理健康、社会适应健康和道德健康四方面皆健全，并明确提出了10条标准。人们可以据此来检测自己是否处于健康状态：一是有充沛的精力，能从容不迫地担负日常工作和生活，而不感到疲劳和紧张；二是积极乐观，勇于承担责任，心胸开阔；三是精神饱满，情绪稳定，善于休息，睡眠良好；四是自我控制能力强，善于排除干扰；五是应变能力强，能适应外界环境的各种变化；六是体重得当，身材匀称；七是牙齿清洁，无空洞，无痛感，无出血现象；八是头发有光泽，无头屑；九是反应敏锐，眼睛明亮，眼睑不发炎；十是肌肉和皮肤富有弹性，步伐轻松自如。可见，健康不仅仅指生理健康，还指心理健康、社会适应健康与道德健康。人是有着复杂的心理活动、生活在一定的社会环境中的完整的人，是生理、心理与社会层面的统一。因此，人的健康体现为在生理、心理、社会这三方面都保持良好的状态。

二、心理健康的概念及标准

（一）心理健康的概念

关于心理健康的概念，不同学者持有不同的解释。例如，心理学家 H. B. English 认为："心理健康是指一种持续的心理情况，当事者在那种情况下能做良好适应，具有生命的活力，而能充分发展其内心的潜能。"社会学家 W. W. Boehm 认为："心理健康就是合乎某一水平的社会行为，一方面能为社会所接受，另一方面能为个人带来快乐。"第三届国际心理卫生大会中指出："心理健康是指身体、智能及情感上能保持同他人的心理不相矛盾，并将个人心境发展为最佳的状态。"

基于以上观点，我们可以从狭义和广义的角度来理解心理健康。狭义的心理健康是指个体的基本心理活动过程，即认知、情感、意志、行为和人格，内容完整，协调一致，能顺利适应社会。广义的心理健康是指个体不仅没有心理疾病，而且自身的心理系统及其机能处于一种持续的积极发展的心理状态，充分发挥身心潜能。

（二）心理健康的标准

衡量一个人生理健康与否的标准非常具体、精确，有固定的参考数值。但判断一个人心理是否健康的标准和依据是什么呢？目前理论界存在不同看法，因为心理健康与不健康只是一组相对的概念，它们之间没有严格的界限。心理健康本身是一个动态的过程，可能随个体自身的发展而变化，也可能因所处情境的不同而不同。

一般来说，判断个体的心理是否健康主要看5个方面：一是统计学标准，根据大量正常心理特征的测量取得常模，把当事人的心理特征与常模进行比较；二是社会规范标准，当事人的行为符合公认的社会文化行为规范即为健康；三是临床症状标准，根据当事人是否存在医学上的症状来判断，如焦虑、抑郁、强迫等；四是经验标准，研究者凭借自己的经验对当事人的心理健康状况进行判断；五是自身行为标准，它是指当事人在以往生活中形成的稳定的行为模式，通过观察当事人的行为是否偏离自身行为标准来判断心理健康与否。

其实，心理健康的标准是一种理想尺度，它一方面为人们提供了衡量心理是否健康的标准，同时也为人们指出了提高心理健康水平的努力方向。如果每个人在自己现有的基础上做不同程度的努力，都可追求自身心理发展的更高层次，从而不断发挥自身潜能。

（三）大学生心理健康的标准

根据大学生的心理特征、大学生特定社会角色的要求及心理学的基本理论，大学生心理健康的标准主要侧重8个方面。

1）**保持对学习的浓厚兴趣和求知欲望**

学习是大学生活的主要内容。心理健康的大学生都会珍惜学习机会，求知欲望强烈；能克服学习中的困难，学习成绩稳定；能保持一定的学习效率，从学习中体验满足与快乐。

2）**保持正确的自我意识**

大学阶段是大学生自我意识发展与完善的重要时期。一个心理健康的大学生能客观地认识和评价自己的能力、性格、优点、缺点，能根据实际情况确立自己的理想目标，能接纳自己，自尊、自强、自爱，正视现实，积极进取。

3）**有效调节与管理情绪**

心理健康的大学生情绪稳定，能及时察觉并调适自己的情绪状态；在自己出现负性情绪时，能合理有度地宣泄消极情绪，保持良好的情绪状态。

4）**保持完整和谐的人格品质**

健全的人格是大学生成长与成才的重要保障。了解认识自己的气质、性格、能力等人格特点并进行优化与完善，得到合理、平衡发展，对大学生来说非常重要。

5）**保持良好的人际关系**

和谐的人际关系是事业成功与生活幸福的重要前提。心理健康的大学生通常乐于与人交往、善于交往，在与他人的互动中不断认识自我、理解他人，妥善地处理人际关系。

6）**意志坚定，具有良好的挫折应对能力**

心理健康的大学生往往具有坚定的意志和较强的抗挫折能力。在大学生活中，能够较长时间保持对某一目标的兴趣,能适时地做出决定并有效地解决问题;在困难和挫折面前,能保持信心和勇气,采取合理的应对方式。

7)具有良好的适应能力

大学生对自然环境和社会环境应该有较强的适应能力,不仅能面对现实和接受现实,而且能进一步改造现实,而不是逃避现实。一个心理健康的大学生能够与社会保持良好的接触,能够及时调整自己的需要和愿望,使自己的思想和行为与社会协调一致。

8)心理行为符合年龄特征

心理健康的大学生的认知、情感、言行、举止都符合他所处的年龄阶段。一个心理健康的大学生应该精力充沛,勤学好问,反应敏捷,喜欢探索。

(四)心理素质的内涵

心理素质是在遗传基础之上,在教育与环境影响下,经过主体实践训练所形成的性格品质与心理能力的综合体现。其中的心理能力包括认知能力、心理适应能力与内在动力,对内制约着主体的心理健康状况,对外与其他素质一起共同影响主体的行为表现。也就是说,心理素质是以生理素质为基础,在实践活动中通过主体与客体的相互作用,而逐步发展和形成的心理潜能、能量、特点、品质与行为的综合体现。

心理素质水平的高低应该从以下方面进行衡量:性格品质的优劣、认知潜能的大小、心理适应能力的强弱、内在动力的大小及指向。良好的个性包括自知、自信、自强、自律、乐观、开朗、坚强、冷静、善良、合群、热情、敬业、负责、认真、勤奋等。正常的智力指感觉、知觉、记忆、思维、想象、注意力正常。心理适应能力包括自我意识、人际交往、心理应变、竞争协作、承受挫折、调适情绪、控制行为的能力。内在动力包括合理的需要、适度的动机、广泛的兴趣、适当的理想、科学的信念。

训练活动1-1 完成句子

【目的】通过自我反思,意识到自己需要提升的心理素质有哪些,并积极行动起来提升心理素质。

【步骤】

时间:10分钟。

操作:请完成下面的陈述句。

(1)"我"具有的良好心理素质:＿＿＿＿＿＿＿＿＿＿＿＿＿＿＿＿＿＿＿＿。(不少于5个)

(2)别人具有的良好心理素质:＿＿＿＿＿＿＿＿＿＿＿＿＿＿＿＿＿＿＿＿＿。(不少于5个)

(3)"我"不具有的良好心理素质:＿＿＿＿＿＿＿＿＿＿＿＿＿＿＿＿＿＿＿。(不少于5个)

(4)如何培养自己良好的心理素质?＿＿＿＿＿＿＿＿＿＿＿＿＿＿＿＿＿＿＿。(方法不少于5个)

(5)当你完成上面的练习时,你有什么感想?＿＿＿＿＿＿＿＿＿＿＿＿＿＿＿＿。

三、塑造健康的心理状态

大学生正处在人生观、价值观的形成时期，有较强的个人独立意识，崇尚自己的事情自己决定，注重"面子"，自尊心很强，通过专业性和非专业性协助强化自己的责任感，增强自我调适的意识，提高自我调适的能力，就显得很有必要了。

（一）追求成功体验，改善自我观念

拥有一个积极的自我是心理健康者的核心特质。自我观念积极的人在人群中感到自信，能以"真实的我"出现，能够正确地认识自己，以肯定的态度接受自己的长处并发展潜力。大学生应努力做到：建立多方面的价值追求，积极寻找多方面的成功机会；适当培养冒险精神，增加成功的机会；取得成功后充分享受成功的喜悦；即使失败，也要鼓励自己，再去尝试，不放弃对成功的追求。

（二）适当表达情绪

从心理健康观点来看，大学生要善于表达自己的情绪，在不伤害别人的情况下，不要过分地加以掩饰，要合理应对。研究发现，大学生在不同的时期会有不同的生活事件发生，表1-1列出了大学生的不同生活事件，请你写出不同的应对方式。

表 1-1　大学生生活事件应对方式汇总

大学生生活事件	频　数	比例（%）	应 对 方 式
教师管理太严格	57	49.6	
学校管理制度太严格	52	45.2	
大学生活不适应	58	50.4	
远离父母、家人	56	48.7	
饮食不习惯，气候不适应	43	37.4	
学习难度加大，非常困难	80	69.6	
学习负担重，难以应付，担心考试不及格	81	70.4	
得到老师表扬	41	35.7	
受到老师批评	47	40.9	
与想象中的大学有差别，感到失望	58	50.4	
没有家信	22	19.1	
收到同学来信	44	38.2	
想家	56	48.7	
父母感情不和	19	16.5	
父母管教太严格	21	18.3	
家庭经济条件困难	58	50.4	
不被同学理解	41	35.7	
宿舍关系失和	25	21.7	
与好友出现矛盾	29	25.2	

续表

大学生生活事件	频　数	比例（%）	应对方式
没有朋友	32	27.8	
孤独、寂寞	23	20.0	
结交异性朋友又担心被人发现	23	20.0	
晚上睡不好觉	29	25.2	
上课听不进去	30	26.1	
想谈恋爱	22	19.1	
经常焦虑	28	24.3	
家庭成员重病、伤人	8	6.9	
考试失败	42	37.5	
竞赛失利	20	18.1	
评选落空	33	27.9	
……			

面对不同的生活事件，应对方式不一。在不伤害他人的情况下可以适当表达自己的情绪（包括怨恨、悲伤、愤怒等），也可以向亲密的朋友倾诉，或写信、写日记、自我倾诉，向同病相怜的人倾诉；也可以从事正当的消遣娱乐、体育运动、旅游，伴随着身体的放松使负面情绪得以缓解；也可以欣赏音乐，让自己的感觉伴随着音符自由地流动；也可以专注于阅读、游戏、整理花木和电脑学习等活动，在安静的环境中缓解不良情绪。

（三）提高交往水平，善用社会支持

正常的人际交往是满足个人爱与归属的需要、建立个人自我价值观的重要途径。在人际交往中，要学会对自己和他人负责；主动关怀和帮助别人，从中体会做人的价值；对人不苛求，主动发现他人的优点，欣赏他人的成功；当个人面临难以应对的压力情境时，乐于接受、主动寻求、善于利用他人所能提供的社会支持。

（四）拓宽学习领域，培养学习兴趣

大学生要在大学阶段确定自己的学习目标，不断培养自己的学习兴趣，提高自己的学习能力，而不应把自己局限在一个非常狭窄的专业领域之内。美国芝加哥大学教授艾伦·布鲁姆认为，对于大学生来说，"在短短的三年之中，他必须了解在以往他所知的小小世界之外，还存在着更为辽阔的天地，亲自领略它的乐趣，充分汲取知识的营养，以支撑自己去征服那片注定要穿越的知识荒漠。"因此，当代大学生要为自己挤出足够多的时间，拓展学习领域，思中学、学中思、思中做。

（五）妥善处理感情，培养恋爱道德

大学生渴望享受爱情、拥有爱情，也会遇到恋爱的困扰。保加利亚的著名的伦理学家瓦西列夫说："只有人才把道德带进了两性关系，他一旦爱上一个人，就承担了尊重这种亲昵的友谊，并且要把它看作最大的幸福而履行相应义务。当一个人体验到真正的爱情时，

他就会表现出自我牺牲精神和巨大的道德力量,因而具有良好的恋爱道德的人才会在恋爱中做到行为得体、真诚坦然,保持心理的平衡和健康。"

(六)正确对待压力,形成理性认识

对挫折有理性的认识,对待压力有正确的态度,这对于大学生来说是十分重要的。首先,压力是不可避免的。"自古雄才多磨难,从来纨绔少伟男。"其次,压力是具有积极意义的。比如压力有助于我们认识自己的优点、缺点和发展潜力;压力可以使人突破能力的局限,激发出个人的生命活力;压力让人增长人生经验、增强自信,学会对自己负责,变得更加成熟;压力充实了我们多姿多彩的人生,构成了我们有意义的生命历程的华彩乐章。再次,压力是可以控制的。压力情境多数是可以控制的,主观努力即使不能战胜压力,至少能减轻压力造成的损失程度。

小猫逃开影子的招数

"影子真讨厌!"小猫汤姆和托比都这样想,"我们一定要摆脱它。"然而,无论走到哪里,汤姆和托比发现,只要阳光一出现,它们就会看到令它们抓狂的自己的影子。不过,汤姆和托比终于找到了各自的解决办法。汤姆的办法是永远闭着眼睛。托比的办法则是永远待在其他东西的阴影里。

启发:真正抵达健康的方法只有一个——直面痛苦。直面痛苦的人会从痛苦中得到许多意想不到的收获,痛苦最终会变成生命财富。阴影和光明一样,都是人生的财富。无论多么痛苦的事情,你都是逃不掉的。你只能去勇敢地面对它、化解它、超越它,最后和它达成和解。如果你自己暂时缺乏力量,你可以寻求亲友或专业人士的帮助,让你信任的人陪着你一起去面对痛苦的事情。美国心理学家罗杰斯曾是一个孤独的人,但当他面对这个事实并化解后,他成了真正的人际关系大师;美国心理学家弗兰克有一个暴虐且酗酒的继父和一个糟糕的母亲,但在他接纳这个事实并从心中原谅父母后,他成了治疗这方面问题的专家;日本心理学家森田正马曾是严重的神经症患者,最终他面对事实发明了森田疗法……他们生命中痛苦的事实最后都变成他们最重要的财富之一。你,一样也可以做到!

(七)坚定人生根本,学会感激他人

一个人心理健康与否首先反映在他的人生态度上。正确的人生态度要求我们对生活持开放的态度,乐于吸取新经验,学会以积极的眼光看待周围的事物,看待他人和自己;提升自己的道德底线,对社会、对他人常怀感恩之心;培养利他精神,在帮助别人、发展自己的过程中,增强自我效能感;培养敬业精神,在忘我的学习和工作中,使个人精神有所寄托。

高职生应观念明确、身体力行,且坚持一定的道德准则。我们应更多地"欣赏"事物的发展过程,忘情地投入生活。李泽厚先生在《世纪新梦》一书中教导我们"慢慢走,欣赏啊",活着不易,要学会品味人生。可见,建立一种积极的、开放的、现实的、辩证的、通达的人生态度,对维护个人的心理健康有着极其重要的影响。

（八）适时借用引喻，改变先前观念

人生中经常遇到一些不如意的事，许多人在遇到不如意的事时，就以为这下完了，然而一位哲人曾说："人生有如四季的变迁，而此刻我只不过是处在人生的冬季而已。"这实在是一个很好的引喻，当你这么想时，可知道冬季过后是什么季节？春天！太阳再次露出它的笑脸，大地不再冰冻，你又可以在土壤中重新洒下希望的种子，新的生命将会蓬勃发展，大自然将再现它的美丽；随之夏天到了，你要照顾那些幼苗，免得它们被炙热的阳光烤焦；接下来便是收获的秋季。

有的人会说："我觉得身上好像压有千斤重担。"当以这样的话语引导思维时，人们心中会有强烈的无力感和沉重感，容易产生消极情绪。只要改变先前观念，你就能很快消除那些消极情绪。比如，你可以这样想："千斤重担辛苦陪伴了我这么长时间，给我带来了哪些正面价值？"这样想可以帮助你松动意念，转移先前的压力和焦虑，积极情绪便会很快产生。因此，当你感到心烦意乱时，反省一下自己所用的引喻是否积极，要学会及时改变。

拓展阅读

狐狸与葡萄

收获的季节到了，葡萄园里飘来阵阵清香，一颗颗紫红色的葡萄挂在葡萄架上，使人似乎感受到了葡萄香甜可口的味道。

一只狐狸看见葡萄架，它垂涎欲滴，又蹿又跳，却始终没有摘到葡萄。狐狸怒火中烧："谁这么缺德？种这么高！"这时一位农民走来说："你嘴巴放干净点儿！骂谁呢？"狐狸却越骂越凶，农民一气之下将狐狸打死了。

第二只狐狸来了，它想：这么好的葡萄非我莫属，决定发扬"愚公移山"的精神，不吃到葡萄决不罢休。于是它跳啊，跳啊，没完没了地跳，最后累死了。

第三只狐狸来了，它也够不到葡萄。它陷入了思考：我堂堂狐狸连个葡萄都吃不到，生命的意义何在？越想心情越沉重，最后忧郁成疾，不治而亡。

第四只狐狸有艺术气质，葡萄唤醒了它心中的爱情。它凝望着葡萄架，日复一日，秋叶黄了，葡萄枯了，它也疯了。从此，人们常看见一只狐狸，蓬头垢面，走街串巷，边走边念念有词："吃葡萄不吐葡萄皮，不吃葡萄倒吐葡萄皮……"

第五只狐狸吃不到葡萄，久久徘徊在葡萄架下，天黑了回家吧，但心里还是想着那诱人的葡萄，一天又一天，一个月又一个月，葡萄成了它心中最深的痛，又痛苦又压抑，终于它病倒了。

第六只狐狸比较瘦小，当然也够不到葡萄，看着后面还有几只强壮的狐狸，"哼，我吃不着，你们也休想吃"，于是一把大火烧了葡萄架，后面的狐狸眼睁睁看着诱人的葡萄被毁，一拥而上，可怜瘦小的狐狸被打死了。

第七只狐狸看到自己确实无法改变现状后，停了下来，斜眼望了望葡萄，很不屑地说："这些葡萄根本没熟，特酸，我才不吃呢，家里有好喝的饮料，回家喽！"它哼着歌回家了。

第八只狐狸来到高高的葡萄架下，跳了跳，够不着，还差得远呢，狐狸转动它聪明的脑袋，跑开了，一会儿搬来一架梯子，终于，吃着葡萄了。

有智慧又有知识的你，欣赏哪只狐狸的做法呢？面临困境，你会如何应对？

第二节　走近心理咨询

 名人名言

这世界除了心理上的失败，实际上并不存在什么失败，只要不是一败涂地，你一定会取得胜利。

——亨·奥斯汀

听的艺术

美国知名主持人林克莱特有一天访问一位小朋友，问他："你长大后想要做什么呢？"小朋友天真地回答："嗯……我要当飞机驾驶员！"林克莱特接着问："如果有一天你的飞机飞到太平洋上空时，所有引擎都熄火了，你会怎么办？"小朋友想了想："我会先告诉坐在飞机上的人系好安全带，然后我背上我的降落伞跳下去。"

当在场的观众笑得东倒西歪时，林克莱特继续注视着这位小朋友，想看他是不是自作聪明的家伙，没想到这位小朋友的眼泪夺眶而出，这时，林克莱特发觉这个孩子的悲悯之心并不是语言能形容的。于是林克莱特问他："你为什么要这样做？"小朋友的答案透露了自己的真实想法，他说："我要去拿燃料，我还要回来！"

这就是"听的艺术"。一是听话不要听一半；二是不要把自己的意思投射到别人所说的话上。要学会聆听，用心听，虚心听。无论是心理咨询还是现实生活，倾听都是非常重要的，只有学会倾听，才能真正理解他人。

一、心理咨询的概念

（一）心理咨询的概念

心理咨询是受过专门训练的心理咨询师运用心理学的理论和技术，通过语言及非语言的交流，给来访者以帮助、启发和教育，使来访者改变其认知、情感和态度，解决其在生活、学习、工作等方面出现的问题，促进来访者人格的发展和社会适应能力的改善的过程。

（二）心理咨询的特点

1）心理咨询是助人自助的过程

心理咨询不仅可以解决某些具体的心理问题，还可以通过交谈等方式启发来访者全面

了解自己，找到自己身上的潜在力量，从而使来访者在心理咨询师的帮助下，学会自我克服成长中的障碍，自尊自立地均衡发展。

2）心理咨询是人际互动的过程

心理咨询既不依靠药物治疗，也不依靠理论说教，而是通过心理咨询师与来访者之间平等的交流互动，调动来访者的内在智慧来达成咨询目标。

3）心理咨询具有"心理性"

心理咨询是在心理学原理指导下，按照心理规律进行的辅导过程，也是在没有指责、评判、完整接纳的氛围中，完成真诚助人的过程。

4）心理咨询有一个安全的空间

心理咨询按照心理工作的需求，规定了为来访者的信息保密的职业纪律，再加上心理咨询师的价值中立态度，这就为心理咨询建立了一个独特的、安全的心理空间，为深层心理问题的解决提供了安全保障。

5）心理咨询是一个过程

心理咨询要解决的可能不仅仅是某一具体问题，而是长期郁积在来访者心里的各种困扰。心理问题通常不是一次咨询就能彻底解决的，同时，个体的心理成长、行为改变，也不是一蹴而就的。因此，心理咨询通常是一个或长或短的成长发展过程。

表面上看起来心理咨询只是聊天，其实，每一句话都是心理咨询师根据多年的专业经验精心设计的，它既是一门科学，也是一门艺术，是一场心理咨询师与来访者在真诚、平等、尊重的氛围中展开的精神交流。心理咨询是一个相当复杂过程，需要心理咨询师拥有扎实的理论基础，以及许多治疗技巧。

二、正确理解心理咨询

要正确理解心理咨询，我们需要澄清以下几点。

（一）心理问题不是精神病

心理咨询在我国起步比较晚，很多人对心理咨询了解甚少，他们认为来咨询的人不是有精神病，就是道德品质方面有问题。因此，很多人宁愿饱受精神上的痛苦折磨，也不愿或者不敢到咨询中心进行咨询。

实际上，心理问题与精神病是两个完全不同的概念，每个人在自己学习、工作、生活过程中，都会遇到各种各样的问题，导致消极情绪的产生，有些问题经过自己努力可以"消化"和"处理"，这时个体就能顺利健康地发展。但有很多问题无论个体怎样努力都无法解决，有时甚至自己越努力越严重，这时候就要寻求心理咨询师的帮助。有心理问题去做心理咨询，并不代表有精神病。相反，这表明了个体具有较高的生活目标，希望通过心理咨询更好地完善自我，而不是回避和否认问题。

（二）心理咨询不是窥视内心

有的大学生认为心理咨询师太可怕了，能看穿自己的一言一行。其实不然，心理咨询师只是运用心理现象和规律，对来访者提供的信息进行合理的分析，在此基础上帮助来访者找到成长的方向。

一些来访者存在种种顾虑，在说到一半时忽然又后悔了，改变了主题；有些来访者因怕露丑、害羞等原因不肯说出关键的问题。其实，只有来访者详尽地提供有关情况，心理咨询师才能帮助来访者找到问题的症结，这样有利于心理咨询师做出正确的判断并进行适当治疗。

扫阳光的故事

有一对四五岁的兄弟，发现屋内没有阳光。于是，兄弟俩就商量把阳光弄进屋里。可是怎么把阳光弄进来呢？哥哥说："阳光在地上，只要我们用东西把它装起来，拿到屋里就行了。"于是兄弟俩就拿着扫帚和畚箕，把阳光扫到畚箕里，但等到他们把畚箕拿到屋里的时候，里面的阳光却没有了。

兄弟俩不甘心，反复尝试，结果屋里还是一点阳光都没有。妈妈看见他们奇怪的举动，问明来龙去脉后，说道："傻孩子，只要把窗户打开，阳光自然会进来，何必去扫呢？"

就像心理咨询一样，只有来访者打开心扉，才能感受到外界的温暖。说出你的秘密，打开尘封的、幽暗的心室，让新鲜的空气驱散心室的阴霾，让温暖的阳光洒满心房，你会倍感爽快与轻松。

（三）心理咨询的效果不一定立竿见影

一些来访者将心理咨询师视为"开锁匠"，期盼其能打开所有心结，所以常常来访一两次，一旦没有达到自己希望的"豁然开朗"的心境，就大失所望。实际上，心理咨询是一个连续的、艰难的改变过程。心理问题与来访者的个性及生活经历有关，就像一座冰山，堆积已久，没有强烈的求助、改变的动机，没有恒久的决心，是难以冰消雪融的，所以来访者要有打"持久战"的心理准备。

（四）心理咨询师不是救世主

一些来访者把心理咨询师当作"救世主"，认为心理咨询师必须把自己的问题一一解决，而自己无须思考、努力、承担责任。但心理咨询师只能起到分析、引导、启发、支持、促进来访者改变和人格成长的作用，不能替来访者改变或做出决定。

在心理咨询过程中，很多来访者希望通过咨询得到一个明确的答复，比如是升学还是就业等，来访者往往把心理咨询师当作"救世主"。来访者需要认识到，"救世主"只有一个，那就是自己。只有改变自己、战胜自己，最终才能超越自我，达到理想目标。倘若把自己完全交给心理咨询师，消极被动，推卸责任，只会削弱自己努力的力量。

三、心理咨询的原则

（一）来访者自愿原则

从原则上讲，到心理咨询室的来访者必须出于完全自愿，这是确立咨询关系的先决条件。没有咨询愿望和要求的人，心理咨询师不会去主动找来访者，更不会为其分析问题。

只有来访者感到心理不适，为此而烦恼，并愿意找心理咨询师诉说烦恼以寻求心理援助，才能使问题得到解决。心理咨询室的大门永远为来访者敞开。

（二）信息保密原则

心理咨询师保守来访者的内心秘密，妥善保管来往信件、测试资料等。如因工作需要不得不引用咨询事例时，应对材料进行适当处理，不得公开来访者的真实姓名、单位或住址。

保密是心理咨询专业操守的体现，反映了心理咨询师对于来访者的尊重。保密也是有限度的，对于某些问题心理咨询师可以不保密。根据美国心理学家协会（APA）的条例，以下几种情况属于例外：

（1）心理咨询师发现寻求专业服务者有伤害自身或伤害他人的严重危险。

（2）未成年人等不具备完全民事行为能力的人受到性侵或虐待。

（3）法律规定需要披露的其他情况。

在遇到上述前两种情况时，心理咨询师有责任向寻求专业服务者的合法监护人、可确认的潜在受害者或相关部门预警；在遇到第三种情况时，心理咨询师有义务遵守法律法规，并按照最低限度原则披露有关信息，但需要法庭及相关人员出示合法的正式文书，并要求法庭及相关人员注意对专业服务相关信息的披露范围。

（三）助人自助原则

解决问题就是一次学习的机会，心理咨询师帮助来访者厘清思绪，学习理性处理问题，并在咨询过程中，让来访者的心理素质得到提升。因此，咨询本身就是一个来访者学习并成长的过程，同时也是心理咨询师"助人自助"的过程。

趣味练习：请你用"是"或"否"回答

（1）你对他人真的很有兴趣吗？

（2）当遇到挫折时，你是否比较容易心情烦乱，无法集中注意力？

（3）你能否耐心地倾听他人诉说和你相反的观点、意见，而不排斥、不厌烦？

（4）你是否喜欢按自己的价值标准去评判别人？

（5）对别人所说的话，你是否能抓住"重点"？

（6）当别人向你倾诉时，你是否希望别人赶快讲完，然后就可以尽情地陈述自己的观点？

（7）当别人陈述问题时，你是否专注？

（8）当别人告诉你隐私的事情时，你是否会表现出好奇、震惊或惊讶？

（9）当你对求助者的心理问题感到困惑时，通常是否有强烈的愿望去深入寻找？

（10）对于你喜欢的人，你是否容易只看到其优点，反之对不喜欢的人，是否常看到其缺点？

（11）别人是否认为你很能理解他人的心情？

（12）如果你的意见和求助者的想法有出入，你是否更愿意相信自己的判断？

（13）你是否能消除自己对他人的不满而不会使自己感到不舒服？

（14）你是否常主动给别人一些忠告或建议？

（15）有人说"江山易改，本性难移"，你更愿意相信人是可变的吗？

（16）如果与你打交道的人让你感到不舒服，你的情绪就会低落，甚至回避对方吗？

单数题回答"是"得1分，双数题回答"否"得1分。如果你的得分在12分以上，那么一般来说，你已具备了有效帮助求助者的基础。这样的人大多表现出热心、诚恳、有理解力、有条理、较为客观、有自信心。如果得分在9分以下，那么需仔细衡量自己提供的帮助是否得当。

（四）价值中立原则

不要期望心理咨询师会给你"决策"，比如"分不分手"等问题，不少来访者希望心理咨询师给一个明确的指导。而心理咨询师只能给你一些观点和道理，来启发、疏导你的"症结"，最后的"主意"还得由你自己拿。

（五）感情限定原则

咨询关系的确立和咨询工作的顺利开展的关键，是心理咨询师和来访者心理的沟通和接近。但这也是有限度的，来自来访者的劝诱和要求，即便是好意的，在终止咨询之前也应该拒绝。个人私下接触过密的话，不仅容易使来访者过于了解心理咨询师的内心世界和私生活，阻碍来访者的自我表现，还容易使心理咨询师该说的话不能说，从而失去客观、公正地判断事物的能力。

四、心理咨询的理论与方法

不同心理学家对于心理咨询研究的侧重点会有所不同，当代心理咨询的主要理论包括精神分析理论、行为主义理论、认知理论、人本主义理论。

（一）精神分析理论与治疗方法

精神分析由19世纪奥地利心理学家、精神病学医生弗洛伊德开创。精神分析心理疗法治疗的目的是建立来访者内在心灵的协调，以扩展来访者对本我力量的觉知，减少对超我要求的过分顺从并加强自我的力量，达到本我、自我和超我的动力平衡。分析师的治疗是了解来访者为什么要以压抑来处理冲突，把不被接受的欲望压抑在潜意识中，帮助来访者把被压抑的想法带到意识层面，引导来访者领悟现有症状与长期压抑的冲突之间的关系。具体的治疗方法有自由联想梦的解释、移情等。该疗法不仅要消除个别症状，解决冲突，还要重建来访者的健康人格，提高个体爱的能力和工作能力。

在精神分析的发展中还出现了许多新的治疗方法和咨询方法，特别是表达性治疗方法，如绘画疗法、舞蹈疗法和沙盘游戏治疗。

沙盘游戏治疗

沙盘游戏治疗是目前国际上很流行的心理治疗方法。在幼儿园和学校，它被广泛应用于儿童的心理教育与心理治疗；在大学和成年人心理诊所，它也被广泛应用。通过唤起童心，人们找到了回归心灵的途径，进而身心失调、社会适应不良、人格发展障碍等问题在沙盘中得以缓解。

沙盘游戏治疗是一种以荣格心理学原理为基础，由多拉·卡尔夫发展创立的心理治疗方法。沙盘游戏是运用意象（积极想象）进行治疗的一种创造形式，是对身心生命能量的集中提炼；其特点是在医患关系和沙盘的"自由与保护的空间"中，把沙子、水和沙具运用于意象的创建。沙盘中所表现的系列沙盘意象，营造出沙盘游戏者心灵深处的意识和无意识之间的持续性对话，以及由此而激发的治愈过程和人格发展。

（二）行为主义理论与治疗方法

行为主义的主要理论基础是心理学中的学习理论，包括华生、桑代克、巴甫洛夫和斯金纳等人的研究结果和提出的理论。行为主义认为，人类适应不良行为和症状是人与环境不协调的结果，或是学习得来的，或是缺乏必要的学习能力导致的。条件反射是机体的最基本的学习形式之一，在不良行为和某些疾患的形成中起着重要的作用。

关于行为及行为对人格的影响，尽管存在着许多理论，但是大多数行为治疗师认为，最基本的理论是强化原理和观察学习。人们以多种方式应用它们，以发展出治疗技术来帮助个体改变内隐和外显的行为。例如，行为塑造法、代币管理法、示范法、系统脱敏法等。

系统脱敏法

系统脱敏法又称交互抑制法，是由美国学者沃尔帕创立和发展的。这种方法主要是诱导求治者缓慢地暴露出导致神经症的焦虑、恐惧的情境，并通过心理的放松状态来对抗这种焦虑情绪，从而达到消除焦虑或恐惧的目的。系统脱敏法的程序是逐渐加大刺激的程度。当某个刺激不会引起求治者焦虑、恐惧的反应时，施治者便可向求治者呈现另一个比前一刺激略强一点的刺激。如果一个刺激所引起的焦虑或恐惧在求治者能忍受的范围之内，经过多次反复呈现，求治者便不再对该刺激感到焦虑或恐惧，治疗目标也就达到了。这就是系统脱敏法的治疗原理。

（三）认知理论与治疗方法

认知理论认为，个体对自己或对周围世界所持的看法是个体采取或表现的行为的依据。认知疗法是通过改变来访者的适应不良性认知，以改变其不良情绪和行为。适应不良的心理与行为是个体不正确或扭曲的认知导致的，改变个体曲解的认知即可改善其心理和行为。20世纪中叶，认知心理学和人本主义心理学的兴起为该疗法的发展创造了有利条件；20世纪50年代美国心理学家埃利斯创立合理情绪疗法；20世纪70年代美国临床心理学家贝克运用该疗法研究和治疗抑郁症来访者，加拿大心理学者梅钦鲍姆提出自我指导治疗方法，使认知疗法获得迅速发展。

（四）人本主义理论与治疗方法

人本主义理论是以人本主义心理学思想为指导的，强调促进个人的全面成长。人本主义理论的代表人物主要有罗杰斯、马斯洛等。与重视个体过去经验的心理分析治疗及重视现在情况的行为治疗不同，此类治疗方法更强调个体未来的发展。来访者和心理咨询师都必须置身其中，如果无条件地积极关注，就会产生治疗变化；加入产生的治疗变化，就会使来访者体验到更多的自我认可和更多的自信等。该治疗方法强调人的本性是一切心理治疗的出发点。只要来访者得到心理咨询师的同情、温暖与鼓励，就能充分发挥自身的内在潜能，并进行自我调整，消除心理障碍。因此，心理咨询师的最基本的工作重点是来访者的体验及来访的意义，而非针对外显行为进行工作。治疗的目标不是症状的消除、环境的改善或问题的解决，而是着眼于来访者的成长、自我的理解、再教育和自我实现，帮助来访者澄清自己的信念和价值观。

上述四派理论虽然不同，但在心理治疗上具有共同点，并且都可以取得一定的效果，因为治疗本身具有安慰作用。究竟哪种方法更好，这要看是什么来访者、什么心理障碍或疾病了。

训练活动 1-2　你来扮我来演

【目的】通过模拟咨询来了解心理咨询的具体过程，学会体验心理咨询师和来访者的角色感受及咨询原则。

【步骤】

（1）分组。3人一组，随机组合，共同学习讨论咨询原则。

（2）秘密大公串。小组中的每位成员将曾经困扰过或现有的心理问题与小组其他成员进行交流，并最终确定3个需要咨询的问题。

（3）漂流瓶。每个同学将自己的咨询问题装入事先准备好的漂流瓶中，全班同学随机抽取咨询问题。

（4）你来扮我来演。以小组为单位，随机抽取漂流瓶内的咨询问题，分角色进行模拟咨询。

（5）分享。咨询结束后，每组推选一名代表上台交流咨询的感受。

第三节　了解心理危机干预

 名人名言

所谓清楚，就是心理的年轻。

——松下幸之助

海啸幸存者的噩梦

曾经发生在印度洋的海啸令全世界的人们震惊和悲痛，随着救援工作的推进，人们关注的焦点逐渐从遇难者转向幸存者，相关报道显示：至少 800 名泰国幸存者患上了后海啸恐惧症，他们担心海啸还会卷土重来；一些幸存者为同伴相继死去而自己却存活下来感到负罪；还有许多人脑海中不时出现灾情场面，或是仿佛听到海啸警报声；至于失眠、焦虑

等生理问题、心理问题非常普遍。幸存者遭受的心灵重创和噩梦一般的回忆，可能一生都难以抹去。

大部分经历海啸的幸存者存在认知影响、记忆损害、忧虑及噩梦等症状，并伴有震惊、恐惧、易怒等情绪波动。在罹难者家属中，一位女士原本美好的一家 10 口人，就剩下她和弟弟两个人。她不爱说话，总是低着头，说自己经常想起死去的家人。经常做噩梦的幸存者会突然哆嗦一下，一脸惊恐，冒一身冷汗。

当个体突然遭受严重灾难、重大突发事件或精神压力时，容易陷入心理危机。那么心理危机是怎么产生的？危机产生之后人会有什么样的表现呢？当你面临心理危机时，你会怎么办？如果你周围的朋友、同学有了心理危机的种种表现，你会怎么做？

一、心理危机

个体在现实生活中遇到了个人能力无法解决的困难时，这些困难会对个体的心理造成无法逾越的障碍，如果打破了个体心理的平衡状态，个体就会面临心理危机。

（一）心理危机的概念

一般来说，危机有两个含义，一是指突发事件，即出乎人们意料发生的，如地震、水灾、空难、疾病暴发、恐怖袭击、战争等；二是指人所处的紧急状态。危机状态对人的影响程度依赖于当事人对面临的意外的熟悉程度。如果不熟悉，个体会产生无望的、害怕的感觉，伴随着软弱感和无助感。如果进行有效的干预，当事人自身就会重新产生"世界是安全的、可靠的"理念，并努力实现与周围环境之间的平衡。

所有危机后面共存的就是心理危机，心理危机是指当人们面临突然的或重大的生活逆境时出现的心理失衡状态，是伴随着危机事件的发生而出现的一种内在精神世界的失衡状态，是指人的情绪与行为出现严重的心理失衡状态。

（二）心理危机的表现形式

危机中的个体总是以各种不同形式表现出来，比如情绪不好、吃不下饭等。

（1）性格。平时性格开朗、生活态度积极乐观的人在危机出现时的表现，与平时的表现相反；如果平时性格内向，可能会加重。或性格变得暴躁、易怒，会抱怨一切事情，甚至认为社会对他不公平等。

（2）情绪。紧张、恐惧、怕见人、情绪低落或不稳定或表面平静、眼神游离等。

（3）言语。沉默少语或言语本身带来特定意义而令人费解。

（4）行为。躲避人、对关心他的人采取回避的态度、呆坐沉思、麻木等。

（5）其他。失眠、食欲食量变化、做事注意力不集中、工作与学习能力下降等情况。

每个人对严重事件都会有所反应，但不同的人对同一性质事件的反应强度及持续时间不同。一般的应对过程可以分为 3 个阶段：第一阶段表现为立即反应，当事者表现麻木、否认或不相信；第二阶段表现为完全反应，当事者感到激动、焦虑、痛苦和愤怒，也会有罪恶感、退缩或抑郁的情况；第三阶段为消除阶段，当事者接受事实并为将来做好计划。

二、心理危机干预

(一) 心理危机干预的概念

每个人在其一生中都会遭遇各种各样的危机,对处在危机状态下的人进行专业的帮助,称为危机干预。广义的危机干预可以是全方位的帮助,而狭义的危机干预作为简短心理疗法的危机干预,是从心理上解决迫在眉睫的危机,使症状得到立刻缓解和持久的消失,使心理功能恢复到危机前的水平,并获得新的应对技能,以预防将来心理危机的发生。

值得重点关注的大学生群体

(1) 遭遇突发事件而出现心理或行为异常的大学生,如家庭发生重大变故、受到自然或社会意外刺激的大学生。
(2) 既往有自杀未遂史或家族中有自杀者的大学生。
(3) 身体患有严重疾病、个人很痛苦、治疗周期长的大学生。
(4) 学习压力过大、学习困难而出现心理异常的大学生。
(5) 个人感情受挫后出现心理或行为异常的大学生。
(6) 人际关系失调后出现心理或行为异常的大学生。
(7) 性格过于内向、孤僻、缺乏社会支持的大学生。
(8) 严重环境适应不良导致心理或行为异常的大学生。
(9) 家境贫困、经济负担重、深感自卑的大学生。
(10) 由于身边的同学出现个体危机状况而受到影响,产生恐慌、担心、焦虑、困扰的大学生。
(11) 其他有情绪困扰、行为异常的大学生。

(二) 心理危机干预的目的

(1) 防止过激行为,如自残或攻击行为等。
(2) 促进交流,鼓励当事者充分表达自己的思想和情感,鼓励其自信心和正确的自我评价,提供适当建议,促使问题解决。
(3) 提供适当医疗帮助,处理昏厥、情感休克或激动状态。

(三) 心理危机干预的原则

1) 及时性原则

危机干预最好是全天候 24 小时开放。由于来访者的不稳定性,心理咨询师必须本着 Butcher 和 Maudal 提出的一个原则:"所有的危机干预单元都必须被当作最后一次与来访者的接触。"因此,要迅速确定要干预的问题,强调以目前的问题为主,并立即采取相应措施。

2) 现实性原则

由于危机干预的紧迫性,心理咨询师应该把治疗重点放在现时现地帮助来访者分析事件的性质和其在事件中扮演的角色上；指出来访者的当前目标、生活风格和思想观念的不合理性，以及来访者面对事件所采取的错误的自我防御机制。要把心理危机作为心理问题处理，而不要作为疾病进行处理。

3）支持性原则

处在危机之中的来访者比平时更需要支持。来访者不仅需要心理咨询师提供当下的直接的支持，还应当努力寻求更多的来自家庭、单位、社区的共同支持。虽然危机干预通常仅仅维持5～6次，但是心理咨询师必须让来访者感觉到不管何时，只要他需要，心理咨询师都会提供必要的支持。在结束危机干预之后，来访者可以进一步接受更具体的长程心理咨询。因此，最好有其家人或朋友参加危机干预。另外，还要鼓励来访者学会自信、自立，不要让来访者产生过分的依赖心理。

 案例分析

心理危机干预范例

2003年，北京市某中学吴老师因突发疾病医治无效于5月15日去世。吴老师的去世，令她的同事和学生很震惊，师生们陆续出现负重情绪和不良行为反应。

第一步，对教师进行团体辅导，帮助教师解除情绪和行为的困扰。这样做既缓解教师间的紧张氛围，又为学生辅导的顺利进行奠定基础。

第二步，起草了"致初二年级同学"和"致初二年级学生家长"两封信，表达了对吴老师的哀悼之情。

第三步，心理咨询师为吴老师任教班级举行了名为"告别"的特别主题班会。

（1）让学生表达面对死亡的想法和感受。（呈现）

（2）播放吴老师生前与学生们活动的视频，宣泄情绪。（追忆）

（3）让每个学生选择一张彩色纸，写上对吴老师的祝福，放到纪念册中，作为送给吴老师的一份特别礼物；重新定位他们与吴老师的关系：把老师比作蒲公英。（告别）

（4）进行"结网"游戏。（编织希望的网）

（四）心理危机干预的方法

1）确定问题

从来访者的角度，确定和理解来访者心理上出现的问题。为帮助来访者确定危机问题，可使用积极倾听技术：同情、理解、真诚、接纳及尊重，既注意来访者的言语信息，又注意其非言语信息。

 **识别危险信号**

当发现周围的人包括自己出现痛苦、绝望、无望的倾向时，应格外重视。

（1）言语线索——直接和间接的表达

直接线索：比如，"我不想活下去了"。

间接线索：比如，"生活没有意义""我的问题解决不了""现在没有人能帮我""我感到没有希望"。
（2）情感线索——感受
绝望、愤怒、内疚、无价值感、孤独、难过、无望、无助。
（3）行为线索——行动
疏远家人和朋友，在学校中表现出退缩，食欲减退，滥用酒精或药物，做事不计后果、极端的行为改变以及易冲动、自我伤害。
（4）情境线索——伴随丧失感的压力事件
突然被所爱的人拒绝，不情愿地分手；失去重要的目标或梦想（比如没考上大学）；感到被所爱的人背叛；至爱的人去世；与重要的人的近期冲突；意料之中的失去经济保障或面临其他重大经济问题。

2）保证来访者安全

保证来访者对自我、对他人的生理和心理危险性降到最低，这是危机干预全过程的首要目标。在危机干预实践中，来访者的安全一直是强调的重点。

3）提供支持

注重与来访者的沟通，使来访者相信心理咨询师是能够给予关心和帮助的人。心理咨询师必须无条件地以积极的方式接纳所有来访者。

4）提出可变通的应对方式

心理咨询师要帮助来访者认识到，有许多可变通的应对方式可供选择。思考变通方式的途径：一是环境支持，有哪些人现在或过去能关心来访者；二是应对机制，来访者有哪些行动、行为或环境资源可以帮助自己战胜危机；三是积极的、建设性的思维方式，可以用来改变来访者对问题的看法并减轻应激与焦虑水平。

5）制订计划

帮助来访者制订现实的短期计划，确定来访者理解的、自有的行动步骤，即将可变通的应对方式以可行性的时间表和行动步骤的形式列出来。必须确保计划制订过程中来访者的参与和自主性。计划的制订应该与来访者合作，让其感觉到这是他自己的计划，这点很重要。

6）获得承诺

心理咨询师帮助来访者向自己承诺采取确定的、积极的行动步骤，这些行动步骤必须是来访者自己的，从现实的角度是可以完成的或可以接受的。在结束危机干预前，心理咨询师应该从来访者那里得到诚实、直接和适当的承诺。

如果需要帮助，我应该做些什么

（1）不要等待，主动寻求帮助。
（2）如果你的倾诉对象不知道如何帮助你，你可以到学校的心理咨询中心或找专业的心理咨询师寻求帮助。
（3）坚持。有时为找到一个真正能帮助你的人需要时间，可能你要反复多次见心理咨询师。
（4）不要冲动行事，强烈的痛苦会使你更难做出合理的决定。

> **我如何帮助处于心理危机中的人**
>
> （1）多听、少说。让处于心理危机中的人有更多的时间说出内心的感受和担忧。
> （2）不要担心有心理危机的人哭泣，这样有利于他们的情感得到释放。
> （3）不要试图将自己的想法强加于有心理危机的人。
> （4）如果你发现有心理危机的人状态异常，不要让他们独处。尽快将情况报告给学校的老师。

训练活动1-3　心理训练营——我真棒，优点轰炸

【目的】

（1）帮助大学生学会面对面地给予他人具体的正面回馈，增进了解。
（2）帮助自信心不足的大学生了解自己的长处，增强自信心。

【步骤】

1）准备礼物

（1）做信封：每位同学自己做一个信封，信封上写上自己的名字。
（2）做卡片：每位同学再准备10张左右的卡片。
（3）写优点：每位同学从3个范围（教室小组成员、宿舍成员、班级内所有成员）中选择同学，并分别在卡片上写出他们的优点（5个左右）。（注意：要诚恳）

2）互送礼物

（1）送礼物：每位同学将写好的卡片分别放到同学的信封中。
（2）收礼物：每位同学先不拆开信封看收到的礼物。
（3）交礼物：全班同学的礼物都放到讲台上，大"洗牌"。

3）猜猜他（她）是谁

（1）抽奖时间：同学依次上台，随机抽取3个信封。
（2）开奖时间：每位同学将抽取的信封打开，分别读卡片上的内容，大家猜猜他（她）是谁。

4）分享与总结

全班同学分享活动感受，教师总结。

训练活动1-4　沧海一粟——树与人

【目的】体验人生的短暂和生命存在的意义。

【步骤】

1）热身活动

自然界中有哪些种类的树？你喜欢哪种树？

2）分组

按树的种类分组（杨树组、松树组、白桦树组、柳树组、苹果树组等）。

3）开展活动

（1）参天大树。每位同学画出自己喜欢的大树，想象它活了多少年，经历了多少风风雨雨，饱受了多少世间沧桑，它有哪些价值，自己和它相比，是什么样的感觉。

（2）树与人的对话。每位同学与自己画的树进行一次心灵的对话，并将对话写在树的下方。

4）活动总结

老师结合大家的作品做总结发言。

小　　结

本章讲述了健康的定义、心理健康的概念及标准，如何塑造健康的心理状态；分析了心理咨询的概念、如何正确理解心理咨询、心理咨询的原则；了解了心理危机及心理危机干预的相关知识。通过训练活动，学生掌握了心理相关知识，能更好地帮助自己进行心理建设，形成良好的社会心态。

实践与应用

自我测试：你需要帮助吗

你的心理健康水平如何？请按自己的实际情况回答下面20道题，各题均有以下4个备选答案。

　　A．总是如此　　　B．常常如此　　　C．偶尔如此　　　D．从不如此

测试内容如下：

（1）在商店或其他人多的地方感到不自在。

（2）当别人要求你做一些自己不情愿的事情时，你会有拒绝困难，很为难。

（3）做事常后悔，觉得自己窝囊。

（4）遇事总是犹豫不决，举棋不定。

（5）当参加朋友的聚会时，你常感到一种莫名的孤独感。

（6）在公众场合发言时，你经常会局促不安，甚至借助喝酒来增强信心。

（7）有想摔坏东西或破坏东西的念头。

（8）当别人看着你或谈论你时，你感到紧张，身体出现发抖、流汗等情况。

（9）对身边的人或事没什么兴趣。

（10）感到大多数人都不可信。

（11）为自己难以控制的嗜好，如打游戏等而自责，痛苦不堪。

（12）害怕空旷的场合或街道。

（13）每次睡觉后总会想门窗是否关了、晾晒的衣物是否收回等。

（14）常常有失眠或早醒的情况。

（15）感到前途灰暗，人生没有希望。

（16）头脑中常有不必要的字句或想法出现。

（17）经常担心自己的手或衣服没洗干净。

（18）能听到一些别人听不到的声音。

（19）情绪低沉，极易烦恼或激动。

（20）感到精力下降，活动减慢。

评定标准：选 A 得 4 分，选 B 得 3 分，选 C 得 2 分，选 D 得 1 分。将 20 道题的得分累加，便得到总分。总分在 50～80 分之间的人，其心理健康水平低，建议找心理老师或接受心理咨询；总分在 31～49 分之间的人，其心理健康状况一般，需了解一些心理健康常识，学会心理保健，以确保适时进行自我调节，保持心理健康；总分在 20～30 分的人，其心理非常健康，没什么好犹豫的，这样生活挺好。

思考与解答

1. 如何理解心理健康的实质？
2. 大学生心理健康的标准是什么？
3. 心理素质由哪些因素组成？
4. 案例分析。

刘某某，男，19 岁，在上小学及初中时，他的学习成绩很优秀，在升入高中后，因不适应寄宿生活，未及时调整学习方法，导致学习成绩不理想，最后高考成绩不理想，考入高职院校。由于学校不是自己的理想大学，他学习没有动力，这样读完 3 年又不甘心，想认真学习又不知从何下手，心烦意乱，只好上网打发日子。近半个月来，他每晚不能正常入睡。虽然他自小得到父母的宠爱，但父母并不知道他的内心感受。

你认为刘某某的心理是否健康？请给他一些建议。如何才能愉快地度过高职学校的生活？

推荐欣赏

电影推荐
《心灵捕手》
书籍推荐
[1] 段鑫星，赵玲. 大学生心理健康教育[M]. 北京：科学出版社，2005.
[2] 理查德·格里格，等. 心理学与生活[M]. 王垒，等译. 北京：人民邮电出版社，2003.
[3] 霍杰茨. 社会心理学与日常生活[M]. 张荣华，译. 北京：中国轻工业出版社，2012.
[4] 约瑟夫·J. 卢斯亚尼. 改变自己：心理健康自我训练[M]. 迟梦筠，孙燕，译. 重庆：重庆大学出版社，2012.

第二章 认识与提升自我

"我是谁?"是每个人在成长过程中扪心自问过无数遍的问题,人的一生在觉察自我、认识自我、实现自我价值中度过。"我"就是"我","我"又不是"我",正确认识自我,认识"我"与外界的关系,把握自身优势,提升自我效能感,实现人生价值,是我们需要面对的问题。

第一节 自我意识概述

 名人名言

青年期最有价值的心理成果就是发现了自己的内部世界及价值,对于青年来说,这种发现与哥白尼当时的革命同等重要。

——科恩

 心理故事

小白羊和小黑羊的比较

有一位农夫,家里养了3只小白羊和一只小黑羊。3只小白羊因为有雪白的皮毛而骄傲,它们对那只小黑羊不屑一顾。一只小白羊对小黑羊说:"你自己看看身上的毛!像什么?""黑不溜秋的,像锅底!"第二只小白羊说。第三只小白羊也附和道:"依我看啊,像炭灰,像用了几代的旧被褥,脏死了!"不但3只小白羊看不起小黑羊,就连农夫也看不起小黑羊,常常给它吃最差的草料,还时不时抽它几鞭。小黑羊也觉得自己比不上那3只小白羊,常常独自伤心流泪。

初春的一天,3只小白羊和小黑羊一起外出吃草,走得很远。不料寒流突然来袭,天空下起了鹅毛大雪,小羊们躲在灌木丛中相互依偎着……不一会儿,灌木丛和周围全铺满了雪。它们打算回家,但是雪太厚了,无法行走,只好挤作一团,等待农夫来救它们。

> 农夫发现4只羊羔不在羊圈里，便立刻上山去找，但满眼都是白茫茫的积雪，哪里有羊羔的影子？正在这时，农夫突然发现远处有一个小黑点，便快步跑了过去。到那里一看，果然是那4只濒临死亡的羊羔。农夫抱起小黑羊，感慨地说："多亏小黑羊啊，不然，你们可都要冻死在雪地里了！"
>
> 世界上没有两个完全相同的人，就像没有两片完全相同的树叶一样。每个人都是独特的，都有其独特的价值。全面、客观地了解自己，接纳自己，欣赏自己的优点，接纳自己的缺点，不断地激励自我、完善自我是幸福人生的必备技能。

一、自我意识的概念

意识是人类的大脑对客观世界的反映。这种反映是复杂的、主动的、自觉的，是心理发展的最高水平，也是人的心理与动物心理的本质界线。

心理学家认为，意识是人类在觉醒状态下的觉知。在清醒状态下，人类不但会觉知外界事物（如看到汽车疾驰而过、听到路人的尖叫声），而且会觉知自身的内部状态（如感到饥肠辘辘、心跳加速）。意识不仅涉及个体在觉知时刻的各种直接经验，还包括个体对这些内容和自身行为的评价（如感到无奈、觉得羞耻）。意识统合、管理和调节着人类的身心系统，对人类的生存与发展有着重要的意义。

自我意识是人类对自身自觉的、主动的反应，指一个人对自己的意识。心理学家威廉·詹姆斯把自我分为主体我和客体我两部分，从这一角度讲，自我意识就是主体我对客体我的意识，不仅包括个体对自身的认识和态度，还包括个体对自身与周围世界关系的认识和态度，是一个多层次、多维度、复杂的心理系统，是人格的主要组成部分，也是推动人格发展的内部动因。

二、自我意识的结构

自我意识是一个复杂的系统，对于其结构，可以从不同的角度进行划分。

（一）自我认知、自我体验、自我调控

个体的自我意识是一个由知、情、意三部分构成的动力系统，所以，从形式上可将自我意识分为自我认知、自我体验和自我调控三部分。

自我认知是自我意识中的认知成分，是个体对自己的身心特征及自己与周围世界关系的认识，由自我观察、自我感觉、自我分析和自我评价等成分构成，主要探讨"我是谁？""我为什么是这样的人？"等问题。

自我体验是自我意识中的情感成分，是个体在探索自我、认识自我的过程中产生的情感体验。自我体验主要涉及"我对自己是否满意"等问题。自尊、自信、自卑、自负、自我效能、责任感、成就感及羞耻感等都属于自我体验的内容。

自我调控是自我意识中的意志成分，是指个体对自己行为、心理活动、与他人及周围世界关系的调节与控制，主要涉及"我是否能调节自己？""如何改善现在的我，并成为理想中的我？"等问题。自我调控表现为自主、自律、自我监督、自我控制、自我教育等形式。

个体的自我认知、自我体验与自我调控是相互联系和相互制约的，首先，个体自我认

知的结果可以影响个体的自我体验，引领个体对自己的心理和行为进行调控；其次，个体的自我体验又可以深化其自我认知，增强或减弱个体自我调控的力度；最后，自我调控是个体自我完善的主要途径，对个体的自我认知和自我体验具有调节作用；这三方面协调一致，个体的自我意识才能完整、健康。

（二）主体我与客体我

从主客体关系角度来划分，自我意识可划分为主体我与客体我，主体我在自我意识中处于主动地位，在个体的自我意识中扮演观察者、评价者和调节者的角色，是自我意识中的动力部分；客体我在自我意识中处于被动地位，是被个体观察、评价和调控的那部分自我。例如，"我喜欢现在的我"，前一个我就是主体我，而后一个我则是客体我。人群中的每个人都是主体我与客体我的统一体，一方面，主体我引导着客体我的发展与变化，另一方面，客体我会影响主体我的活动。

（三）生理自我、心理自我、社会自我

依据自我意识涉及的内容，可将自我意识分为生理自我、心理自我、社会自我。

生理自我是个体对自己的身高、体重、外貌、性别等生理状态的认识和评价。

心理自我是个体对自己的心理过程、人格特征、心理状态等心理属性的认识和评价。

社会自我是个体对自己社会属性的认识与评价，个体对自己在群体中承担的角色、所处的地位、拥有的权利、与他人的关系等方面的认识属于社会自我的范畴。

（四）现实自我、投射自我、理想自我

依据自我的存在方式，可将自我意识分为现实自我、投射自我、理想自我。

现实自我是个体站在自己的主观立场上对自己目前实际状况的认识和评价。例如，"我是一个听话的孩子""我是一个成绩中等的学生"。

投射自我也被称为镜中自我，是个体通过想象自己在他人心中的形象、他人对自己的看法及评价而形成的自我感。例如，"同学们都投我一票，说明大家认可我的能力，我是个具有领导力的人"。但个体的现实自我与投射自我之间往往存在差距，当这一差距足够大时，个体就会觉得自己不被理解，知音难觅。

理想自我是个体在理想中想要达到的一种比较完美的自我形象，也就是个体想要成为的那个人，个人愿望、道德理想、价值观念等都属于理想自我的内容。一般情况下，个体的理想自我与现实自我之间存在一定差距，这一差距是个体自我完善的动力。

自我意识的理论依据

1）罗杰斯的观点

罗杰斯认为，人的自我可以分为现实自我和理想自我，两者之间的矛盾和冲突是个体心理不协调乃至失常的原因；个体在生活中获得的肯定评价可以减少两种自我间的矛盾，有利于个体人格正常、健康的发展。

2）弗洛伊德的观点

弗洛伊德把个体的自我分为本我、自我与超我三部分。他认为，这三部分保持平衡，个

体的人格就会正常发展，否则，个体就会体验到焦虑，严重时还会出现人格异常或精神疾病。

3）威廉·詹姆斯的观点

威廉·詹姆斯认为个体自我的发展可分为3个阶段，即躯体我、社会我、精神我。他认为个体最早是从自己的身体认识到自己的存在的，因此，躯体我是个体最早产生的自我意识；然后，个体在与人交往的过程中，从他人对自己的反应及自己承担的社会角色中获得社会我；最后，个体通过自身的心理发展及对生活经验的分析，逐步形成精神我。

4）艾里克森的观点

艾里克森认为个体自我意识的发展会持续一生，会经历不同的发展阶段，即婴儿期、幼儿期、游戏期、学龄期、青春期、成年初期、成年期、老年期。他指出每个阶段都有一个核心发展课题，每个阶段都不可逾越，只是达到的时间早晚会因人而异。

三、自我意识对个体成长的作用

自我意识是人类特有的心理现象，对个体的健康成长有非常重要的作用。

（一）自我意识可提高个体的认知能力

健康的自我意识可以提高人类认知过程的效能，使个体的感觉、知觉、记忆、想象、思维等认识活动更加合理有效。个体不仅可以认识客观世界，还可以把自己的认知过程当作认识的客体进行认识、监督、分析和调整，这就使个体有机会发现自己的认识过程中存在的问题，然后选用更科学的认知策略，使自己的认识活动更完善、更客观。

（二）自我意识可以使个体拥有更丰富的情绪体验

在个体成长的过程中，自我意识健全的个体可以认识到"自我"的独特性，因而会体验到不同程度的"孤独感"；当个体产生自尊的需要时，就会体验到与自尊感相联系的"羞耻感"和"腼腆感"；随着自我探索的深入，个体会意识到现实自我与理想自我之间的差距，"无奈""苦恼"等情感体验就会伴随而来。可见，自我意识的存在和发展使个体的情感世界变得日益丰富、复杂。

（三）自我意识可以促进个体意志的发展

人类意志行动的首要特征就是具有明确的行为目的，而行为目的的确定又以个体的自我意识的存在为前提。在意志行动的完成过程中，个体需要对自我和环境进行严格区分，这就需要个体自我意识的参与。此外，动机的性质和强度会影响个体的意志力。研究表明，社会意义丰富的动机会比社会意义贫乏的动机更能支持人的意志行动，但动机的社会意义丰富与否是由行为者的自我意识从主观上加以判断和认定的。

（四）自我意识可以促进个体道德的发展

个体生活在社会中，其自我意识的发展会受到社会规范的制约。每个个体都在生活中扮演一定的社会角色，社会对这些角色有一定的角色期望，这些角色期望承载着社会规范的要求、对个体的心理和行为进行约束。因此，社会道德就逐渐内化为个体自我意识的内容，调节着个体的心理和行为，使个体成为拥有道德意识和道德行为的人，从而极大地丰富了人的社会属性。

四、大学生自我意识的特点

与同龄人相比，大学生的自我意识受其教育背景和生活阅历的影响，有其独特性，主要有以下4个特点。

（一）强烈关注自我的发展

在大学阶段，个体的生理、心理日趋成熟，其自我意识也进一步发展，没有了中学阶段繁重的课业负担，而是有更多的时间和精力进行自我探索。在此阶段，大学生会围绕个人未来的发展、个人的社会价值、个人的能力和品质、个人影响力等，积极主动地进行自我探索，不少大学生会自觉地把个人命运和集体、国家的命运结合起来，依据社会需要来调整个人的发展方向。

（二）日趋客观的自我评价

随着个体年龄的增长，个人知识经验的增加，大学生越来越能客观、全面地评价自己。相关研究表明，大学生的"理想自我"与现实自我之间存在较高的相关，其相关系数在0.50～0.60之间，甚至达到0.90，这说明大部分大学生的自我评价是客观的，大学生能根据社会的需要来评价和设计自己。但是少部分大学生存在自我评价偏差、时而高估自己、时而低估自己的情况。

（三）丰富而复杂的自我体验

研究者发现，在大部分时间里，大学生自我体验到情绪情感的基调是积极和健康的。他们对涉及自己和与自己有关系的事情都非常敏感，对别人的言行和态度也很在意，其情绪体验的内容也相当丰富。大多数学生喜欢自己，对自己的现状满意，有较强的自尊心和自信心。同时，大学生的自我体验也具备复杂、含蓄的特点，且有一定程度的波动性。在取得成功时，他们会产生积极、肯定的自我体验，甚至自高自大、得意忘形；在遭遇失败时又容易产生消极、否定的情绪体验，会悲观失望甚至自暴自弃。他们的情绪体验两极性明显。

（四）显著提高的自我控制能力

在大学里，大部分学生能客观地认识自己，有强烈的自我设计和自我规划的愿望，可以依据社会的需要、自己的实际情况来制订自己的发展目标和行动计划，并依据发展目标和计划来调节自己的行为，这说明大学生的自我控制能力有明显提高。同时，大学生又有强烈的独立和自治的愿望，他们渴望有自己独立的空间，希望摆脱管束。

五、大学生中常见的自我意识及其成因

（一）自卑

 案例分析

小然的苦恼

小然，大学一年级学生，来自农村，自幼学习刻苦，在中学阶段，学生成绩一直名列

前茅。进入大学后,由于家庭条件较差,他总觉得自己穿着较土,而来自城市的同学个个都穿着时尚;在宿舍里聊天时,来自城市的同学侃侃而谈,而小然则因为见识有限,不爱说话,加上满口家乡话,常常惹得同学们哄堂大笑。小然觉得很丢脸,认为自己的口头表达能力差。由于小然害怕被嘲笑,所以很少与同学交流,加之原本突出的学习能力不再突出,他总觉得自己一无是处,内心感到痛苦,并且想退学。

自卑,是个体因为自己的某些不足而对自己感到不满意,表现为对自己能力或品质的评价过低,轻视自己或看不起自己,总感觉自己方方面面都不如别人,对自己没有信心。心理学家阿德勒认为,自卑感普遍存在于人类身上,只是自卑的程度、内容不同。他还强调自卑是人类行为的原始决定力量或权利意志的基本动力。在他看来,自卑既可以促使个体奋发图强、超越自我、追求卓越以弥补自己的弱点;也可以使个体迷失自我,自暴自弃,甚至出现严重的心理问题或精神疾病。案例中小然的苦恼源于过度的自卑。

片面的自我认识与自我评价、性格内向、错误的归因、不恰当的社会比较是导致大学生自卑的常见的主观原因,家庭困难、生理缺陷是常见的客观原因。

(二)自负

 案例分析

小老鼠与哈哈镜

在很久之前,森林里住着一只小老鼠,它有一面神奇的哈哈镜,那面镜子既能把照镜者放大,又能将其照得仪表非凡。于是,小老鼠在这面镜子面前流连忘返,自我陶醉,渐渐地它相信镜中的生物就是自己,相貌堂堂、高大威猛、力大无穷、举世无双。它认为森林之王非己莫属,瞧不起同类,不愿与之为伍。

有一天,小老鼠在密林深处遇到了大象。它看不起大象,认为它既丑陋,又蠢笨,自己动一下脚趾头,就能让大象粉身碎骨,于是对大象出言不逊。大象泰然自若,不慌不忙地吸满了一鼻子水,把水喷向狂妄的小老鼠。一股巨大的水柱把小老鼠从石头上冲了下来,几乎把小老鼠呛死。小老鼠一瘸一拐地回到了家,幡然醒悟,原来这世上有比它强大得多的动物。

自负是个体不切实际地评价自己,高估自己的能力与优点,难以看到自身的缺点和不足,自以为是,自命不凡,目空一切。自负的人往往不愿听师长的教诲,听不进同龄人的建议,特立独行,骄傲自大。因为缺少自知之明,自负的人容易遭遇失败,也容易受伤。案例中小老鼠的遭遇源于它对自己缺少正确的认识。

自负与自信是两个不同的概念。自信是个体对自己发自内心的自我肯定与相信,通常表现为个体相信自己的价值,相信自己的能力,是一种积极的自我评价。如果个体的自我肯定过度膨胀,个体过于自信,高估自己的能力,不切实际地夸大自我,就会演变成自负。自信与自负的区别如表2-1所示。

表2-1 自信与自负的区别

项 目	自信的人	自负的人
对他人的评价	总能看到别人的潜力	总带有优越感,多用负面词汇评价他人

续表

项　　目	自信的人	自负的人
对他人的态度	相信别人和自己一样优秀	认为自己比别人优秀
对自己的看法	能察觉自身的缺点，并努力改正	活在自我崇拜中，无视自身的缺点
对他人的意见	能听取他人意见，主动取他人之长，补己之短	目空一切，固执己见，独断专行，遇挫折迁怒于他人

父母不恰当的教育方式、过于顺利的生活经历、过强的自尊心、片面的自我认识等都是导致大学生自负的主要原因。

（三）以自我为中心

案例分析

没人缘的"才女"

怡欣，女，某大学二年级学生。不仅相貌出众、多才多艺，而且学习成绩也好，再加上她的家庭比较富有，她时常瞧不起班上的其他同学。学习上，别的同学向她请教问题，她会随口说："这么简单也不会。"当看到别人穿着一般时，她会说："太土了，不会买件好的穿上吗？"她给人的感觉就像是"公主"。有时她做错事了，也不承认，还多方辩解。在宿舍里，她想做什么就做什么，比如，熄灯后她经常打电话，影响了舍友的休息，虽然舍友多次向其提出意见，但她总说自己有重要的事，必须打电话，很少顾及其他同学的感受。她与同学的关系相当紧张，同宿舍的同学已联名写信给辅导员要求调换宿舍，怡欣自己也很郁闷，自己这么优秀的一个人，怎么会没人缘呢？

以自我为中心是指个体过多地从自己的角度或以自己的标准去评价、认识事物的思维模式和行为方式。在生活中，考虑问题、处理事情都以自己为中心，只考虑自身的利益得失，不能换位思考，不能设身处地为别人着想，习惯别人迁就自己、服从自己，目中无人，甚至自私自利。这种心理会妨碍大学生的人际交往，不利于个体的社会化。上述案例中的怡欣就是一个以自我为中心的人，所以同学们都对她有意见。

家庭的娇惯与纵容、一帆风顺的生活经历、人际交往的缺少及社会不良风气的影响是大学生以自我为中心的原因。

（四）苛求完美

案例分析

刘琳的烦心事

刘琳，某职业学院二年级学生，是个非常严谨、认真的人。她做事时总是想做到最好，用她自己的话说，就是一点瑕疵都不能有。其实她自己知道这样做没有必要，但很难做到，她自己也在尽力改正。这种性格特点给刘琳带来了不少困扰，首先，做一件事，无论大小总是比别人费时费力；其次，由于老担心自己做不到最好，所以刘琳不敢参加竞赛或接受挑战性的任务，她一肚子苦水，认为自己的心理素质不是一般的差。

"做事情时总是想做到最好"是一种追求完美的心理倾向。这种心理倾向可以让我们不断挑战和超越自我,精益求精,但在生活中过于追求完美,要求事事都达到自己内心的标准,对瑕疵、遗憾零容忍,会给个体带来巨大的心理压力。这种倾向会让人在面对现实时无能为力、急躁、自卑,甚至急功近利,这对个体的健康极为不利。案例中刘琳的烦心事就来源于自己苛求完美的心理,对自己要求过高、过度关注自身不完美之处都是苛求完美的表现。

不能区分他人的期望和自己内心的需要,不能灵活地调整参照标准是导致部分大学生苛求完美的主要原因。

犯错误效应

社会心理学家阿龙森曾做过这样一个实验。在一个竞争激烈的演讲会上,有4位选手,其中两位选手才能出众,而且几乎不相上下,另外两位选手才能平庸。演讲时,才能出众的选手中有一位不小心打翻了桌上的饮料,而才能平庸的选手中也有一位打翻了饮料。如果让你来评判,你会觉得这4个人当中哪个人更有吸引力呢?

实验结果表明:在这4个人中,才能出众但犯了一点小差错的人最受欢迎;最缺乏吸引力的是才能平庸又犯小错误的人;排在第二的是才能出众但没有犯错误的完美者;才能平庸但没有犯错误的人排在第三。

这一实验说明了一个道理:白璧微瑕的人要比洁白无瑕的人更让人喜爱,小差错可以让才能出众的人更具魅力。

六、良好自我意识的标准

个体的良好自我意识是判断个体心理健康水平的重要指标。虽然目前尚无绝对、统一的标准,但大部分学者都认为一个具备良好的自我意识的人应该有自知之明,能积极地自我肯定、主动地自我反省,其自我认识、自我体验、自我控制协调,行动独立且又能与外部世界保持协调,理想我与现实我相统一,能主动发展自我并能促进社会进步。作为一个青年群体,判断一个大学生的自我意识是否健全,可参考以下指标。

(1) 接受自己的生理状况,不自怨自艾。
(2) 对自己的心理素质有较清晰的认识,知道自己的长处和短处。
(3) 对自己所处的环境有较清晰的认识,包括家庭和学校环境。
(4) 对自己的经历有正确的评价。
(5) 对未来自我发展有明确的目标。
(6) 对自己的需求有清楚的认识。
(7) 知道生活中什么是应该珍惜的,什么是应该抛弃的。
(8) 对妨碍自己达到目标的因素有较为清楚的认识。
(9) 对自己能够做到的事情有较为清楚的认识。
(10) 对自己的希望和能力的差距比较清楚。
(11) 能正确估计自己的社会角色。

（12）对自己的情绪有较为清楚的认识。
（13）明白自己能力的极限。

自我和谐

自我和谐是由美国人本主义心理学家罗杰斯最早提出的，是其人格理论中一个非常重要的概念。其含义涉及3个方面，即自我内部的协调一致、自我知觉间的一致性、自我与经验之间的协调。

在日常生活中，当个体的各种自我知觉之间出现冲突或自我与经验之间出现矛盾时，个体就会处于"不和谐"的状态，体验到内心的不安和困扰。现有的研究表明，个体的自我和谐水平是反映其心理健康状况的一个非常重要的内在指标。我们每个人都曾经历过不同程度的"不和谐"，自我和谐的过程实际上是个体在成长的过程中不断地自我探索，充分发挥自己的潜能，努力自我完善，在最大程度上促使现实自我和理想自我趋近一致的过程。二者之间的矛盾与冲突一旦得以解决，个体的自我意识便会协调一致，个体就会呈现出和谐的状态。

七、完善自我的途径与方法

（一）正确认识自我

常言道："人贵有自知之明"，可见古人认为自知是人的可贵之处，同时也说明正确认识自我并非是件容易的事情。古人又把自知称为"明"，认为自知是一个人智慧的体现，所以对每个个体来说，正确认识自我是非常重要的。个体只有正确地认识自我，才能活出自己生命的真正价值。怎样才能更好地认识自我呢？实践证明可以通过以下5条途径。

1）通过自我反省来认识自我

"吾日三省吾身。为人谋而不忠乎？与朋友交而不信乎？传而不习乎？"这种自我反省的方法是古人修身养性的重要方式，也是个体可以借鉴的正确认识自我的方法。每个大学生都应该主动思考"我是一个什么样的人？""我要什么样的生活？""我将如何度过我的大学时光？""我有哪些长处和短处？""今天的我是否为自己的未来尽力了？"等问题，通过一系列的自我反省，个体能够更深刻地了解自己，完善自我评价标准，从而更加全面、深刻地认识自我。

2）通过与他人比较来认识自我

个体总是不自觉地把自己与他人进行比较，有比较才能有鉴别。通过与周围的普通人比较，个体可以了解自己的实际能力、在群体中所处的地位，明白自己的优势与不足；通过与他人比较，个体能找到自己与他人的差距和努力的方向，激励自己不断前进。合理的比较可以提升个体的自信心，是个体自我完善的基石。不过，个体在与他人比较时应注意选择恰当的比较群体。

3）从他人的评价中来认识自我

唐太宗曾说过："以镜为鉴，可以正衣冠；以人为鉴，可以知得失"。一般来说，个体重视他人对自己的看法，特别是权威人士对自己的评价。他人的评价是站在客观的立场上

得出的,可以帮助个体发现自己平时难以觉察的问题,所谓"当局者迷,旁观者清"就是这个道理,借鉴他人对自己的评价有利于个体更全面地认识自我,减少盲区。因此,合理地利用他人的评价是个体客观认识自我的一个有效方法。

4）从实际生活和工作中认识自我

个体可以通过自己曾经做过的事情,分析自己成功或失败的经历来了解自己。例如,可以通过分析自己做事的效率和效果来判断自己能力的高低；也可以在生活和工作中寻找合适的机会来验证自己是否具有某方面的天赋或才能,与其他的认识自我的方法与途径相配合,个体可以更全面、更客观地认识自我。

5）通过专业的心理测评来认识自我

将科学、操作严谨的专业心理测验作为一种辅助工具来帮助个体了解自我。比如,个体可以通过智力测验来了解自己的智力水平,通过人格测验来了解自己的人格特征,运用心理测验的目的是让个体更好地发现自我、完善自我、适应社会并驾驭人生。

乔韩的窗口理论

乔韩的窗口理论（见表2-2）由美国心理学家Jone和Hary提出,他们认为个体的自我可以分为四部分,即公开的我、盲目的我、秘密的我和未知的我。

表2-2　乔韩的窗口理论

	自己知道的	自己不知道的
他人知道的	公开的我	盲目的我
他人不知道的	秘密的我	未知的我

公开的我,是个体愿意公开或不能隐藏的那部分自我,也就是真实、透明的自我。包括个体的性别、名字、相貌、职业等许多自己与他人都知道的东西。

盲目的我,是个体没有意识到或在他人面前无意识地表现出来的那部分自我,比如个体的一些习惯性的动作、口头禅及认知上的偏见等。

秘密的我,是个体不愿让他人知道或不愿在他人面前显露的那部分自我,是个人的隐私部分,比如,对某人真实的看法、羞愧的过往等,都属于这一部分。

未知的我,这部分属于无意识层面,虽然没有被个体觉察到,但可以驱使个体去做某些事情。通过一些契机这一部分可以被激发出来。

这4个部分在每个人身上所占的比例有所不同,并会随着个人的成长、生活经历和教育环境的变化而变化。当个体公开的我越大,个体的自我认识和自我评价就越客观、越全面,个体的心理就越健康。实际上,个体自我认识的过程就是不断地扩大公开的我,减少盲目的我和未知的我的过程。

（二）主动地悦纳自我

悦纳自我,是指个体对现实的自我持肯定、认同和接纳的态度,即"我接受我,我爱我"。相关研究表明,能够认同和欣赏自己的个体通常具有较强的自信心,因此,积极主动地悦纳自我是个体心理健康水平的重要保障,也是科学塑造自我、努力完善自我的前提。

1）无条件地接受自己

世界上的每个人都是独一无二的,接受自己的独特性,是指既接受自己的优势、强项,也接受自己的不足和缺憾,因为人无完人,所有方面都是个体独特性的一部分。只有完完全全地接受自己,个体才能喜欢自己、欣赏自己,才会有积极的自我体验。

2）避免过度地自我批评

中国传统文化倡导批评与自我批评,目的是帮助个体更好地改善自我,但是自我批评过度可能使个体养成自我否定的习惯,而过多的自我否定会压抑个体的潜能,瓦解个体的自尊和自信,令个体失去人生方向,陷入自卑的泥沼。因此,个体要学会自我鼓励来肯定自身的价值。

3）调整自我期望水平

每个人都对自己有很多的期望,合理的自我期望可促使个体自我完善、自我实现,是个体前进的动力。但是如果自我期望与现实状况反差太大,个体就会产生巨大的心理压力,这样的期望会成为个体发展的负担和障碍,所以个体应该根据自己的实际情况来调整自我期望的水平。

(三) 有效控制自我

控制自我是个体完善自我的重要途径,是指个体主动地对自己的心理品质、心理特征及行为进行改造的过程,即主动提升、完善"现实我"以达到"理想我"的过程。在这一过程中,个体应遵循以下步骤。

第一步,在分析社会需求的基础上,结合自己的实际情况确立合适的"理想我"。

第二步,提升自己的自信心和自我效能,这两者是个体有效控制行为的激励因素,较高的自信心和自我效能水平可以使个体为实现理想我而不断奋进、勇往直前。

第三步,培养顽强的意志品质。坚强的意志是个体有效控制自我的保障。自觉地明确自己发展的目标,主动地排除干扰,克服困难,理智地对待成功与失败,做到胜不骄败不馁等都是个体意志力的重要表现。为了增强个体的意志力,个体应多参加实践活动,特别是那些平淡、枯燥或困难的活动,这样才能磨炼意志。

(四) 不断超越自我

个体的成长过程就是对原有的自我不断进行改造、超越,不断地抛弃旧我,产生新我的过程。超越自我是个体成长、成熟的必经过程,没有对自我的超越,个体就无法走向成熟。对大学生来说,超越自我应成为其终生奋斗的目标。所以个体应善于利用自己的优势,充分挖掘自身的潜能,勇敢接受挑战,不断完善自我,以实现健全自我意识的终极目标。

训练活动 2-1 自己眼中的我,他人眼中的我

【目的】认识到自我评价与他人评价之间的差异。

【步骤】

(1) 学生自由组合,两人一组。

(2) 教师指导宣读指导语。

① 假如让你做自我介绍,请写下 5 个最能代表你自己特点的词汇。

自己眼中的我：_____

② 假如让你介绍一下你的同伴，请写下 5 个最能代表他（她）特点的词汇。

他人眼中的我：_____

（3）学生交换彼此的评价，对比自我评价与他人评价之间的差异，并讨论出现差异的原因。

训练活动 2-2　我的二十行诗

【目的】 在同伴的帮助下客观地认识自己。

【步骤】

（1）要求学生完成 20 句"我是一个怎样的人"，尽量选择能够代表个人风格的句子，避免出现"我是一片云"等过于抽象的语句。

（2）要求学生将自己所写的句子根据内容归类。

① 生理特点（外貌、身高、体形等）有_____句。

② 心理特点（情绪、性格、心智等）有_____句。

③ 社会状况（与他人的关系、社会地位、与事件的关系等）有_____句。

（3）要求学生传看彼此的作业，并写出自己的看法。

① 在你认为最能代表他/她特点的语句前标上"☆"。

② 在你认为不客观的语句（或你不喜欢他/她这样说自己）前面标上"？"。

（4）学生对自己的作业中标"？"的语句进行讨论并修正。

训练活动 2-3　理想的我

【目的】 了解自己理想中的我，明确努力方向。

【步骤】

要求学生尽可能多地想出自己在人生每个阶段中扮演的重要角色，比如学生、子女（儿子或女儿）、职场人士、持家者（丈夫或妻子）等，越全面越好。请描述出自己在每个角色中想成为的那个人，思索一下现在应如何去做，才能达到自己理想中的我，并写在表 2-3 中。

表 2-3　我的角色

角　　色	理　想　的　我	我的努力方向
学生		
职场人士		
持家者		
……		

训练活动 2-4　个人优点检查表

【目的】 全面认识自己的优点。

【步骤】

学生完成个人优点检查表，并对照自己的优点找出相应例证。

个人优点检查表

情绪上的优点　　　　　　　　　　　　　　实例
- ☐ 温暖
- ☐ 敏感
- ☐ 关心别人
- ☐ 有同情心
- ☐ 具有同理心
- ☐ 能针对别人的需要做出适当的反应
- ☐ 慷慨
- ☐ 慈善
- ☐ 能鼓舞别人的信心
- ☐ 了解别人
- ☐ 体贴
- ☐ 能照顾别人
- ☐ 考虑周到
- ☐ 能支持别人
- ☐ 大度
- ☐ 有直觉力
- ☐ 其他情绪上的能力

智力上的优点　　　　　　　　　　　　　　实例
- ☐ 善于分析
- ☐ 知觉敏锐
- ☐ 聪明
- ☐ 有智慧
- ☐ 反应快
- ☐ 善于掌握观念
- ☐ 有逻辑能力
- ☐ 能急中生智
- ☐ 领悟力强
- ☐ 记忆力好
- ☐ 对学问有好奇心
- ☐ 语文能力好（听、说）
- ☐ 语文能力好（读、写）
- ☐ 推理能力好
- ☐ 其他智力上的优点

美感上的优点　　　　　　　　　　　　　　实例
- ☐ 对颜色敏感

- ☐ 设计能力不错
- ☐ 有创意
- ☐ 有想象力
- ☐ 会发明一些小东西
- ☐ 懂得配置家具
- ☐ 很会选衣服
- ☐ 很会烹饪
- ☐ 很会安排食物
- ☐ 很会插花或摆设盆景
- ☐ 懂得园艺
- ☐ 能弹奏乐器
- ☐ 绘画在行
- ☐ 很会唱歌
- ☐ 演奏能力不错
- ☐ 会创作音乐
- ☐ 很会演戏
- ☐ 能做手工艺
- ☐ 很会跳舞
- ☐ 其他美感上的优点

人格上的优点　　　　　　　　　　　　实例
- ☐ 热心
- ☐ 有勇气
- ☐ 有决心
- ☐ 诚实
- ☐ 坦白
- ☐ 公平
- ☐ 有幽默感
- ☐ 迷人
- ☐ 有坚持力
- ☐ 自然不做作
- ☐ 有口才
- ☐ 有说服力
- ☐ 开放
- ☐ 有弹性
- ☐ 活泼有趣
- ☐ 有领导能力
- ☐ 负责任
- ☐ 努力不懈

- [ ] 有自省力
- [ ] 温和的
- [ ] 热情的
- [ ] 整洁的
- [ ] 其他人格上的优点

体能上的优点   实例
- [ ] 平衡能力不错
- [ ] 体力不错
- [ ] 耐力不错
- [ ] 协调性好
- [ ] 动作灵敏
- [ ] 有运动精神
- [ ] 双手灵活
- [ ] 体形良好
- [ ] 其他体能上的优点

训练活动2-5　自我和谐测量

【目的】通过完成心理测验来了解自己的自我和谐水平。

【步骤】

根据指导语，完成下列测验，并依据教师提供的评分标准，对自身的自我和谐水平进行评判。

自我和谐量表

以下列出了一些人对自己的看法，请仔细阅读每一个项目，然后根据您的实际感觉与情况，请在符合自己情况的项目标记栏中打"√"。

项　　目	完全不符合	比较不符合	不确定	比较符合	完全符合
1. 我周围的人往往觉得我对自己的看法有些矛盾。					
2. 有时我会对自己在某方面的表现不满意。					
3. 每当遇到困难，我总是先分析造成困难的原因。					
4. 我很难恰当地表达我对别人的情感反应。					
5. 我对很多事情都有自己的观点，但我并不要求别人也与我一样。					
6. 我一旦形成对事情的看法，就不会再改变。					
7. 我经常对自己的行为不满意。					
8. 尽管有时得做一些不愿做的事，但我基本上是按自己的愿望办事的。					
9. 一件事情好就是好，不好就是不好，没有什么可以含糊的。					
10. 如果我在某件事上不顺利，我往往会怀疑自己的能力。					

续表

项　　目	完全不符合	比较不符合	不确定	比较符合	完全符合
11．我至少有几个知心朋友。					
12．我觉得我做的很多事情都是不该做的。					
13．不论别人怎么说，我的观点绝不改变。					
14．别人常常会误解我对他们的好意。					
15．很多情况下，我不得不对自己的能力表示怀疑。					
16．我的一些朋友是与我截然不同的人，这并不影响我们的关系。					
17．与别人交往过多，容易暴露自己的隐私。					
18．我很了解自己对周围人的情感。					
19．我觉得自己目前的处境与我的要求相距太远。					
20．我很少去想自己所做的事是否应该做。					
21．我所遇到的很多问题都无法自己解决。					
22．我很清楚自己是什么样的人。					
23．我能很自如地表达我想表达的意思。					
24．如果有了足够的证据，我也可以改变自己的观点。					
25．我很少考虑自己是一个什么样的人。					
26．把心里话告诉别人不仅得不到帮助，还可能招致麻烦。					
27．在遇到问题时，我总觉得别人都离我很远。					
28．我觉得很难发挥出自己应有的水平。					
29．我很担心自己的所作所为会引起别人的误解。					
30．如果我发现自己在某些方面表现不佳，总希望尽快弥补。					
31．每个人都在忙自己的事情，很难与他们沟通。					
32．我认为能力再强的人也会遇上难题。					
33．我经常感到自己是孤立无援的。					
34．一旦遇到麻烦，无论怎样做都无济于事。					
35．我总能清楚地了解自己的感受。					

【计分方法和结果解释】

各分量表的得分为其所包含的项目分直接相加。3个分量表包含的项目分别为：

（1）自我与经验的不和谐：项目 1、4、7、10、12、14、15、17、19、21、23、27、28、29、31、33，共16项。

（2）自我的灵活性：项目 2、3、5、8、11、16、18、22、24、30、32、35，共12项。

（3）自我的刻板性：项目 6、9、13、20、25、26、34，共7项。

总分的计算方法：完全不符合计1分，比较不符合计2分，不确定计3分，比较符合计4分，完全符合计5分。将自我的灵活性反向计分，再与其他两个分量表的得分相加。得分越高，个体的自我和谐程度就越低。大学生的参照标准为：低于74分的为低分组；75-102分的为中间组；103分以上的为高分组。

训练活动 2-6　自我宣言

【目的】通过参与活动来悦纳自我。

【步骤】学生全体起立，并大声诵读。

操作：全体起立，集体宣誓。

自我宣言
维吉妮亚·史代尔

在这世上，我是独一无二的个体。也许我有些地方与别人相似，但我仍是无人能取代的。我的一言一行都有我自己的个性，因为这是我自己的选择。

我是自己的主人——我的身体，从头到脚；我的脑子，包括情绪思想；我的眼睛，包括看到的一切事物；我的感觉，不管是兴奋快乐，还是失望悲伤；我所说的一字一句，不管是说对说错，忠言还是逆耳；我的声音，不管是轻柔还是低沉；以及我的所作所为，不管是值得称赞还是有待改善。

我有自己的幻想、美梦、希望及恐惧。

成功胜利由我自己创造，失败挫折由我自己承担。

因为我是自己的主宰，所以我能深刻了解自己。由于我认识自己，所以我能喜欢自己，接纳自己的一切，进而将自己最好的一面呈现出来。

然而，人多少会对自己产生疑惑，内心总有一块连自己也无法理解的角落；但只要我多支持和关爱自己，我必定能鼓起勇气和希望，为心中的疑问找到解答，并更进一步地了解自己。

我必须接受自己的所见所闻，一言一行，所思所想，因为这是我自己真实的感受。之后我可以回头检视这些发自内心的行为，若有不适宜之处，便加以纠正；若有可取之处，则应继续保持。

我身心健全，能自食其力。我愿发挥自身潜能，并关怀他人，为创造一个更美好的世界贡献力量。

我能掌握自己，做自己的主宰。

我就是我，世上不会有第二个我。

第二节　提升自我效能

名人名言

我们这个时代最伟大的发现，就是人们可以通过改变自身的思想观念，进而改变自己的生活。

——威廉·詹姆斯

安徒生的故事

安徒生在很小的时候，他的父亲就去世了，留下他与母亲相依为命。有一天，他和一群小孩获邀到皇宫晋见王子，他满怀希望地唱歌，朗诵剧本，希望自己的表现能获得王子的赞赏。等表演完后，王子和蔼地问他："你有什么需要我帮助的吗？"安徒生大声地说："我想写剧本，并在皇家剧院演出。"

王子把眼前这个有着小丑的大鼻子和一双忧郁眼神的笨拙男孩从头到脚看了一遍，对他说："背诵剧本是一回事，写剧本则是另外一回事，我劝你还是去学一项有用的手艺吧！"但是，安徒生相信自己的能力，相信自己一定能够实现自己的梦想。他回家后，不但没有去学糊口的手艺，而且打破了存钱罐，向母亲道别，到哥本哈根去追寻他的梦想。他在哥本哈根流浪，敲过许多哥本哈根的贵族家的门，虽然被屡次拒绝，但是他从未想过退缩。他一直坚持写史诗、爱情小说，并相信自己有能力写出受欢迎的剧本。他说："我相信自己能够成功，即使有再多的困难，我仍要坚持写下去！"

1825年，安徒生随意写的几篇童话故事，出乎意料地受到了孩子们的喜爱，许多读者还希望他能不断地发表新作品。直至今天，《皇帝的新装》《丑小鸭》等许多童话故事还在陪伴着世界各国儿童的成长。

在生活中，有些个体可以长期保持积极进取的奋斗状态，从而取得巨大成就；而另外一些个体虽然可以意识到自己的任务，也明白完成任务对自己的重要性，但往往会中途放弃，最终的表现自然也很一般。导致这种差距出现的原因是个体的自我效能——一个可以影响人们活动持久性和积极性的心理因素。

一、自我效能

（一）自我效能的含义

1977年，美国心理学家艾伯特·班杜拉在长期的研究中发现了积极思维模式对个体的影响，提出了自我效能这一概念，这是班杜拉的社会认知理论中的核心概念。班杜拉认为，自我效能是个体在解决问题的过程中，对自己能力、效率及信心的认识。他在对自我效能进行了长期、大量的研究后发现：具有较高自我效能的个体通常相信自己可以控制自己的命运，认为自己有能力应对生活中的各类事件，有能力克服障碍，有能力取得成功，因此，他们会主动寻求挑战并坚持到底。后来，越来越多的研究者开始关注自我效能的研究，20世纪80年代，自我效能的理论得到了极大的丰富与发展。

自我效能既不是技能，也不是一个人的真实能力，而是个体对自己能力的主观感受，是个体对自己完成特定任务所具有的行为能力的自信程度。它包含三层含义：第一，自我效能是个体对能否达到某一表现水平的预期，产生于活动发生之前；第二，自我效能是针对某一具体活动的能力知觉，与能力的自我概念不同；第三，自我效能是个体对自己能否达到某个目标或特定表现水平的主观判断。生活中，当个体对某种活动具备较高的自我效能时，个体就会去从事该活动。

（二）自我效能、自我概念及自尊

自我效能、自我概念、自尊是 3 个不同的概念。自我效能是个体对自己在特定情境下完成某项特定任务的能力的评价，大量研究表明，自我效能具有情境特定性，可随着主题或任务的变化而改变。例如，个体在绘画方面的自我效能很低，但却对自己的运动能力信心十足。而自我概念涵盖的内容则更为广泛，自我效能只是个体自我概念的一部分。自我概念需要个体通过内外世界的对比来发展，在此过程中个体通常会以他人或自我的其他方面作为参照框架，而自我效能关注的是个体能够成功完成一项特定任务的能力，不需要与他人对比。同时，个体自我效能对其行为的预测力要比自我概念对其行为的预测力强。

个体的自尊是个体对自我价值的判断，而自我效能则是个体对个人能力的判断，二者之间没有直接的关系。个体可以具有某种较高的自我效能，比如较高的学业自我效能、计算机自我效能等，但却未必同时具有较高的自尊，反之亦然。如个体绘画方面的自我效能很低，却不会影响个体的自尊水平，因为在个体看来，绘画在个体的生活中并不是必需的。但当个体在自己看重的某些领域缺乏效能时，其自尊就会受到影响。

（三）自我效能的维度

班杜拉认为个体的自我效能会在幅度、强度和广度 3 个维度上发生变化。

个体自我效能在水平上的变化是指一个人认为自己所能完成的、指向特定目标的行为的难易程度。一般来说，在完成任务的过程中，个体所从事的指向同一目标的不同行动，其难度存在差异；另外，同一行动在不同情境和身心状态下，其难度也会不同。例如，在平常做练习时，学生处于身心放松状态，他们比较有把握完成各个题目；但在充斥着压力和紧张气氛的考场上，学生往往处于高度焦虑状态，往往会对自己的能力产生怀疑。

自我效能在强度上的变化是指个体对自己实现特定目标行为的确信程度，也就是个体对自己是否有能力完成不同难度、不同复杂度的活动或任务的信心。比如，两位吸烟者都认为自己能在朋友聚会的场合不抽烟，但实际上可能只有一个人有更强的自信心。个体在面对挫折、痛苦或其他影响目标实现的障碍时所表现出的坚持性和意志力，就是个体自我效能强度的最好证明。

自我效能的广度，实则就是自我效能的可迁移性，是指个体在某一领域内的自我效能水平会在多大程度上影响自己在其他领域内的自我效能。比如，个体由于顺利完成学习任务而获得的较高自我效能，是否会增强个体在其他领域完成任务的信心，比如坚持锻炼、节食减肥等。

（四）自我效能对个体的作用机制

 案例分析

魔法妈妈的坚定信念

1997 年，由乔安妮·凯瑟琳·罗琳创作的《哈利·波特》系列的第一部《哈利·波特与魔法石》在英国出版后，引起了全世界的轰动，无论是成年人还是孩子都被书中描述的

奇妙的魔法世界深深吸引，罗琳也被大家誉为"哈利·波特之母"。但是在这一系列作品的第一部——《哈利·波特与魔法石》出版前，罗琳所遇到的困难是超出常人想象的。

在罗琳开始创作《哈利·波特》系列小说之前，她是一位贫困的独自带着女儿的单身妈妈。她的住所又小又冷，因此她常到附近的尼克森咖啡馆里去写作。没钱点餐的她，总是点上一杯咖啡，等女儿睡熟之后，就开始写《哈利·波特》的故事，女儿睡多久，她就写多久。终于，她克服了生活的艰辛，完成了第一部作品，不过烦恼随之而来——没有出版社愿意出版这部小说。但这并没有击垮罗琳，她非常坚定地认为自己的作品一定可以得到全世界的认可与喜爱。在被12家出版社拒绝之后，一家小型的出版社愿意出版其作品。通俗易懂的语言、环环相扣的情节、天马行空的构思，使得《哈利·波特与魔法石》在一夜之间征服了世界各地的读者，罗琳也成为著名的畅销书作家。在接受采访时她谈到了自己成功的秘密，她说："我非常相信自己，相信自己的能力，有一种必然成功的信念。"

班杜拉认为个体的自我效能主要通过选择过程、认知过程、动机过程、情绪过程来影响个体的机能。

1）选择过程

自我效能对个体选择过程的影响主要有两方面：一是会影响个体对环境的选择；二是影响个体对行为活动的选择。

三元交互作用理论认为个体既是环境的产物，又是环境的营造者。当面临不同的环境条件时，个体的自我效能决定了他会选择什么样的环境。通常情况下，个体会避开那些自认为无法控制的环境，而去选择自己有把握控制的环境。个体一旦选定了环境，这些环境就会影响其行为和人格的发展。

此外，个体的自我效能还会影响个体对行为活动的选择。一般来说，同一问题往往存在多种解决问题的方式，不同的解决问题的方式需要个体从事不同的活动，而不同的活动又需要个体具备不同的知识、技能。所以，选择何种活动、何种解决问题的方式取决于个体对各种活动的自我效能水平；同时，不同的解决问题的方式，可以使个体得到不同的经验和体验，又会对个体各方面的自我效能产生影响。在这一过程中，个体的一部分潜能被发掘，而另一部分潜能则被忽视。

2）认知过程

班杜拉认为个体的行动受其思维支配，可以预测未来的行为结果，这是个体思维的一个主要功能。个体的自我效能会影响其预期目标的设定，而预期目标则调节着个体的目的性行为，所以，个体的自我效能越强，其设定的目标就越具有挑战性，其成就水准也就越高。

同时，个体的自我效能还可以影响个体的归因方式和对行为控制点的知觉，进而影响个体思维和活动的效率。一般来说，自我效能强的个体往往将成功归因为自己的能力和努力，将失败归因为自己努力的程度不够。这样的思维方式可以提高个体的动机水平，促进其技能发展。同样，就控制点知觉来说，具有较高自我效能的个体会认为自己可以通过努力来改变自己的现状；而具有较低自我效能的个体，就会认为自己无能为力，因为在他们看来，行为结果是完全由环境控制的。

3）动机过程

自我效能还会影响个体在所从事的活动中的努力程度，以及在面临困难和挫折时，个体活动的持久性和耐力。具有较高自我效能的个体会在活动中付出更多的努力，并持之以恒，一直到活动目标实现；而具有较低自我效能的个体则相反。

4）情绪过程

个体的自我效能对其情感状态的自我调节也有影响，自我效能通过控制思维、控制行动和控制情感3种途径来影响个体情绪体验的性质和情绪的紧张性。个体控制潜在威胁性的自我效能在其焦虑唤醒过程中起着关键的作用，具有较高自我效能的个体在处理潜在威胁时，认为自己能有效地控制潜在威胁，几乎不会出现情感唤醒，既不会产生恐惧性认知，也不会受其困扰；而当个体认为自己不能有效控制潜在威胁时，就会经历高水平的焦虑。

高自我效能个体与低自我效能个体的差异比较如表2-4所示。

表2-4　高自我效能个体与低自我效能个体的差异比较

	项　　目	高自我效能的个体	低自我效能的个体
特性	生活目标的确立	为自己设立高目标，选择有挑战性、感兴趣、困难的工作任务	为了逃避压力，选择降低自己的目标和较轻松容易的工作任务
	对自己能力的评估	对能运用自己的资源，采取必要的行动完成某项工作的能力的评估充满自信	对自己的能力没有自信，无法有效运用自己的能力
	对自己的激励	在困境中坚持到底，遇到挫折，相信是自己努力不够，而不是能力不足	在遭遇困难时，感到泄气，放弃努力
	情绪状况	充满信心、情绪饱满	怀疑、担心、紧张、害怕
未来发展	工作表现	工作绩效良好，学业表现优异	工作绩效不佳，学业表现普通
	健康状况	比较不容易生病，健康的行为较多	比较容易生病，健康的行为较少，甚至会出现酗酒、抽烟、滥用药物的危险行为
	适应结果	适应良好、自我成长	容易出现焦虑、恐惧和抑郁

自我效能的相关研究

1）自我效能对个体学业成绩的影响

大量的研究表明，个体的自我效能与个体的动机、努力程度、抱负水平及在课堂上的坚持性呈正相关。高自我效能的个体会拥有更多的学习方法和更有效的学习策略，这些方法和策略可以帮助个体提高成绩。而低自我效能的个体对取得较好的学业成绩缺乏信心，倾向于采用自我阻碍的策略来保护自己的自我价值感。

2）自我效能对个体职业选择和工作绩效的影响

首先，自我效能的性别差异会影响个体的职业选择。研究表明，男性和女性对自己在不同职业胜任力上的知觉存在显著的性别差异。无论在传统的"男性"职业，还是在传统的"女性"职业上，男性都有较高的自我效能；而女性只在传统的"女性"职业上有较高的自我效能。

其次，个体的自我效能与工作绩效之间存在显著正相关，个体的自我效能越高，其工作绩效就越好。

3）自我效能对个体身心健康的影响

相关研究表明，自我效能对个体的健康行为、身体疾病的康复都有影响。高自我效能个体的身心健康水平要高于低自我效能个体的身心健康水平。高自我效能的个体，其抑郁、焦虑、神经质和身体不适的程度都较低，生活满意度较高，他们能积极应对压力，乐观面对未来，并能积极锻炼身体，以预防疾病。

（五）影响自我效能形成的因素

个体自我效能的形成受诸多因素的影响，目前的研究表明，亲历的成败经验、替代性经验、言语劝说、生理或情绪唤醒是影响个体自我效能形成的主要因素。

1）亲历的成败经验

亲历的成败经验是指个体通过亲身操作获得的成功或失败的直接经验。现有的研究表明，对个体自我效能的形成影响最大的就是个体的亲身经验，个体的亲身经验是个体自我效能最强有力的信息源。成功的经验可以提高个体的自我效能，使个体对自己的能力充满信心。连续的成功可以使个体的自我效能趋于稳定，并迁移到其他情境中，不会因偶然的挫折、失败而降低。而个体失败的经验则起相反的作用，多次的失败经验会影响个体对自己能力的评估，降低其自我效能。此外，个体自我效能的形成还会受到任务的难度、个人的努力程度、外部援助的多少等因素的影响。若个体在任务难度大、外部援助少且自身努力不够的情况下取得了成功，其自我效能就大大增强，若个体在这种情况下失败，其自我效能也不会减弱；反之，当个体在任务简单、外部援助充足、自身又付出了艰辛努力的情况下取得成功，其自我效能则不会增强，相反，个体在这种情况下失败的经历会降低其自我效能。由此可见，成功或失败的直接经验是否会影响个体的自我效能取决于个体对这些经验的主观解释。

2）替代性经验

替代性经验是指个体通过观察示范者的示范行为及行为的结果而获得的对自己行为表现的预期。它是个体通过观察学习而获得的间接经验，对个体自我效能的形成也有重要影响。当个体观察到与自己水平相当的示范者取得成功时，就会认为"如果他们可以，我也可以"，认为自己也可以成功完成相同的任务，其自我效能就会增强；但当个体看到与自己能力不相上下的示范者遭遇失败时，就会形成"如果他们不行，那我也不行"的观念，认为自己成功的希望也非常渺茫，其自我效能就会降低。但是，若示范者与个体迥然不同，其示范行为及结果就不会对个体产生太大影响。

一般来说，替代性经验对个体自我效能的影响力要比直接经验对个体自我效能的影响力小得多，替代性经验可以增强或抵消直接经验的效果。但是在示范者与个体实际情况非常相似，示范者的行为反复多次成功或失败，提供了高自我效能的示范等情况下，替代性经验的影响力可能会超过直接经验的影响力。

3）言语说服

研究表明，来自他人的说服性的建议、暗示及劝告对个体的自我效能也有影响。虽然在提升个体自我效能的过程中，言语说服的方法简单易用，也非常有效，但这种方法却难以让个体形成持久的自我效能，尤其是缺乏实际体验基础的言语说服，其效果更不明显。说服者的身份、可信度、说服目的、说服方式和说服内容等因素都会影响说服的效果，如果个人的直接经验与言语说服的内容存在偏差,说服往往很难起效。此外,与前两种方式相比,言语说服在个体自我效能的形成中起的作用是有限的。

4) 生理或情绪唤醒

班杜拉认为,来自情绪和生理状态的信息会对个体的自我效能产生影响。在充满危险、令人紧张和恐惧、身体负荷比较大的情况下,个体的情绪容易被唤起。高度的情绪唤起和过度的生理反应会干扰个体的行为表现,导致其成功期待降低。比如,高度的焦虑、抑郁会让个体低估自己的能力;过度的疲劳则会让个体感到任务难以胜任。所以,个体的情绪和生理状态会与其自我效能密切相关。班杜拉还指出,在这一过程中起关键作用的是人们对这些生理状态和情绪反应的知觉、解释。比如将心跳加速原因归为运动的结果与把其归因为过度紧张,对个体自我效能的影响是不同的。

(六) 提升自我效能的方法与途径

1) 积累成功经验

亲历的成功经验可以让个体对自己的能力给予正面的、积极的评价,增强自信心,从而提升自我效能。所以,采取必要的措施保证成功、减少失败在提升个体自我效能的过程中是非常关键的。在实际操作的过程中,个体可以根据自己的实际情况把难度较大的任务分解为若干子任务,先从难度较低的子任务做起,然后循序渐进,逐步加大任务难度,使自己不断地获得成功体验,进一步增强自信心和胜任感,提升自我效能。

2) 学会合理归因

归因是指个体从可能导致行为发生的各种因素中,认定行为的原因并判断其性质的过程。合理的归因有助于个体提升自己的自我效能。心理学家韦纳认为,可以从内部与外部、可控与不可控、稳定与不稳定3个维度来分析人们的归因方式,人们通常会将行为发生的原因归结为能力、努力、运气和任务的难度。已有的研究表明,某些归因方式可以提升个体的自我效能。如把考试成功的原因归因为自己能力强,而不是运气好,个体就会增强自信,提升自我效能;若把考试失败的原因归因于自己的能力差、自己没有学好某门课程的潜质,个体就会丧失信心,其自我效能就会降低;但若将失败的原因归结为个体的努力不够,下次考试时个体会加倍努力,这就不会降低其自我效能。因此,主动了解自己的归因方式,学会合理归因是提高个体自我效能的有效方法。

3) 选择恰当的学习模仿榜样

虽然在提升自我效能的过程中,直接经验比个体通过替代性学习和模仿获得的间接经验更有效,但榜样的力量也是不容忽视的。榜样的表现不仅可以给个体提供比较和判断自己能力的标准,还可以向个体传递通过努力获得成功的信念,所以个体应主动地去发掘、寻找与自己能力相当的优秀榜样,有意识地去学习其优点、模仿其成功的行为、增强自己成功的信心,提升自我效能。

波波玩偶实验

阿尔伯特·班杜拉曾给一群5岁的孩子各自单独放映一部展示一名成年男子的攻击

行为的影片。模特推倒玩偶，一边坐在玩偶上面大喊"鼻子吃我一拳！""躺下！"等话语，一边拳脚相加。虽然孩子们看到的都是同一部影片，但影片的结尾不同。根据影片不同的结尾，孩子们被分为3个组。

第一组：攻击性补偿——影片结尾，出现其他成年人，称赞男子为"强大的冠军"，给予巧克力、饮料等礼物。

第二组：攻击性处罚——骂男子"坏蛋"，殴打男子致其丧胆。

第三组：无任何结果——关于男子的攻击性行为不给予任何奖励或处罚。

影片结束后，孩子们立即被带进有波波玩偶和其他玩具的房间里。实验者观察孩子模仿男子攻击性行为的程度，结果如下：

（1）看了攻击性得到强化的影片的孩子最有攻击性。

（2）看了攻击性行为受到处罚的影片的孩子表现出最小的攻击性。

（3）看了攻击性行为没有得到任何奖励和处罚的孩子的攻击性处于中间水平。

从以上结果可以看出，孩子们的行为会受到间接经验或替代性经验的影响。观察他人的经验会影响孩子的自身行为。虽然孩子们都观看了男子的攻击性行为，但却会根据男子的行为被强化、男子受到处罚、无任何结果而产生不同的行为。

4）积极的自我暗示

他人的称赞和鼓励可以帮助个体把自我怀疑变为自我肯定，从而提升个体的自我效能。研究表明，在成长阶段经常受到称赞和鼓励的个体，其自我效能比较高。此外，自己称赞自己也是有效果的，经常给予自己积极的、肯定的暗示，不断重复想要传递给自己的信息，比如，"我能行！我很棒！"等，可以强化个体的自信心，提升其效能。

5）提高自己的身心健康水平

个体的自我效能与其身心健康状况密切相关。良好的身心健康状况有助于个体保持积极的心态，而积极的心态可以促使个体进行自我观察、自我调节与自我反思，从而形成个人控制感和自信心；相反，疾病、疲劳和身体不适容易使个体体验到焦虑、无助、悲观等消极情绪，进而导致自我怀疑，自我效能降低。因此，保持良好的身心健康水平是提高个体自我效能的一个必要条件。

面对失败保持自我效能：韧性

如果人们面对失败和羞辱无法保持自我效能，那么科学、文学和艺术世界将会一片枯竭。你曾听说过麦克斯韦吗？可能没有。甚至他那个时代的人，也就是生活在19世纪的人对他也一无所知，然而他对电磁波谱的发现，表明了光与电是有关联的，并促进了收音机和电视的出现。他性格比较古怪，作为一个年轻人，他被称为"闷葫芦"，在他的英国同伴看来这意味着"脑子不是很灵光"。

心理学家坎特里尔曾给爱因斯坦展示过一些由心理学家埃姆斯开发的视错觉材料，当坎特里尔抱怨埃姆斯的视错觉材料的迷人价值被其他心理学家置之不理时，爱因斯坦说："我多年前就学会了决不浪费时间去让我的同事信服我。"

美国"现代火箭之父"的罗伯特·戈达德,曾被他科学界的同事斩钉截铁地否定过,因为他的同事认为在空气稀薄的外太空中火箭推进器根本无法工作。但他从没放弃过他的有关火箭的创新思想。

成功的作家在最终出版一本书之前,通常都会遭遇多次退稿。毫不夸张地说,萨洛扬在最终发表作品之前收到过数以千计的退稿信。乔伊斯的经典著作《都柏林人》曾遭到22个出版商的拒绝。斯泰因在最终出版著作之前经受了20年的受挫时光。在卡明斯的著作终获出版之际,他在献辞中写道:"不感谢……(此前曾拒绝其著作的那16位出版商)。"在艺术界,凡高潦倒一生,但他留下的数百张画在如今却价值连城。当年,罗丁也未能让他的作品进入最好的博物馆,赖特非凡的建筑作品最初也无人赏识。

在多次被拒绝和受羞辱的时候,他们是如何坚持下来的呢?他们令人难以置信地显示了有效、艰难的自我调节过程。显然,卡明斯作为一位诗人,保持了他的自我效能,他坚信有朝一日会让那些瞧不起他的人受到惩罚。麦克斯韦在没有他人关注的情况下默默坚持,满足自我好奇心的能力使他保持了较高的科学的自我效能。埃姆斯和坎特里尔面对拒绝,仍坚持己见,后来成了著名的视知觉理论家。凡高和赖特能坚持下去是因为他们认为艺术本身就是奖赏。戈达德喜爱解决问题,对他而言,一个有待解决的问题比别人的信任更有吸引力。无疑,他们会在自我效能减退的时候拜访朋友,以寻求鼓励来提升自我效能,为了达到自己设定的标准而称赞自己,把失败当作挑战。无论他们对失败和挫折表现出何种特殊反应,他们中的每一个人都显示出非凡的韧性。韧性是指人在命运多舛时仍能矢志不渝的能力。在个体遭受沉重打击后,自我效能将在成功的维护下得以维持。从比尔·克林顿、科林·鲍威尔和安东尼·奎因的成功中都可以看到他们的韧性,正是具有了这种品质,他们才战胜了逆境。

二、自尊

(一)自尊的含义

自尊是个体对自己进行的整体的积极性评价,它反映了个体对自己的满意程度。如果个体有"我真的很不错!我是最棒的!"这样的自我评价,那就说明个体可以接纳、包容原原本本的自己,具有良好的、健康的自尊。

自尊与自我概念是两个不同的概念。自我概念是自尊形成的基础,关注的是个体对自己的认识、看法,可以是正面的、负面的或中性的,但自尊关注的是对自己的评价和对自己的情感体验(满意或不满意),其正负性更明显。但两者之间也存在一定的联系,个体通过对自己的认识,产生对自己不同的评价;另外,对自己不同的评价也会影响甚至歪曲个体对自己的认识。

(二)自尊的分类

根据不同的分类标准,自尊可以有不同的存在形式。

1)理想自尊与现实自尊

根据自尊的内容,可以将自尊分为理想自尊与现实自尊。心理学家认为,现实自尊来源于个体成功的已实现的部分,而理想自尊来自个体期望达到的抱负部分。两种自尊之间

的差距越大，个体就会越困惑、越焦虑。当差距太大，个体无法协调两者之间的关系时，个体就会出现不同程度的心理障碍，甚至心理疾病。

2）整体自尊与具体自尊

从自尊涉及的范围角度，可以将个体的自尊划分为整体自尊和具体自尊。整体自尊是个体对待自我的总的态度。整体自尊高的人从整体上看重自己、包容自己、悦纳自己，认为"总体上来说，我很不错"，不会因一时的失败而否定自己。而整体自尊低的人则会认为自己一无是处，经历的挫折、遭受的失败常会让其全方面否定自己的价值，一蹶不振。

具体自尊是个体整体自尊的局部或部分，指个体在某些具体的方面看重自己，如社交自尊、学业自尊、容貌自尊等。一个认为自己容貌较好的个体，通常有较高的容貌自尊。

3）内隐自尊和外显自尊

根据个体是否可以通过内省意识到，自尊又可划分为内隐自尊和外显自尊。内隐自尊指的是内省的未被识别的有关自我的部分或关于自我的评价。比如，个体会在潜意识中将自己和积极情感联系起来，把他人与消极情感联系起来，认为凡是自己的都是好的。生活中，很多人喜欢与自己出生日期有关的数字，就是内隐自尊的表现。内隐自尊需要通过间接的方式测量出来，而外显自尊是个体能意识到并可以通过自我报告方式测量出来的自尊。

（三）影响自尊的因素

1）早期的生活经历

研究表明，个体早期的生活经历对个体日后的自尊水平有着重要影响。若个体在取得成功时受到了家人、朋友或老师的肯定与鼓励，个体就会拥有良好的自我感觉，这就有助于个体形成健康水平的自尊。表2-5列出了可以让个体形成健康自尊或低自尊的生活事件。

表2-5 形成健康自尊或低自尊的生活事件

	有助于形成健康自尊的经历	降低自尊的经历
生活事件	受到表扬	受到过严厉批评
	被认真聆听	曾受过责骂或殴打
	在谈话中受到尊重	曾受过忽略或嘲笑
	获得关注和关爱	被期望在任何时候都表现"完美"
	在运动比赛或学校里有过成功体验	在比赛中有过失败的体验，经常被灌输失败的经历（比如，成绩不好就是整个人的失败）

研究者还发现，个体儿时与父母建立起的安全依恋关系是自尊的心理基础，个体的自尊与父母积极的教养方式呈正相关，与父母消极的教养方式呈负相关。

2）来自社会比较的信息

社会比较也会影响个体对自己的评价，从而影响个体的自尊水平。若比较的人比自己强，个体的自尊不仅会下降，还可能会产生嫉妒心理。美国学者斯坦利·默斯和克耐思·格雷在1970年曾经做过一个实验，考察个体自尊与社会比较之间的关系。参与实验的被试者为男大学生，他们被分为两组，所有人都需要填写自尊问卷，然后申请一个较优越的兼职工作。第一组被试者遇到的是一位叫"肮脏先生"的其他应聘者，他不修边幅，邋里邋遢，裤子皱巴巴，运动衫充满了汗酸味道，并且只穿了一只袜子。此外，"肮脏先生"看起来非常不守纪律，显得没有礼貌，在填写表格的时候频繁地扫视全屋的人，并且不断地麻烦、打扰别人。相反，第二组被试者遇到的是一位叫"干净先生"的其他应聘者，他衣着考究，修饰得体，还夹着一个精致的公文包，充满了自信，神采奕奕。在实验的后半部分，研究者要求两组被试者再次填答自尊问卷，以检查"肮脏先生"和"干净先生"的出现对被试者自尊的影响。结果表明，遭遇"肮脏先生"的第一组学生的自尊水平提高，他们普遍认为自己更好、更强；而遭遇"干净先生"的第二组学生的自尊水平下降，他们都认为自己不如别人，不够优秀。由此可见，自发的社会比较对个体的自尊水平有重要影响。

3）自己的内部标准

个体对自己的评价不仅受其他人的影响，还与自己设立的内部标准有关。比如，在现实生活中，有些人看起来非常成功、出色，但是他自己却认为自己不够好，还有努力的空间。心理学家希金斯将个体的内在标准分为两种——理想自我与应该自我。理想自我指的是个体想成为的人，它激励个体努力实现自己的抱负；应该自我指的是个体觉得自己应该成为的人，它引导个体尽职责、尽义务。希金斯还认为，当实际自我与理想自我产生差距时，个体就会产生负性的抑郁情绪；当实际自我与应该自我产生差距时，个体就会产生负性的焦虑情绪；这两种情况都会使个体自尊水平降低。

（四）提升自尊的方法

1）确定自尊的来源和导致低自尊的原因

已有的研究表明，当个体在对自我很重要的领域里表现良好时，就会有较高水平的自尊。所以，在提升自尊的过程中，应当鼓励个体认清并重视自己能胜任的领域，确认个体自尊的来源，即哪些能力对个体有重要意义。同时，也应对低自尊的原因进一步确认，是因为学业表现不良，还是因为人际关系不佳，或是因为缺乏安全感；是单一的问题，还是这些问题的综合，弄清楚这些问题是提升个体自尊的第一步。

2）直面问题，全力以赴应对

心理学家认为，当个体想全力以赴地应对一个问题而不是回避它时，个体的自尊常常会得到提升，个体会直面问题，勇敢地迎难而上，这利于个体对自己做出正面评价，进而达到自我认可，产生更高的自尊。

3）寻求情感上的支持和社会认可

情感上的支持和社会认可对个体自尊的提升有积极影响。在充满家庭冲突、被忽视甚至被虐待的环境中成长起来的个体，可以寻求其他来源的支持，比如老师、朋友或其他重要的人的鼓励、心理咨询或心理治疗等。

4）提高个体的自我效能

成功的经历可以提升个体的自我效能，当个体相信自己能够掌控一种情境并产生积极的结果，即自我效能增加时，其自尊就会得到提升。在实际生活中，个体应主动学习并熟练掌握一些技能，多取得一些成就，这样才会有效地提升自尊。

5）采用一些策略来增进自我了解

部分低自尊的个体对自己并不了解，个体可以学习一些有效的方法来增进自我了解。这些方法有：多种途径的自我了解、与心理咨询专家或心理医疗专家谈心等。

高自尊的危险倾向：自恋

事实上，过度的高自尊是不当的，一些极高自尊的人可能是自恋狂，他们常常自以为是。自恋，是指个体在与别人打交道时以自我为中心，只关注自己的一种心理状态。希腊神话中有个人物叫那西塞斯，他很迷恋自己，结果老天爷让他爱上了自己的影子，他看着自己的影子倒映在池塘里，很着迷，于是伸手去摸，结果坠入池塘中淹死了。

自恋者过分以自我为中心，一贯自我评价过高，愿意表现自己，并渴望得到他人的注意与钦慕。他们将自己的需求和欲望放在第一位，缺少同情心。同时，自恋者常常用贬低他人的方式来保全他们自己岌岌可危的自尊。当别人不欣赏他们或没有按照他们的意愿对待他们时，他们会羞愧难当、怒发冲冠。当自恋者感到自己的自尊受到威胁时，他们的反应会变得很夸张。

很明显，自恋者没有意识到他们的现实我，他们常常自己吹捧自己，忽视别人对自己的评价。比如，自恋者会将自己的工作称为"伟大之上的伟大"，并声称自己是完美无缺的。

实际上，自恋者这种与众不同的自我评价是一种防御性的转换，目的是改变那种把自己看得一文不值的无意识评价，这种做法与现实是脱节的。

聚焦自我的应对策略——自我同情

自我同情由美国心理学家克里斯汀·内夫提出，并将其定义为"一种积极的情绪调节策略及情绪唤醒状态，是个体以开放、宽容的态度理解和接纳自己，客观冷静地看待自己所处的情形，把自己的痛苦遭遇和负面情绪当作全人类共有的体验，并且意识到每个人都是值得同情的"。这一定义是当前关于自我同情的唯一定义，也是为广大研究者普遍认可的定义。

自我同情包含3个成分，分别是自我宽容、普遍人性和正念觉知。

自我宽容，是与自我批判相对应的概念，指个体能客观地评价自身能力，正视自己的不足，对自己的缺点和失败给予宽容，对自己的痛苦予以理解，积极地寻求内部自我的宽解和安慰，无条件地接纳和肯定自我，包括自己的思想、情感和行为，而非苛刻地批判和谴责自我。在个体面对负性生活事件感到痛苦时，自我宽容可以让个体从情感上得到一定程度的缓冲，是自我同情在个体情感层面上的体现。

普遍人性，是与自我孤立相对应的概念，是自我同情的中心成分，指个体从更宽广的角度来看待自己的问题和遭遇，认识到自身所经历的苦难是全人类共同的经历，任何人都会有失败、犯错或者沉溺于不健康行为的情况，个人的痛苦不是孤立存在的，个人与他人是相互联系的，从而减少因痛苦、失败或者自身缺陷带来的孤独感。普遍人性不仅能让个体感受到更少的孤独感，也使个体更多地关注他人的痛苦，是自我同情在个体认知层面上的体现。

正念觉知，是与过度认同相对应的概念，是一种与注意力管理有关的元认知技巧，指个体对其所处的环境有一个清晰的认识，以一种平衡的心态，客观地看待自身的不足和自身所遭受的痛苦，以及与痛苦有关的想法和情感，并且能够坦然地接受这些想法和情感,既不会试图回避它们,也不会忽视或夸大它们。正念觉知能使个体注意并认识到自己的痛苦,为自我同情的产生提供了基本的条件,是自我同情在个体注意层面的体现。

作为一种应对痛苦经验的有效策略,自我同情具有许多功能。自我同情的功能主要表现在对个体心理健康、心理品质、主观幸福感、认知、行为及社会功能等方面的积极影响。首先,自我同情可以预测个体心理健康水平。高自我同情者通常会有更良好的心理健康水平,众多研究表明,自我同情能有效地帮助个体脱离痛苦的心境,缓冲负性生活事件带来的消极影响;此外,自我同情还能显著增强个体积极的心理力量,激发个体的积极行为,从而间接地帮助个体摆脱困境,提升个体的心理健康水平。其次,自我同情还能有效地调节个体的行为结果,一方面有助于诸如饮食失调、酒精依赖、吸烟、网瘾等不良行为的减少,促进个体的身体健康;另一方面,自我同情还能帮助个体更好地承受因管理不良行为而产生的身体不适。比如,可以有效地帮助戒烟者承受戒烟所带来的身体不适,抵制吸烟的冲动,调节自身的行为。最后,自我同情与个体的人际交往关系密切,影响着个体的人际交往态度、冲突处理方式,高自我同情者通常会是一位好伴侣或者友善的伙伴。相关研究表明,相对那些以自我形象为目标的个体,以同情为目标的自我同情者更可能向同伴提供社会支持,也更可能在新的人际环境中建立一个支持性的人际环境,获得更多来自他人的人际信任和社会支持。在解决人际冲突时,自我同情者会选择妥协的处理方式,兼顾自身与他人的需求,尽可能以有效的、平衡的方式解决问题。

训练活动2-7 一般自我效能测量

【目的】通过完成心理测验来了解自己的一般自我效能。

【步骤】

根据指导语,完成下列测验,并依据教师提供的评分标准,对自己的一般自我效能水平进行评判。

一般自我效能量表

指导语:以下10个句子反映了平时你对自己的一般看法,请你根据自己的实际情况或感受,在相应的空格内打"√",答案没有对错之分,对每一个句子无须过多考虑。

项　　目	完全不正确	尚算正确	多数正确	完全正确
1. 如果我尽力去做,我总是能够解决问题。				
2. 即使别人反对我,我仍有办法得到我想要的。				
3. 对我来说,坚持理想和达成目标是轻而易举的。				
4. 我相信自己能有效地应付任何突如其来的事情。				
5. 以我的才智,我一定能应付意料之外的情况。				
6. 如果我付出必要的努力,我就一定能解决大多数的难题。				
7. 我能冷静地面对困难,因为我信赖自己处理问题的能力。				
8. 当面对一个难题时,我通常能找到很多个解决方法。				
9. 有麻烦的时候,我通常能想到一些应付方法。				
10. 无论什么事发生在我身上,我都能够应付自如。				

【评分标准】

完全不正确，记 1 分；尚算正确，记 2 分；多数正确，记 3 分；完全正确，记 4 分，分数越高说明你的自信心越强。

得分为 1~10 分，说明你的自我效能很低，甚至有点自卑，建议经常鼓励自己，相信自己，正确地对待自己的优点和缺点，学会欣赏自己。

得分为 10~20 分，说明你的自我效能偏低，有时候会感到信心不足，找出自己的优点，承认它们，欣赏自己。

得分为 20~30 分，说明你的自我效能较高。

得分为 30~40 分，说明你的自我效能非常高，但要注意正确看待自己的缺点。

训练活动 2-8　自尊测量

【目的】通过完成心理测验来了解自己的自尊水平。

【步骤】

根据指导语，完成下列测验，并依据教师提供的评分标准，对自己的自尊水平进行评判。

自尊量表

指导语：请根据下列项目符合自己实际情况的程度，在相应的空格内打"√"，请不要漏掉题目。

项　　目	很不符合	不符合	符　　合	非常符合
1. 我认为自己是个有价值的人，至少与其他人在同一水平上。				
2. 我感到我有许多好的品质。				
*3. 归根结底，我倾向于认为自己是一个失败者。				
4. 我能像大多数人一样把事情做好。				
*5. 我感到自己值得自豪的地方不多。				
6. 我对自己持肯定的态度。				
7. 总的来说，我对自己是满意的。				
*8. 我希望我能为自己赢得更多尊重。				
*9. 我确实时常感到毫无用处。				
*10. 我时常认为自己一无是处。				

【评分标准】

本量表采用 4 级评分标准。很不符合，记 1 分；不符合，记 2 分；符合，记 3 分；非常符合，记 4 分。标有"*"的题目反向计分，量表的总分范围为 10~40 分，分值越高，说明自尊程度越高。

小　　结

本章讲述了自我意识、自我效能及自尊的概念，分析了大学生常见的自我意识偏差及成因、良好的自我意识的标准，通过训练活动和心理测试来帮助学生全面认识自我，提升自我效能和自尊水平。

实践与应用

刘宁，女，大二学生，来自四川省的农村，生活在单亲家庭，家境贫寒。从小她就立志好好学习，考上理想大学，找一份好工作，尽快经济独立，再回报母亲的养育之恩。但是事与愿违，由于高考前她太紧张了，导致发挥失常，最终被一所职业学院录取。为了不给家里增加负担，她决定入学。但最近她发现自己越来越难以与同学正常相处。她认为自己从小就不讨人喜欢，小时候父母离异也因为自己是个不讨人喜欢的女孩；在姥姥家，她因为不善言辞而经常被当作替罪羊，总是受到周围人的排斥，亲戚们几乎没夸赞过她，即使她的成绩很优秀。进入大学后，因为身材矮小，其貌不扬，浓厚的乡音，她总是独来独往，很少与同学们交流。"没有人会喜欢我！"她一直在心中强调。但同时，她从心底里渴望与他人交朋友，她说："孤独就像一个挥之不去的幽灵，时常伴随着我，压得我透不过气来，我也渴望有自己的好朋友，可以分享自己的快乐与难过，但谁会愿意交一个又丑又土的朋友呢？"她认为丑是导致自己在许多事情上碰壁的原因，如果自己有姣好的容貌、健美的身材，那自己的生活肯定是另外一个样子。

点评：对体貌特征过于敏感、对自我的不接纳是造成刘宁痛苦的主要原因。实际上，生理自我与社会自我的矛盾是青年人成长过程中容易出现的问题，尤其是一些身高过矮或过高、身材过胖或过瘦、相貌过于完好或过于丑陋等的年轻人更容易出现这种问题。在人际交往中，他们通常非常在意自己的生理特征，也对别人对自己体貌特征的评价非常敏感，这些心理倾向往往成为他们生活中与人交往的敏感因素，如果处理不当，就容易带来心理困扰。

针对刘宁的问题，可以尝试从以下两个方面帮助其摆脱困境。首先让刘宁认识到童年时期的创伤性事件对她的潜在影响，如父母离异、家人的忽视等给她带来的阴影，一直持续地影响着其心理的健康成长。由于她从小缺少关爱，所以她对身边的人存有太多的自我防御和本能的抵制心理。随着青春期的到来，关注自己的体貌特征是正常的，但如果过度在意自己的体貌特征，以致影响到正常的交际、学习和生活就属于心理问题了，应加以重视，并主动调适。接下来，通过认知领悟，帮助刘宁认识到其不合理的自我观念是造成自身困扰的主要原因，改变不合理的自我观念才是解决问题的关键。在认清自身问题的基础上，全面地认识自我、接纳自我的不完美，正确对待自我的矛盾和冲突，才能实现自我的完善和发展。刘宁的不合理的自我观念主要有：认为自己不讨人喜欢、自己的一切不幸和痛苦都与体貌特征有关，而体貌特征又是不可改变的。正是这种错误的观念造成了她的困扰。因此，可以引导刘宁转变思维方式，让刘宁这样想：每个人的身体受之父母，美与丑都是生命的杰作；拥有完整的生命是很幸运的，应该为此感到庆幸，而不是一味埋怨；殊不知世间还有许多不幸的人，和他们相比自己不是幸运得多吗？接受生命的馈赠，积极主动地接纳不完美的自己，主动走出自己狭小的天地，融入同龄人的生活，才能体验到人生的美好。

思考与解答

1. 现实自我与理想自我差距大、不一致怎么办？

理想自我与现实自我有差距是很正常的，从积极心理学的角度来说，个体对自身的现状不满意，希望达到更好的状态，是一种积极向上的表现。虽然在这个过程中，个体会体验到焦虑、烦恼等消极情绪，但这是"破茧成蝶"的必经过程。有些个体在面对理想自我和现实自我不一致时，采取了逃避、退缩等消极的解决方式，这不利于自我理想的实现和个人的身心健康，因此，个体需要调适，需要找出适合自己的积极解决方法。建议从以下几个步骤进行尝试：

第一，我们应当全面、深刻地认识"现实自我"，确保"现实自我"客观、清晰。

第二，在此基础上确定比较现实的、积极的、可以通过自身努力实现的"理想自我"。

第三，努力拼搏，积极地对待成功和失败，主动总结经验教训，不断地创造条件，逐步实现"理想自我"，从而达到积极的自我统一。

2．知识问答。

（1）什么是自我意识、自我效能感和自尊？

（2）良好的自我意识的标准有哪些？

（3）结合自己的实际情况，谈谈大学生应该如何完善自我。

推荐欣赏

电影推荐

《肖申克的救赎》《叫我第一名》《奇迹男孩》

书籍推荐

[1] 阿德勒. 自卑与超越[M]. 长春：吉林出版集团有限责任公司，2015.

[2] W. W. 戴埃，崔京瑞. 你的误区[M]. 王南，译. 北京：工人出版社，1986.

第三章 塑造与优化人格

　　八面玲珑的王熙凤、多愁善感的林黛玉、耿直鲁莽的李逵、隐忍敦厚的林冲……这些人是中国古典四大名著中的人物。虽历经数百年，但这些栩栩如生的人物依然让我们记忆犹新，究其原因，他们都具有鲜明的人格特征。在现实生活中，有活泼开朗的人，也有沉默孤僻的人；有心思细腻的人，也有粗枝大叶的人；有人动作灵敏，也有人行动迟缓；有人善于交友，也有人形单影只……这些不同之处源于我们人格上的差异。那么，人格是什么？有哪些特征？气质与人格是一回事吗？如何塑造并优化我们的人格？带着这些问题，让我们一起学习、了解。

　　人格一直是心理学家关注的重点领域，也是很多人非常感兴趣的话题。人格是一种丰富而复杂的心理成分，它还是一种凝聚着先天遗传、家庭、教育与社会文化等方面的个体风貌。人格的成长将持续一生。

第一节　揭开人格面纱

 名人名言

　　教育是帮助被教育的人，使他们能发展自己的能力，完成他们的人格，于人类文化上能尽一份子责任；不是把被教育的人造成一种特别器具，给抱有他种目的人去应用的……教育是要个性与群性平均发展的。

——蔡元培

人格的较量

　　三位小伙子，师从一位老教授，均是老教授的得意门生，一个在官场干得春风得意，另一个在商场做得风生水起，还有一个埋头做学问，成为某学科领域的领军人物。在一次同学

> 聚会时，有人问老教授："你认为这三人中，谁将来最有成就？"老教授说："现在还不好说，人生的较量有3个层次，技巧的较量是最低层次的较量，智慧的较量是中间层次的较量，就是他们现在所处的层次，而人格的较量才是最高层次的较量。"
>
> 每个人都有自己独特的人格特征，而这些特征造就了个体独特的思想、情感和行为方式。随着岁月的变迁，我们日趋成熟，而人格的成熟与完善是个体心理成熟的标志之一。

一、人格概述

（一）人格的概念

"人格"一词最初来源于古希腊语 persona，是指演员的面具，形容人们在舞台上表现出来的公开的一面，而在面具背后也有隐含的一面，且面具会随着角色的变化而不断变化。后来该词被用来描述人的心理特征，包含两方面的意思：一方面是个体在人生舞台上所表现出来的种种言行，表现为可以观察到的外显性行为和人格品质；另一方面是内隐性人格成分，即面具后面的真实自我，这也是人格的内在特征。

在心理学界，人格通常被这样定义：人格是各种心理特征的总和，是构成一个人的思想、情感及行为的特有的统合模式，这一模式包含了一个人区别于他人的稳定而统一的心理品质。

心理学中的人格与平常我们所说的"这个人人格高尚""那个人出卖自己的人格"中的人格是完全不同的概念，后者是法律、道德、社会、哲学意义上的人格。

（二）人格的构成

人格包括人格倾向性和人格心理特征两部分，每部分又包含着复杂的心理现象，人格的构成如图 3-1 所示。人格倾向性是人格结构中最活跃的因素之一，是人格的动力系统，包括需要、动机、兴趣、理想、信念、价值观和人生观。人格倾向性决定着人对现实的态度，以及人对认识活动对象的趋向和选择。人格心理特征是个体表现出来的稳定的心理特点，集中体现了个体的心理面貌的独特性，主要包括能力、气质和性格。其中，气质和性格是人格的重要组成部分，也是人格的核心要素。

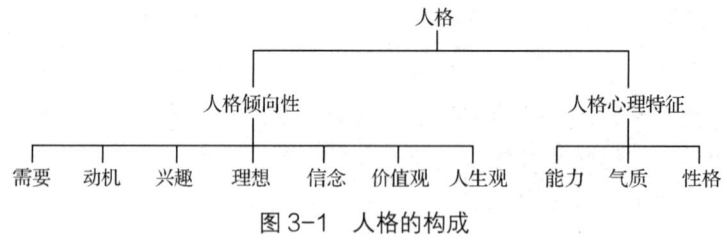

图 3-1　人格的构成

（三）人格的特征

1）独特性

世界上没有完全相同的两片叶子，同样，世界上也没有完全相同的两个人。个体的人格是在遗传、环境、教育等因素的交互作用下形成的，不同的遗传因素、环境及教育，造就了个体独特的心理特征，所以没有人格特点完全一样的两个人。所谓"人心不同，各如其面",就是对人格独特性的写照。

2) 稳定性

人格是稳定性与可塑性的统一。人格的稳定性,指的是个体的人格特征具有跨时间和空间的一致性。俗话说"江山易改,禀性难移",这里的"禀性"就是指人格,这句话是指人格具有稳定性,即人格是个体一贯的心理特征、行为模式的集中反映。从时间线上看,个体的人格特征从婴幼儿期到少年期、青年期、中年期乃至老年期都有相当的一致性,正如俗话说"三岁看大,七岁看老";从空间上看,个体无论是在家里、单位,还是在公众场合,其人格特征有相当的一致性。生活中,当我们说"他做事的风格就这样""他一直大大咧咧"的时候,其实就是认可了人格的稳定性。当然人格也会随着个体生理的成熟、环境的变化而或多或少地发生变化,这就是人格的可塑性。我们塑造和优化人格,就是以人格具有可塑性为前提的。

3) 统合性

人格是一个有机整体,由多种彼此交织、相互影响的成分构成,并受到个体自我意识的调控。这些成分组合千变万化,造就了各具风采的每个人。人格统合性是个体心理健康的重要指标之一,当一个人人格结构中的各种成分彼此和谐、统一时,其人格就是健康的;否则可能会出现适应困难,甚至出现人格分裂。

4) 功能性

人格在一定程度上会影响一个人的生活方式,甚至会决定一个人的命运。在逆境中,有人奋发图强、重塑辉煌,也有人悲观失望、一蹶不振,这是人格功能性的体现。所谓"人格决定命运",人格的功能性体现了人格对人生成败的影响。

二、人格理论

人格一直是心理学家关注的重点领域,不同的心理学流派在研究人格的过程中,提出了用于描述或解释人的心理和行为的不同的参照系统,形成了不同的人格理论,现对代表性的理论进行介绍。

(一) 弗洛伊德的人格结构理论及人格发展理论

弗洛伊德是奥地利的精神病学家,于19世纪末20世纪初提出了精神分析理论。该理论是现代心理学中最具影响力的理论之一,同时也是对人类文化最具影响力的理论之一,被称为"现代心理学的第一势力"。弗洛伊德的理论中与个体人格相关的理论是人格结构理论和人格发展理论。

1) 人格结构理论

弗洛伊德将个体的人格分为本我、自我、超我三部分。本我活动在潜意识的深层,是个体与生俱来的各种原始性的生物本能,其中包括性本能和攻击本能,这些本能蕴含着强大的非理性的心理能量,按"快乐原则"行事,表现为追求最大的快乐和最小的痛苦。但随着个体的社会化及人格的发展,本我的活动逐渐受到自我的管理和控制。自我是人格中最为重要的部分,大部分处于意识层面,小部分处于无意识层面。自我遵循"现实原则"来活动,它的功能是调节和控制本我的活动,设法在不违背超我的情况下满足本我的欲求,使自我和超我两者保持平衡。超我具有良知、理性等含义,大部分属于意识层面,是个体在长期的社会生活过程中，由社会规范、道德观念等内化而成的。超我按照"至善原则"活动，它的功能是监督自我去限制本我的本能的冲动和欲望。

弗洛伊德认为人格的本我、自我和超我三部分之间是相互作用的，自我对本我和超我进行协调，以使两者之间保持平衡。当自我无法调节本我和超我的矛盾时，个体就会出现各种精神障碍和病态行为。

2）人格发展理论

弗洛伊德认为本能是人格发展的基本动力，尤其是性本能。弗洛伊德认为性本能的含义非常广泛，包括一切能直接或间接引起有机体快感的活动。依据性本能在个体成长的不同时期集中投射的部位不同，弗洛伊德将个体的性心理发展分为5个阶段，如表3-1所示。

表3-1　弗洛伊德的性心理发展阶段

阶段名称	年龄阶段	主要表现
口唇期	0～1岁	性本能的主要区域集中在口唇部位，个体主要从吮吸、咀嚼、咬等口唇活动中获得快感。在口唇期，如果个体的吮吸活动受到限制，个体在成年后会出现依赖、被动、消极、退缩、猜疑等人格特征
肛门期	1～3岁	性本能的主要区域集中在肛门部位，个体从控制自身的大小便中获得快感。若个体在这一时期的发展停滞，成年后可能形成"肛门排泄型人格"和"肛门滞留型人格"。前者表现出马虎、放纵、生活秩序混乱、不拘小节等特征，后者表现出吝啬、整洁、忍耐、保守等特征
性器期	3～6岁	性本能的主要区域集中在生殖器官，个体主要从对性器官的刺激中获得快感，个体开始注意两性间的差别，出现"恋母情结"或"恋父情结"。若这一时期个体的矛盾不解决，个体在日后就可能表现出侵略性人格、异常性行为等
潜伏期	6～11岁	兴趣由自身转向外界，从运动、游戏及交友等活动中获得快感
两性期	11岁或13岁开始	性需求开始转向同龄异性，心理能量主要投注在形成友谊、生涯准备、示爱及结婚等活动中，以完成生儿育女的终极目标

（二）奥尔波特的人格特质理论

作为人格特质理论的创始人，美国心理学家奥尔波特采用个案研究的方式，通过分析人们的书信、日记和自传，归纳总结出多种具有代表性的人格特质，于1937年首次提出人格特质理论。他认为特质是指一个人的神经心理结构，受个体遗传素质与环境相互作用的影响，可从个体的外显行为来推测。人格的基础就是特质。

奥尔波特首先将人格特质分为共同特质和个人特质。共同特质是指在一定社会文化背景下，许多个体都具有的人格特质，即在同一文化背景中，人们具有某些共同的人格特质。比如，西方人崇尚个人主义，而东方人崇尚集体主义。然而，共同特质并不能反映个人独特的人格特征。比如，同样是以铁面无私为首要特质，有的人在个人特质上会得分高一些，而有些人会得分低一些。一个人独特的人格品质通常是由"个性特质"决定的。个人特质是个体所特有的，代表着个体的独特的行为倾向。

奥尔波特在后续研究中又进一步把个人特质分成三部分：首要特质、中心特质和次要特质。首要特质，是个体特质中最典型、最独特和最具有概括性的部分，对个体生活各方面产生影响。比如，多愁善感可以看作是林黛玉的首要特质，而泼辣张狂则可以看作是王熙凤的首要特质。中心特质，是决定个体独特性的重要的特质，在每个人身上大约有5～10个，对个体行为产生重要影响。比如，清高、敏感、抑郁、聪慧、孤僻、内向、挑剔是林黛玉的中心特质，这些中心特质决定了林黛玉的人格特征。同时，生活中我们也用中心特质描述一个人的人格特征。次要特质，是个体不太重要的特质，通常偶然表现出来，或在某些特殊情境中表现出来。比如有些人平时很拘谨，但在知己面前则很健谈，健谈就是他的次要特质。

（三）大五人格模型

在心理学家持续地探索和努力下，20世纪80年代，人格研究者在个人特质的分类模式上达成了基本共识，美国心理学家科斯塔和麦克雷通过因素分析发现并提出了包括开放性、严谨性、外倾性、宜人性、神经质5个因素的人格模式，该模式被称为"大五人格模型"，另外，这5个特质的英文首字母构成了"OCEAN"一词，意思为"人格的海洋"。

1）开放性

开放性主要描述个体的认知风格、个体对新鲜事物的接收和热衷程度。这一维度上的高分者富有想象力和创造力，好奇，具有艺术敏感性，兴趣广泛；低分者则讲求实际，墨守成规，对熟悉的事物感到舒适和满足，比较传统和保守。

2）严谨性

严谨性反映的是个体自我约束的能力和个体在追求成功的过程中表现出来的动机和责任感。这一维度上的高分者是负责任的、值得信赖的、有条理的、持之以恒的；低分者则很容易精力分散，杂乱、缺乏规划性，且不可信赖。

3）外倾性

外倾性描述的是个体对经验的开放程度。这一维度上的高分者倾向于参加集体活动，主动，健谈，热情；低分者则内向，被动，安静少语，胆小、害羞。

4）宜人性

宜人性描述的是个体服从别人的倾向性，反映了个体在合作与社会和谐性方面的差异。这一维度上的高分者心肠好、脾气好、直率、宽宏大量；低分者粗鲁、多疑、愤世嫉俗、报复心强、不受欢迎。

5）神经质

神经质是指个体承受压力的能力。这一维度上的低分者情绪稳定、倾向平和、自信和安全，而高分者则倾向于紧张、焦虑、失望、缺乏安全感。

PAC理论

PAC理论又被称为相互作用分析理论、人格结构分析理论、交互作用分析理论、人际关系心理分析理论，由Eric Berne于19世纪50年代在《人们玩的游戏》一书中提出。他将传统的理论加以提升，创立了整套的PAC人格结构理论。

该理论认为个体的个性由3种比重不同的心理状态构成，就是"父母""成人""儿童"状态。Parent（父母）、Adult（成人）、Child（儿童），取这3个词的第一个英文字母，简称人格结构的PAC理论。PAC理论把个人的"自我"划分为"父母""成人""儿童"

3种状态,这3种状态在每个人身上都交互存在,也就是说这三者是构成人类多重天性的三部分。

"父母"状态——以权威和优越感为标志,通常表现为统治、训斥、责骂等家长式作风。当一个人的人格结构中P成分占优势时,他的行为表现为凭主观印象办事,独断专行,滥用权威。这类人讲起话来总是"你应该……""你不能……""你必须……"

"成人"状态——表现为注重事实根据和善于进行客观理智的分析。这种人能从过去存储的经验中,估计各种可能性,然后做出决策。当一个人的人格结构中A成分占优势时,他的行为表现为待人接物冷静,慎思明断,尊重别人。这类人讲起话来总是"我个人的想法是……"

"儿童"状态——像婴幼儿的冲动,表现为服从和任人摆布,一会儿逗人可爱,一会儿乱发脾气。当一个人的人格结构中C成分占优势时,他的行为表现为遇事畏缩,感情用事,喜怒无常,不加考虑。这类人讲起话来总是"我猜想……""我不知道……"

根据PAC理论,人与人相互作用时的心理状态有时是平行的,如"父母—父母""成人—成人""儿童—儿童",在这种情况下对话会无限制地继续下去。如果遇到相互交叉作用,出现"父母—成人""父母—儿童""成人—儿童"状态,人际交流就会受到影响,信息沟通就会出现中断。最理想的相互作用是"成人刺激—成人反应"。表3-2所示为常见的人际交往特点与举例。

表3-2 常见的人际交往特点与举例

交往类型	特 点	举 例
父母—父母	客我双方都表现出一种颐指气使的武断,均采用"父母"状态出场进行交流	客人对服务人员说:"马上给我拿杯啤酒来!"服务人员很忙,随口就答:"你没看见我正忙着吗?你叫他给你拿!"
成人—成人	双方都以理智的态度对待双方	客人对服务人员说:"能否麻烦你帮我拿个杯子来?"服务人员说:"没问题,我马上就去拿。"
父母—儿童	客人使用强硬的口吻,表现出权威和命令的行为,说话就像家长对孩子一样;服务人员按照客人的要求去做,他的回答就像孩子对家长一样	客人对服务人员说:"你们怎么搞的?还不快上菜?快去厨房催一下!"服务人员回答:"真对不起,我马上就去催。"
儿童—父母	客人表现为小孩子脾气,而服务人员则表现出关怀和慈爱的行为	客人对服务人员说:"我不想要这道菜了,不管怎么样,我就是不要了。"服务人员回答:"哦,这样啊,那就退掉,换一个您喜欢的菜如何?"

了解PAC理论,有助于我们在交往中有意识地觉察自己和对方的心理状态与个性惯用模式。如果能在交往中把自己的情感、思想、举止控制在成人状态,以成人的语调、姿态对待别人,给对方以成人刺激,同时引导对方也进入成人状态,做出成人反应,那就有利于建立互信、互助关系,保持交往关系的持续进行。

三、影响人格形成的因素

在个体人格形成的过程中,父母的言传身教、同伴的影响、社会风气、民族习俗、遗传、外貌、体格等均会对个体的人格产生影响。

（一）遗传因素

心理可以遗传吗？19世纪末，英国学者高尔顿是最早研究这个问题的人。经过进行大量的研究，他发现性格和才能都可以遗传。许多行为主义心理学家对他的观点提出了质疑。但通过观察刚出生的婴儿，人们会发现有的婴儿是兴奋型的，哭声响亮、好动；而有的婴儿则是抑制型的，哭声微弱、安静。这些表现取决于婴儿的神经类型特点，显而易见，这与遗传有关。有学者调查了双生子的精神病"同病率"问题，发现同卵双生子的同病率要显著高于异卵双生子。临床遗传学研究表明，与精神病人血缘关系越近，患病率越高。专家们发现如果父母其中一方有精神分裂症，其子女发病概率在15%左右，父母双方都有精神分裂症，则子女发病概率在40%左右。

双生子实验

美国心理学家巴斯和普朗明曾对139对同卵与异卵双生子进行研究，分析了他们的人格特质在情绪性、活动性、社会性三方面的差异。按照常理，双生子出生后在同一家庭生活，环境因素的影响大致相同。然而该研究却发现，同卵双生子在人格特质三方面之间的相关性远远高于异卵双生子，如表3-3所示。可见，遗传因素对个体人格特质的形成的确有相当大的影响。

表3-3 双生子在人格特质三方面的相关性

人格特质	男孩		女孩	
	同卵双生	异卵双生	同卵双生	异卵双生
情绪性（稳定或激动）	0.68	0.00	0.60	0.05
活动性（爱动或好静）	0.73	0.18	0.50	0.00
社会性（主动或羞怯）	0.65	0.20	0.58	0.06

综上所述，个体神经系统的特点、体内的生化物质是人格形成的基础，同时，外貌特征对人格形成也有一定影响。比如，个人的肤色、脸形、身高、体重等均可影响个体的社会适应情况，也会对个体人格的形成产生影响。比如，自卑的形成可能与个体身高矮小、经常被人嘲讽有关。

（二）家庭环境因素

家庭是个体出生后最早接触的社会环境，被看作人格的加工厂，家庭对个体人格的影响自个体出生后就开始了。相关研究表明，父母的个人素质、家庭的教养态度和教养方式与家庭心理氛围均会影响子女人格的形成。

 案例分析

爱抱怨的婷婷

婷婷自记事开始，她的父母就从来没有心平气和地讲过话，无论遇到什么事情，父母

总是争吵，互相埋怨，从来不会好好沟通。

在婷婷的记忆里，她经常听到爸爸数落妈妈不会持家，而妈妈的那一句"要不是因为你，我早就和你爸离婚了"，听得婷婷的耳朵都已经出茧子了。

在父母的耳濡目染之下，婷婷一遇到什么事情就喜欢抱怨，有时碰到自己不满意的事情还会大发脾气，认为全世界都欠自己的。婷婷没有太多朋友，因为大家觉得爱抱怨的婷婷负面情绪太多。

除此之外，对婷婷影响最深的是她父母满地鸡毛的婚姻，婷婷觉得结婚实在是太累了，还不如自己一个人逍遥自在。所以，婷婷是个单身主义者。

点评：家庭是孩子成长的第一场所，父母的行为方式、价值观念潜移默化地影响着孩子。以身作则、言传身教，在家庭中践行真善美，学会管理情绪，掌握沟通的技巧，才能给孩子树立正确的榜样，这对孩子的人格发展有着重要意义。

家庭的教养态度和教养方式是否恰当会影响个体人格的发展。研究发现，过分苛求、粗暴打骂或放纵溺爱的教养方式均会对孩子的人格发展产生不良影响。比较理想的家庭教育方式是父母对孩子既有高要求，同时又能给孩子相对的自主性，这样的家庭环境有助于孩子良好人格的形成。

孩子的人格形成也会受到家庭心理氛围的影响。每个家庭都有特定的心理氛围。家庭心理氛围不但体现着家庭内部的精神面貌，也是家庭内部稳定、典型、占优势的情绪状态的反映。民主、和睦、文明的家庭氛围不但可以为孩子的成长提供足够的安全感，还可以增强孩子的归属感，同时给孩子提供足够的社会支持，当孩子身处逆境时，家人的关怀可对其进行赋能，有利于孩子在逆境中奋起。研究表明，生活在不和谐、气氛紧张的家庭中的孩子，容易出现各种不良的情绪和行为，甚至形成反社会人格。由此可见，家庭心理氛围对孩子人格的形成非常重要。

父母的教养方式对子女人格形成的影响如表3-4所示。

表3-4 父母的教养方式对子女人格形成的影响

父母态度	子女人格
滥用支配	消极、顺从、依赖、缺乏独立性
过分溺爱	任性、骄傲、利己主义、缺乏独立性、缺乏社会性、依赖、胆怯
过于严厉	顽固、冷酷、残忍、独立，或怯懦、盲从、不诚实、缺乏自信心和自尊心
漠不关心	妒忌、情绪不安、创造力差，甚至有厌世和轻生的情绪
作风民主	独立、直爽、协作、亲切、善于社交、机灵、快乐、大胆、有毅力和创造精神
意见分歧	易生气、警惕性高；或者两面讨好、投机取巧、爱说谎

当然，家庭因素跟个体人格发展并不存在一一对应的关系，它与其他因素一起共同决定个体人格的形成与发展。

（三）学校教育经验

个体人格发展的重要时期主要是学校学习期间，学校教育在培养学生健全人格方面发挥着重要作用。首先，学校是同伴群体会聚的场所，班集体对学生人格的形成与发展具有十分重要的意义。无论是班集体的要求、舆论还是评价,对学生来说,都是一种无形、巨大的教育力量。在教师的指导下,优秀的班集体能充分发挥和调动所有学生的主动性、自觉性,不仅有利于学生形成良好的人格特征,还有利于学生不良人格特征的矫正。

其次,教师的人格特征会潜移默化地影响学生。教师甘为人梯的敬业精神、清晰明确的自我意识、积极向上的生活态度和公平公正的做人原则等人格品质一旦被学生认同,就会对学生产生"亲其师,信其道"的影响,有利于学生学习动机的激发,教师的人格魅力可以使学生由认同到学习、模仿,进而内化于心、外化于行、固化于身。

罗森塔尔效应

罗森塔尔效应,也称"皮格马利翁效应""人际期望效应",由美国心理学家罗森塔尔和雅各布森通过实验发现。1968年,罗森塔尔和雅各布森走进一所普通的小学,对校长和教师说明他们要对学生进行"发展潜力"测验。在6个年级18个班里随机抽取了部分学生,然后把名单提供给任课老师,并郑重地告诉他们,名单中的学生是学校最有发展潜能的学生,并再三嘱托教师在不告诉学生本人的情况下,对其进行长期观察。8个月后,当他们回到该小学时,惊喜地发现名单上的学生不但在学习成绩和智力表现上均有明显进步,而且在兴趣、品行、师生关系等方面也都有了很大的变化。这一现象被称为"人际期望效应"。

罗森塔尔和雅各布森认为他们提供的"假信息"之所以带来了"真效果",是因为"权威性的预测"引发了教师对这些学生的较高期望,而教师的较高期望在随后的8个月中发挥了神奇的暗示作用。而学生在接受了教师在教育教学过程中传递的积极信息之后,按照教师规划的方向和自己的水平来重新塑造自我形象,调整自己的角色意识与角色行为,从而产生了神奇的"期望效应"。

(四)社会文化因素

人不仅是一个生物个体,同时还是一个社会成员。社会制度、经济状况、民族传统、风俗习惯、伦理道德观念等社会文化因素均会给个体的成长留下烙印。个体总是在特定的社会文化关系中不断地成长、成熟。从这个角度来说,不同的个体对社会要求做出各自独有的反应,个体在调节自身本能需要与社会文化的关系的过程中,主动或被动地完成了个体的社会化,形成个体独特而稳定的人格。由此可见,社会文化的各组成要素均对个体人格的形成有重要影响。

总体来说,人格是在个体的生物遗传因素与环境因素交互作用下形成的。其中,人格发展的可能性由遗传决定,人格发展的现实性由环境决定,而教育在把可能性变为现实性的过程中起了关键作用。

训练活动3-1 我和我的家人

【目的】找出自身人格形成的家庭因素。

【步骤】

(1)请写下自己的人格特点。

我的人格特点:_____

（2）请写下父母的人格特点。

妈妈的人格特点：_____

爸爸的人格特点：_____

（3）比较一下有多少相似的地方，哪些方面有差别。

我们相似的地方是：_____

我们有差别的地方是：_____

（4）结合你的成长经历，分析影响你人格形成的因素。

（5）教师总结：子女的人格特征与父母的遗传有关，孩子的人格是在父母的持续作用下逐渐形成的，家庭对于个体的成长起着至关重要的作用。随着年龄的增长、心理的成熟化，个体童年的影响会逐渐减弱。

训练活动3-2　戴高帽

【目的】学习发现自己和他人的优点。从强调优点中促进个人自尊和追求个人成长的动机；提高自我探索能力，重塑自信心，培养良好性格。

【步骤】

（1）宣布游戏规则。

① 圆圈座位形式；每6个人一组，每组人围坐成一个圆圈。

② 每人发数张可制成帽子的彩纸。

③ 一个人站在中间，本组人以他为中心坐在周围。

④ 围坐者每人给站者找一个优点，写在纸上，并制成帽子送给站者，请站者将优点大声地读出来，然后戴到头上。

⑤ 小组中的每位成员轮流站到中间。

（2）交流分享"被炸"的感受。

（3）教师总结：我们每个人身上都有许多优点。有些人善于发现并能充分利用这些优点，因此他们取得了成功，塑造了一个自信的自己。但有些人却没有注意到自己的优点，更不用说充分利用并提升自信了。"尺有所短，寸有所长"，擅于发现自己人格的优点和缺点，并能扬长避短，才能成为人格健全、身心健康的人。

训练活动3-3　画树

【目的】了解和认识自己的经历，了解潜意识对自己的影响。

【步骤】

时间：5分钟。

操作：准备一张A4纸，指导语是"请用自己手中的笔，画一棵树。"

点评：画树是一种投射测验。比如，把树画在纸上的位置和相对的尺寸，可以表现出一个人在年幼时受父母影响的大小，切实感受到自身和环境的关系。另外，位置也表现出一个人绘画时的感情状态。树下方的领域跟本能、潜意识的经验有关，中间的领域与情结、感情和感觉有关，上方的领域属于被开发的意识和精神生活的所有内容。树根代表本能，树干代表情绪，树冠则代表精神与智能。画纸的左侧关系到母亲、女性原理、过去（意味着记忆及过去的生活等）和经验中被动的一面。若一个人表示出选择左侧区域的倾向，可以推测出此人受到母亲的影响比父亲强。画纸的右侧关系到父亲、男性原理、未来（意味着期待），以及经验中积极的一个侧面。最上部的枝条表示求知的将来。画纸的左侧代表过去，右侧代表未来的心理空间，对未来的态度记录在右侧区域，对未来新鲜经验的期待（或者对未来的恐惧）都强调在右侧区域。通过计划和对未来的思考，试图调整和控制时间，同样也表达在右侧区域或者树木的右侧。一般来说，无论男女，同异性的经验都在树木的右侧有所记录。幼年期的经验可以从树干的记号和树冠下方的小枝上表现出来，而树冠下方的右枝则表示与成熟相关的、最重要的及情感的事件。当最近的情感、来访者的生活计划、自我开发的努力等彼此密切相关的时候，树冠的右侧上方会有所表现。枝条表示一切能量的通道，表现了一个人对人生事件的检讨和反应方式、精神能量表现方式及自身的发展方式等。

第二节　解读气质与性格

 名人名言

真正的魅力就是自我的诚实表现。……有时，某种粗率、羞涩或者失言，都具有魅力，因为它们发自内心，诚实无饰，使我们看见了一个人的独特侧面。

——索菲娅·罗兰

迟到者的故事

有4个人一同去戏院看戏，当他们到戏院时，第一场戏已经开演。看门人拦住他们："根据戏院规定，为了不妨碍其他观众，需在第一场戏结束后休息时才能进去。"这时，第一个人立刻火冒三丈，与看门人大声吵闹；第二个人则灵机一动，马上另寻门路，结果他从楼上的侧门进去了；第三个人见状，只好规规矩矩地在大门外等候，直到第一场戏结束后休息时才进去，并自我安慰："第一场戏总是不太精彩的。"第四个人则叹息道："我老是不走运，偶尔来一次戏院，就这么倒霉！"说完他就回家了……这4个人在同一情境中的不同表现，体现了4种不同的气质类型。

气质和性格构成了人格的核心，也是人格中最重要的两部分。性格从本质上表现了人的特征，而气质就好像是给人格涂上了一种色彩、打上了一个标记。同样是消费者，不同气质类型的消费者其消费行为存在差异：有的人沉着冷静，在充分分析各品牌产品的性价比之后，才做出理性选择；而有的人却非常冲动，只要喜欢就买，根本不考虑性价比。气质赋予了性格特征，性格也影响了气质。

一、气质

气质不仅会影响个体的行为模式、参与实践活动的方式，还会影响个体的学习、活动或工作的效率。因此，了解人的气质类型，对因材施教和人才选拔都具有重要意义。

（一）气质的概念

气质是表现在个体心理活动中的强度、速度、灵活性与指向性等方面的稳定的、具有动力性质的心理特征，是人格结构中与遗传因素关系最密切的部分。

（二）气质的类型

1）气质的体液说

古希腊医生希波克拉底基于自己的医学实践与观察，提出了著名的体液说。他认为人体内有血液、黏液、黄胆汁和黑胆汁4种体液，机体的状态取决于这4种体液的混合比例。血液来自心脏，黄胆汁生于肝脏，黑胆汁生于胃部，黏液生于脑部。他认为，当人体内的某种液体过多或过少，或者比例不适当时，人就会感到痛苦。当这4种体液比例适中时，人就会感到健康、幸福。

后来，罗马医生盖伦依据希波克拉底的体液说，用拉丁语"temper amentum"来表示人体内体液的混合"比例"，近代"气质"的概念因此而来。盖伦一开始提出了13种气质类型，每种气质类型除了在生理和心理特征上存在差别，其道德品行也会有差异。随后，盖伦将其简化为4种气质类型，即多血质、胆汁质、黏液质和抑郁质。每一种气质类型的特点都是某种体液占优势的结果，并有特定的心理表现。体液中血液占优势的是多血质；黏液占优势的是黏液质；黄胆汁占优势的是胆汁质，黑胆汁占优势的是抑郁质。盖伦还认为气质和周围环境均会影响人的行为方式。当然，用体液来解释气质的成因缺乏足够的科学论据，但盖伦等人对于气质的命名却一直沿用至今。

2）高级神经活动类型学说

生理学家巴甫洛夫在大量实验研究的基础上，发现高级神经活动包括兴奋、抑制两个基本过程。这两个过程的作用相反，却又相互依存和转化。强度、平衡性和灵活性是这两个过程的3种基本特性。这3种基本特性进行独特而稳定的组合，构成了4种高级神经活动类型，即活泼型、安静型、兴奋型和抑制型。巴甫洛夫认为，气质的生理基础就是高级神经系统的活动类型。这4种类型分别与体液说中的4种气质类型相对应，其中兴奋型与胆汁质对应，活泼型与多血质对应，安静型与黏液质对应，抑制型与抑郁质对应，具体内容如表3-5所示。

表3-5 高级神经活动类型与气质类型对应表

高级神经活动类型			特　　点	气质类型
强型	不平衡型（兴奋型）		兴奋过程比抑制过程强	胆汁质
	平衡型	灵活性高（活泼型）	反应灵敏，适应性强	多血质
		灵活性低（安静型）	易形成条件反射，行动迟缓	黏液质
弱型（抑制型）			兴奋和抑制都很弱	抑郁质

3）4种气质类型的心理行为特征

根据科学研究和日常观察，4种气质类型的个体在心理、行为上通常有以下特征（见表3-6）。

表 3-6　气质类型的心理、行为特征

气质类型	心理、行为特征	代表人物
胆汁质	直率热情，精力旺盛；易冲动，脾气急躁；思维敏捷，但准确性差；情感明显外露，但持续时间不长；心境变化剧烈，难以自我克制	普希金、张飞、李逵、鲁智深
多血质	活泼好动，不甘寂寞，善于交际，思维敏捷；易接受新事物，但印象不深，注意力也容易转移，环境适应能力强；情感易产出也易变化，易外露，但体验不深刻	赫尔岑、燕青、王熙凤、韦小宝
黏液质	安静稳重，沉默寡言；善于克制自己，善于忍耐，不尚空谈，情绪不易外露，注意力稳定，不易转移；外部活动少而缓慢	克雷洛夫、林冲、沙和尚、薛宝钗
抑郁质	极端内向、敏感、机智，注重细节；胆小、孤僻，情绪的兴奋性弱，寡欢，爱独处，不爱交往；做事认真、仔细，动作迟缓，防御反应明显	果戈理、林黛玉

表 3-6 中的心理、行为特征的描述均是针对 4 种气质类型中的典型而言，生活中，大多数人属于中间型或混合型，所以不要轻易对号入座，应该从实际出发来分析个体一贯的心理、行为表现。此外，每一种气质类型都有其积极的方面，也都有其消极的方面，所以个体的气质类型无好坏之分。再者，个体的气质类型能影响其工作效率，但不能决定一个人成就的高低，在现实生活中 4 种气质类型均有成功的范例。

气质影响职业的选择

一般来说，大多数工作对从业人员的气质要求并不十分严格，但如果了解气质与职业之间的匹配关系（见表 3-7），则可以根据气质类型的特点选择职业，这样就有可能提高工作效率，并在工作中发挥自己的优势。

表 3-7　气质与职业之间的匹配关系

气质类型	气质特点	适合职业
胆汁质	冲动、暴躁、兴奋、反应速度快	冒险家、策划、广告、设计师、军人、运动员、公安干警、演讲者、演员等
多血质	活泼、乐观、适应性强	外交官、记者、律师、公关人员、服务员、演员、主持人等
黏液质	迟缓、反应淡漠、耐受性强	法官、出纳员、话务员、外科医生、会计、播音员、调解员、保育员、人力人事主管等
抑郁质	抑郁、脆弱、孤僻、体验性强	编辑、校对、打字员、排版、档案管理员、化验员、雕刻师、刺绣工、保管员、机要秘书、艺术工作者、哲学家、科学家等

二、性格

（一）性格的概念

"性格"一词源自希腊文，原意是"特征""标志""属性""特性"。"性格是指个体

对现实的态度习惯化了的行为方式所表现出来的稳定心理特征。"这是目前心理学界比较认可的性格的概念。比如，一位学生在对人、对己、对事中的一贯表现是热情、活跃、自律、果敢、无私，这些经常出现的、稳定的、习惯性的特点就是这位学生的性格特征。那些只出现在某种情况下，一时的、情境性的、偶然的心理和行为特征不能算是性格特征。

我的性格知多少

下面是有关性格特征的词语，请大家挑选出形容自己性格特点的词语，越多越好。

内向　外向　勇敢　懦弱　坦率　认真　冷淡　热情　马虎　勤劳　懒惰　独立
依赖　礼貌　节俭　粗鲁　耐心　虚伪　真诚　骄傲　自私　孤僻　因循守旧
谦虚　平和　暴躁　文静　活泼　诚实　说谎　冲动　负责　细致　浪费　创新
自尊　自信　自卑　自欺　坚强　自立

（二）性格的类型及特点

心理学家从不同的角度对个体的性格进行分类，具体内容如下。

1）理智型、情绪型和意志型

英国的哲学家、心理学家培因等人根据性格中"知、情、意"三者何者占优势，将个体的性格划分为理智型、情绪型和意志型。理智型的个体，通常以理智来评价、支配和控制自己的行动；情绪型的个体，其言行举止易受情绪左右且不善于思考；意志型的个体，其行动通常有明确的目标，做事主动积极。

2）外向型和内向型

瑞士心理学家荣格根据个体的心理活动倾向于外部还是内部，将个体的性格分为外向型和内向型。外向型的个体多数是乐天派，活泼开朗、处事灵活、热情好客、社会适应良好、善于交际，但同时做事马虎、自由散漫、脾气急躁也是这类人的特点。内向型的个体，多数人严谨、有条理、计划性强、讲信誉、守规则、持之以恒，但他们也同时具备做事不果断、行动迟缓、不善交际、环境适应能力差等特点。在现实生活中，很少见到极端的外向者和内向者，大多数人是中间型，兼具外向型和内向型的性格特征。

3）独立型和顺从型

奥地利心理学家阿德勒根据个体独立或顺从的程度，把个体的性格类型划分为独立型和顺从型两类。善于独立思考、不易受外界因素干扰、能够独立地发现问题和解决问题是独立型个体的心理特征；而顺从型个体则与之相反，易受外界因素干扰，容易受暗示，服从权威，应变能力差。

4）斯普兰格的性格分类

德国教育家、哲学家斯普兰格根据个体的社会生活方式和价值观观念，把个体的性格分为理论型、经济型、审美型、社会型、权力型和宗教型（见表3-8）。

表 3-8 斯普兰格的性格分类

性格类型	性格特点	适合职业
理论型	以追求真理为目的,观察事物冷静,关心理论性问题,力图根据事物的体系来评价事物的价值,能把握事物的本质,但在碰到实际问题时往往束手无策,对实用和功利缺乏兴趣	思想家、科学家、哲学家
经济型	从经济角度出发来评判一切事物,根据实际功利来确定价值,其生活目的是获取财产和利益	实业家
审美型	总是从美的角度评价事物的价值,以追求美、追求自我完善为人生目的,对实际生活不关心	艺术家
社会型	关心他人,认为人生的最高价值是奉献爱,热衷于服务社会	社会工作者
权力型	重视权力,并竭尽全力去获取权力,有强烈的支配他人的欲望	政治家
宗教型	信奉宗教,相信神的存在,富有同情心,爱人爱物,相信存在永恒的生命	神职人员

5) A 型人格与 B 型人格

美国心脏病专家弗利曼和罗斯曼根据个体在时间匆忙感、紧迫感及好胜心等方面的差别,把个体的性格类型划分为 A 型人格和 B 型人格。A 型人格为不安定型人格,其主要特点是性情急躁、缺乏耐性、追求成就、有强烈的上进心、能吃苦耐劳、工作投入、做事认真负责、时间紧迫感强、崇尚竞争、性格外向、动作敏捷、说话节奏快、生活经常处于紧张状态、办事匆忙、社会适应性差。B 型人格特点与 A 型人格特点相反,具有 B 型人格的个体性情温和、举止安稳、知足常乐、喜欢慢节奏的生活。

(三)性格的结构

性格是十分复杂的心理系统,是个体多种人格特征的总和。从结构上看,它包含了许多侧面,这些侧面在不同的个体身上形成了独特组合。性格结构的各个侧面并非独立存在,而是相互联系、相互影响的,这些侧面交织在一起,构成一个统一体存在于每个人身上,所以要了解一个人,就应对性格的各个方面做全面分析。

1)性格的态度特征

性格的态度特征是指人在处理各种社会关系时表现出来的性格特征。这种特征具体表现在 3 个方面:一是个体对社会、对集体、对他人的态度,如助人为乐或损人利己;二是个体对劳动、工作、学习的态度,如勤奋或懒惰;三是个体对自己的态度,如自信与自卑。

2)性格的意志特征

性格的意志特征是指表现在人对自己的行为进行自觉调节方面的心理特征,是性格的主要构成成分。它主要表现在 4 个方面:一是个体对行为目标明确程度的意志特征,如目标明确或盲目性;二是个体对行为自觉控制水平的意志特征,如主动性或被动性;三是个体对已做出决定的贯彻执行方面的意志特征,如坚韧性与动摇性;四是在紧急或困难情况下表现出的意志特征,如勇敢与懦弱。

3)性格的理智特征

个体在认识过程中表现出来的个别差异就是性格的理智特征。具体表现为在感知等方面的性格特征,如主动观察型和被动观察型;在记忆方面的性格特征,如有人过目成诵而有人记忆较慢;在思维活动中的性格特征,如独立思考和盲目从众。

4）性格的情绪特征

性格的情绪特征是指情绪活动的强度、稳定性、持久性和主导心境等方面的特征。具体而言，在强度方面，表现为一个人受情绪感染和支配的程度，以及情绪受意志控制的程度，如有人情绪反应强烈、明显、易受感染，而有人反应微弱、隐晦、不易受感染；在稳定性方面，表现为一个人的情绪波动和起伏程度，如有人情绪稳定，而有人情绪容易波动等；持久性，是指情绪对人身心各方面影响的时间长短，如有的人情绪产生后很难平息，有的人情绪虽来势凶猛但转瞬即逝；在主导心境方面，表现为不同的主导心境在一个人身上的稳定表现，如乐观开朗和消极悲观等。

拓展阅读

卡夫卡的故事

一个男孩出生在布拉格一个贫穷的犹太人家里。他的性格十分内向、懦弱，没有一点男子汉气概，而且非常敏感多疑，老是觉得周围环境对他产生压迫和威胁。防范和躲避的想法在他心中可谓根深蒂固，不可救药。男孩的父亲竭力想把他培养成一个标准的男子汉，希望他具有风风火火、宁折不屈、刚毅勇敢的特征。在父亲那粗暴、严厉且自负的斯巴达教育的培养下，他的性格不但没有变得刚烈、勇敢，反而更加懦弱、自卑，并从根本上丧失了自信心，致使生活中每一个细节、每一件小事对他来说都是一个不大不小的灾难。他在困惑、痛苦中长大，整天都在察言观色，常独自躲在角落处感受痛苦，小心翼翼地猜度着会有什么样的伤害落到他的身上。看来，他的人生可能会是一场悲剧，即使想要改变也改变不了。因为他的父亲做过努力，已毫无希望。

然而，令人始料未及的是，这个男孩后来成了20世纪上半叶最伟大的文学家之一，他就是奥地利的卡夫卡。

卡夫卡为什么会成为文学家呢？因为他找到了"适合自己穿的鞋"，他内向、懦弱、多愁善感的性格正好适合从事文学创作。在他为自己营造的艺术王国中，在这个精神家园里，他的懦弱、悲观、消极等特点反倒使他对世界、生活、人生、命运有了更尖锐、敏感、深刻的认识。他以自己在生活中受到的压抑、苦闷为题材，开创了文学史上一个全新的艺术流派——意识流。他在作品中把荒诞的世界、扭曲的观念、变形的人格解剖得更加淋漓尽致，从而给世界留下了《变形记》《城堡》《审判》等许多不朽的作品。

（四）性格与气质的关系

性格与气质关系密切，二者既有区别又有联系。

1）性格与气质的区别

性格与气质的区别如表3-9所示。

表3-9　性格与气质的区别

维　度	气　质	性　格
起源	先天的，受个体高级神经活动类型的影响	后天的，个体与社会环境相互作用的产物
可塑性	可塑性较小	可塑性较大
影响	与个体行动、内容无关，无好坏、善恶之分	与个体行动、内容有关，有好坏、善恶之分

2）性格与气质的联系

性格与气质又是密切联系的，他们同是个体人格心理特征的重要组成部分。具体而言，二者的联系表现在以下两方面。

（1）气质影响性格的形成与发展。首先，不同气质类型的人，在某些性格特征的形成与发展速度上存在差别。比如，同样是细心这种性格特征，抑郁质的人就比较容易养成，而胆汁质的人则可能要付出很多的努力。其次，同样的性格特征会因为个体气质类型不同而各具色彩。比如，同是勤奋的性格特征，胆汁质的人表现为精力充沛、积极进取，而抑郁质的人表现为关注细节、善于分析。

（2）性格可以对气质进行掩蔽或改造。性格会在一定程度上掩盖或改造个体的某些气质特征，使其符合社会实践的要求。比如，医生应该具有沉着冷静的性格特征，这种职业要求在岗位技能训练中有可能掩蔽或改造胆汁质者毛躁、武断的气质特征。

训练活动3-4 你像哪种动物

【目的】认识自己的性格，提高交流技巧。

【步骤】

1）宣布游戏规则

（1）将各种各样动物的漫画给大家看，或者做成图片贴在教室的墙上，或者做成幻灯片，让大家分别描述不同动物的性格，主要描述它们遇到危险时的反应，比如，乌龟遇到危险以后，就会缩到壳里。

（2）让同学们回想一下，当他们面对矛盾的时候会有什么反应？面对矛盾，他们的第一反应是什么？这一点和哪种动物的性格最像？如果没有，也可以找其他的，最主要的是要言之有理。

（3）让每个人描述一下他所选择的动物的性格，说出理由，比如，"我像刺猬，虽然看上去浑身长满刺、很难相处的样子，其实我很温顺"。

2）现场讨论

（1）自己选的动物和别人选的动物是不是有什么奇怪的地方？你具有的是动物的哪一部分性格？别人注意到了吗？

（2）当具有不同的动物性格的人在一起时，应该如何相处？

3）教师总结

（1）每个人都有自己特定的思维模式，从而决定了他的行为模式，具有不同思维模式的人在相处时，总是不可避免地发生冲突。当冲突发生的时候，正视问题、互相尊重才是最好的解决问题的方法。

（2）在合作和沟通的过程中，要认真地考虑自己和对方发生冲突的根源，根据彼此的特点进行调整；最终，尽管存在冲突，但不同类型的人可以在一定程度上互补，这样会做得很好。

第三节 塑造健康人格

名人名言

> 播下一个行动,你将收获一种习惯;播下一个习惯,你将收获一种性格;播下一种性格,你将收获一种命运。
>
> ——威廉·詹姆士

人格是人的灵魂,拥有了健全的人格就有了立身之基,发展之本。人格健全、能力突出的个体更加适应当代社会的竞争,更容易取得成功。生活在校园之中的大学生正处于人格发展的关键阶段,其人格健康水平的高低不仅决定了自身未来的发展,还关乎中华民族伟大复兴梦的实现。就当下而言,如何完善并不断优化大学生的人格,已成为培养合格人才迫切需要解决的问题。

一、人格与健康

自从20世纪50年代心脏病专家弗利曼、罗斯曼对A型人格与冠心病的关系进行研究和探讨以来,人格特征与健康的关系就成为行为医学和健康心理学研究的主要内容。纵观已有的文献,人格与健康之间的关系主要表现在以下几个方面。

(一)不良人格特征是某些疾病的发病基础

相关研究表明,良好的人格特征,如乐观、豁达等有助于个体保持身心健康状态,而某些不良的人格特征,如易冲动、敏感多疑等可能是某些疾病的温床。目前,研究中已证实的与身心健康密切相关的人格类型有A、B、C、D 4种,这4种人格类型与健康之间的关系如表3-10所示。

表3-10 A、B、C、D人格类型与健康之间的关系

类型	提出者	人格特点	易患疾病
A	M. Friedman 及 R. H. Rosenman	动作快、精力充沛、缺乏耐心;争强好胜、有持续的进攻性和进取心;有较强的时间紧迫感;雄心勃勃、始终保持警觉状态;易急躁、易冲动、追求完美	易患冠心病
B		低竞争性、有进取心和主动性;节奏缓慢、悠然自得、无时间紧迫感;处事有耐心、对人友善、宽容忍让;攻击性弱;内心平和、知足常乐	易患消化性溃疡
C	Baltrusch 及 Temoshok	压抑、克制、不善表达内心的情绪;过分与人合作、理智、协调;过分谦虚谨慎;过分忍耐、回避矛盾、屈服于外界权势;悲观消极、缺乏自信心及主见;面对生活压力经常会有绝望及孤立无援感	易患癌症

续表

类型	提出者	人格特点	易患疾病
D	Denollet	又称为"忧伤人格"。突出表现为：消极情感：积极情绪缺失，经常体验到紧张、不愉快等情绪，过分担忧、悲观、易恼怒；社交压抑：在社会交往中，由于害怕被他人拒绝或不赞同而压抑自己对负性情感的表达，与陌生人在一起时常常感到不自在，不愿意跟他人交往，即使交往也有很多顾虑，很少与其他人联系	易患心血管疾病

（二）人格特征可以影响疾病的病程

人格特征对疾病病程的长短有影响。如开朗、坚强的人患病后，对疾病往往持乐观的态度，在治疗过程中通常能与医护人员积极配合，因此病程较短；而多愁善感、易焦虑、易紧张的人患病后，往往会对疾病做过多的消极联想，对医嘱常常持有怀疑态度，所以易出现病程较长的情况。

（三）人格特征会影响个体的心理健康水平

相关研究表明，不良人格特征是导致心理障碍的内在因素。如 16PF（卡特尔 16 种人格因素问卷）测验中低兴奋、低实验、高怀疑、低有恒、高紧张、低自律、高忧虑的个体在遇到挫折或困境时，容易产生心理障碍；利用 EPQ（艾森克人格问卷）及 SCL-90（症状自评量表）对大学生的人格特征及心理健康水平进行分析发现，情绪越不稳定和神经质越明显者，越容易出现更多的心理健康问题，性格越内向的人，其心理健康问题越突出。

二、大学生健全人格的塑造途径

（一）建立积极的自我意象

建立积极的自我意向是健全人格形成的基础。从现在开始，提出目标，充分发挥创造性的想象力，在心里树立新的积极的自我意象。每天做 30 分钟的自我意象练习并坚持至少 21 天，在想象中所扮演的角色的行为和情绪反应是恰当的和成功的，永远不要拿别人的标准衡量自己。在此基础上，多接触高雅的文娱活动，多看优秀的文学艺术作品，多参加集体文娱活动，多参加高尚的文化活动，在高雅的校园文化中增强愉悦自我的感觉。激发自我实现和成功的动机，浸润于高雅的校园文化中，提升积极的感觉。

林肯的幽默

当林肯还是一个孩子时，他是一个性情腼腆、不善言谈的人。而当林肯成为美国总统时，他变成了性格开朗、幽默风趣的人。林肯长相不太好看，但他从不忌讳这一点，相反，他常常诙谐地拿自己的长相开玩笑。在竞选总统时，他的对手攻击他两面三刀，搞阴谋诡计。林肯听了指着自己的脸说："让公众来评判吧。如果我还有另一张脸的话，我会用现在这一张吗？"还有一次，一个反对林肯的议员走到林肯面前挖苦他："听说总统是一位成功的自我设计者？""不错，先生。"林肯点点头说，"不过我不明白，一个成功的设计者，怎么会把自己设计成这副模样？"林肯以幽默的方式多次成功化解了可能出现的尴尬和难堪场面。林肯不仅学会以自嘲、调侃等幽默方式来营造内心的愉悦，还完善了自己捕捉生活中的乖谬现象的敏感力。由此，林肯不仅改变了自己的人格，也改变了自己的命运。

（二）加强意志磨炼

自觉主动地控制自己的行为，培养经受挫折的耐受力，不盲目冲动，不消极低沉，始终保持乐观的生活态度。意志在人格特征中占有非常重要的地位。坚强或懦弱的人格特征主要是以意志的发展水平为标志的，因而，培养坚强的意志是人格塑造的重要内容和途径。不仅如此，意志的锻炼还将直接促进其他人格特征的培养。

延迟满足实验

发展心理学研究中有一个经典的实验——"延迟满足"实验。实验者发给 4 岁被试儿童每人一颗好吃的软糖，同时告诉孩子们："如果马上吃，只能吃一颗；如果等 20 分钟后再吃，就给吃两颗。"有的孩子迫不及待，马上把糖吃掉了；而另一些孩子则耐住性子、闭上眼睛或头枕双臂做睡觉状，也有的孩子用自言自语或唱歌来转移注意力以克制自己的欲望，从而获得更丰厚的报酬。研究人员对被试儿童进行了跟踪观察，发现那些以坚韧的毅力获得两颗软糖的孩子到上中学时表现出较强的适应性、自信心和独立自主精神；而那些经不住软糖诱惑的孩子往往屈服于压力而逃避挑战。后来几十年的跟踪观察也证明那些有耐心等待吃两颗糖果的孩子在事业上更容易获得成功。实验证明：自我控制能力是个体在没有外界监督的情况下，适当地控制、调节自己的行为，抑制冲动，抵制诱惑，延迟满足，坚持不懈地保证目标实现的一种综合能力。它是自我意识的重要成分，是一个人走向成功的重要心理素质。

（三）完善性格

自觉检查并改正自己的性格，培养健康的性格，建立自信心。自信是在肯定自己的存在价值的基础上，了解自己的长处和短处，在学习和活动中扬长避短，并相信自己的能力和努力。培养自信有以下 4 个小诀窍。

第一，挑前面的位子坐。不管是会议室还是教室，后面的座位总是先被坐满。大部分占据后排座位的人，都希望自己不会"太显眼"。但是，坐在前面能建立自信。当然，坐在前面比较显眼，但你要记住，有关成功的一切都是显眼的。

第二，练习正视别人。一个人的眼神可以透露出许多有关他的信息。某人不敢正视你的时候，你会问自己："他想要隐藏什么呢？他怕什么呢？他是不是干了对不起我的事？"正视别人等于告诉对方，你很诚实，而且光明正大，毫不心虚。正视别人不仅能给你信心，也能为你赢得别人的信任。

第三，挺起胸膛，让步态轻松稳健。心理学告诉我们，步态的调整可以改变心理状态。那些遭受打击受排斥的人在走路时都是懒懒散散、拖拖拉拉的，完全没有自信感；自信的人胸板挺直,走起路来稳健轻松,他的体态告诉别人:"我真的认为自己不错!"挺起胸膛,你的自信心会慢慢增强。

第四,练习当众说话。当众说话是建立自信心最快的手段之一,在会议中或社交场合要尽量发言,只要敢讲,就比那些不敢讲的人收获大。不要担心别人会反对你的想法,有人反对是正常的,就像总会有人同意你的见解一样。尽管大胆去说,在沟通中求同存异。

(四)培养良好的情操

加强思想品德修养,树立科学的世界观、人生观,注重社会实践,提高自身综合素质。树立积极向上的人生观,只要有了坚定的人生目标和生活信念,人格自然就会受到影响,表现出坦荡、自信等良好的人格特征和乐观的人生态度,就能够在困难和挫折面前看到光明的前途。乐观进取、积极向上,无论面对什么样的困难,都不灰心、不气馁、不悲观,始终保持必胜的信心,这样才会具有心胸广阔、乐观开朗的人格。作为一名大学生,诚实、善良、富有爱心是最起码的原则,也是一个人格健全者不可缺少的人格特征。

马斯洛对个性培养的7条建议

① 把自己的感情出口放宽,莫使心胸像个瓶颈。
② 在任何情境中,都尝试从积极乐观的角度看问题,从长远的利害做决定。
③ 对生活环境中的一切,多欣赏,少抱怨;有不如意之处,设法改善。
④ 设定积极可行的生活目标,然后全力以赴追求并实现,但不能期待未来的结果一定不会失败。
⑤ 对于是非之争,只要自己认清正义之所在,纵使违反众议,也应挺身而出,站在正义一边,坚持到底。
⑥ 莫使自己的生活僵化,为自己在思想与行动上留一点弹性空间,偶尔放松一下身心,将有助于自己潜能的发挥。
⑦ 与人坦率相处,让别人看见你的优点和缺点,也让人分享你的快乐、理解你的痛苦。

训练活动 3-5 进化论

【目的】通过活动激发潜能,培养抗挫折的能力,保持积极心态。
【步骤】
1)宣布游戏规则
(1)让所有人都蹲下,扮演鸡蛋。
(2)找同伴猜拳或者其他一切可以决出胜负的游戏,由成员自己决定。
(3)获胜者进化为小鸡,可以站起来。
(4)小鸡和小鸡猜拳,获胜者进化为凤凰,输者退化为鸡蛋。
(5)鸡蛋和鸡蛋猜拳,获胜者进化为小鸡。
(6)继续游戏,看看谁是最后一个进化为凤凰的。
2)活动分享
(1)最后一个进化为凤凰的。

（2）第一个进化为凤凰的。
（3）成为小鸡又退化为鸡蛋的。
3）教师总结
（1）每个人的成长中都会遇到挫折，坚持到最后的人都有机会进化为凤凰。
（2）心态要好，不急不躁，心胸宽广。

训练活动3-6　培养积极的人格特质——幽默乐观

【目的】情绪有正性与负性之分。有些正性情绪，如兴奋、幽默可以激发人的创造力，而许多负性情绪，如痛苦、焦虑、恐惧则会阻碍人的创造力的发挥。我们每个人都会因成功或失败而产生情绪波动，通过以下活动体验情绪在问题解决中的强大作用，这个活动有助于培养幽默乐观的人格特质。

【步骤】
1）活动规则
（1）这个活动要求你偏离自己一贯的社会行为，活动的内容是让你学4种动物的叫声。请参照下表决定你要学哪种动物的叫声。

姓氏汉语拼音的第一字母	动物名称
A→F	狮子
G→L	狼
M→R	毛驴
S→Z	布谷鸟

（2）现在选择一个伙伴，最好在周围同学中挑一位不太熟悉的人作为伙伴。彼此盯着看，目光不能转移，同时用嘴大声学动物叫，至少10秒钟。
2）现场讨论
（1）在这个简单的活动中，你的感觉如何？
（2）你的情绪对你的表现有什么影响？幽默乐观的情绪在这个活动中起到了什么作用？
3）教师总结
幽默乐观的情绪有助于你在这个游戏中创造性地发挥自己的能力，可能会使你灵机一动，模仿出种种出人意料的叫声，获得满堂喝彩，或者逗得大家捧腹大笑。而认为在游戏中感到尴尬的心理会使你羞于开口。假如你有幽默感，学动物叫就更容易开口。正性情绪是创造力的催化剂。因此，在最困难的时候，不要忘记：幽默可以使你保持乐观。

小　结

本章首先讲述了人格的概念、构成、特征，以及关于人格的理论和影响因素；分析了气质的概念、类型和特点，性格的概念、类型、特点及结构，以及性格与气质的关系，使学生理解它们对自身生活、学习及职业选择的影响。然后讲述了人格与健康的关系，以及大学生健全人格的塑造途径。通过训练活动，学生可以了解自己的气质类型、掌握性格调适的方法，掌握健全人格的培养方法，进而成为独立、善良、身心健康的大学生。

实践与应用

张某某,男,19岁,大一新生,自述情况如下。

我家在农村,父母均为农民。我在家排行老大,下面有一弟一妹。从小我就很懂事,知道父母很辛苦,所以我对自己要求极为严格,一点时间也不许自己浪费,初中前成绩一直名列前茅,上初一时还任班干部,深得老师喜欢。父亲为此很高兴,买手表奖励我。手表用了不到一年就丢了,我深知父母挣钱不易,非常内疚,常常有意识地到寝室和马路边努力寻找,希望能够失而复得,但始终没找到。我不敢把这件事告诉父母,成绩也开始下降。后来我家添置了沙发,平时我喜欢坐在沙发上看书。一次母亲说"别坐坏了,以后不准坐在沙发上看书"。从此我再也不敢坐沙发,后来发展到看见椅子也害怕了。上高中时,我开始小便失禁,老想去厕所,但又觉得不该去。我越是控制,想去厕所的念头越强烈;拼命克制自己不去,结果吃了饭就吐。医生说我身体没病,建议我去心理科看看;父母说"咱又不是神经病,去那儿看啥"。我的情况按胃病治疗过,但效果不好。后来去心理科,在医生的指导下,我服用了一段时间的药,能克制一点自己害怕的想法和行为,但停药不久症状再次出现。就这样,症状持续到现在已有3年。父母指望我考上一所名牌大学,我让他们失望了。上大学后,我老是想着自己是否渴了或者饿了,椅子该不该坐,泡在盆里的衣服是现在洗还是过一会儿洗,见到电灯就要反复检查电灯开关,出了门要反复看是否关好、锁好,等等。我这种情况还能变好吗?

点评:本案例中的学生很可能有强迫型人格的倾向。强迫型人格的主要特征就是要求严格,追求完美,容易把冲突理智化,具有强烈的自制心理和自控行为。这类人在平时有不安全感,对自我过分克制,过分注意自己的行为是否正确、举止是否适当,因此表现得特别死板、缺乏灵活性;责任感特别强,往往用十全十美的高标准要求自己,追求完美,又墨守成规;在处事方面,过于谨小慎微,常常由于过分认真而重视细节、忽视全局;怕犯错误,遇事优柔寡断,难以做出决定。他们的情感以焦虑、紧张、悔恨居多,轻松、愉快、满意时少;不能平易近人,难以热情待人,缺乏幽默感;由于对人、对己都感到不满而易招怨恨。强迫型人格障碍的形成一般在幼年时期,与家庭教育和生活经历有关。父母管教过于严厉、苛刻,要求子女严格遵守规范,决不准自行其是,造成孩子做事过分拘谨、小心翼翼,生怕做错事遭到父母的惩罚,做任何事都思虑甚多、优柔寡断,并慢慢形成经常性紧张、焦虑的情绪反应。同时,一些家庭成员的生活习惯也可能对孩子产生影响。另外,个体在幼年时期受到较严重的挫折和刺激,也可能产生强迫型人格。有研究表明,强迫型人格与遗传有关系,家庭成员中有人患强迫型人格障碍,其亲属患强迫型人格障碍的概率比成长在普通正常家庭的人要高。建议本案例中的学生进行专业的系统的心理治疗。

思考与解答

1. 案例分析。

一位老板想让值得信任的甲、乙、丙3位助手分别负责管理财务、推广业务、筹划和后勤的工作。这位老板想了解3位助手的性格特点,根据性格分配适合的工作,于是他安排3位助手下班后留在公司与他一起研究问题。在这期间，他故意制造了一起假火灾事件，以便观察他们3人的性格特点。

在火灾面前，甲说："我们赶快离开这里，再想办法。"乙一言不发，马上跑到屋里拿出灭火器去寻找火源。丙坐着一动不动地说："这里很安全，不可能有火灾。"

老板通过3位助手各自的行为表现，会如何安排他们的工作呢？为什么？

答案提示：老板通过3位助手的行为表现，找到了满意的答案。他认为甲首先离开危险区，表现出客观、谨慎、稳重、老练的特点；乙积极向危机挑战，抢先救火，忠于公司，表现出勇敢、大胆、敏捷、果断、敢于冒险的特点；丙对公司的安全早有了解和信心，甚至可能才智过人，早已看出这是一出"戏"，表现出沉着冷静、深谋远虑、胸有成竹的特点。老板通过自己的观察，根据他们的性格特征，分别将甲、乙、丙安排在不同的岗位上，发挥他们的性格优势，以做到人尽其才。甲负责管理财务，乙负责推广业务，丙负责筹划和后勤。

2．知识问答。

（1）气质有哪4种类型？你的气质类型适合从事的职业有哪些？

（2）结合实践，谈谈如何在大学生活中培养自己健全的人格。

（3）练一练：发现与完善自己的性格。静下心来认真思考，寻找自己曾经做过的最成功的一件事和最失败的一件事。分析成功和失败的原因，列举出来，逐条对照，看看与你的习惯和性格有什么对应关系？带给你怎样的启示？试着写出你改变自身不足的计划并予以实施。

推荐欣赏

电影推荐

Billy woillt、《跳出我天地》

书籍推荐

[1] 皮克·菲尔. 气场[M]. 章岩，译. 重庆：重庆出版社，2010.

[2] 勒尔. 内心枷锁[M]. 王蔚，译. 上海：上海人民出版社，2003.

第四章 认识与管理情绪

情绪是一种非常基础、非常有影响力的心理活动,与我们的生活、学习息息相关,丰富着我们的内心世界,影响着生活、学习的方方面面。基于生理发育基本成熟但心理发育尚未成熟的不平衡性,大学生渴望了解情绪、识别情绪、觉察情绪、管理情绪,在生命色板上涂上情绪的美丽线条,发挥情绪的积极力量,助推学业发展,促进人格完善,实现人生意义。

第一节 情绪概述

 名人名言

一个人如能让自己经常维持像孩子一般纯洁的心灵,用乐观的心态做事,用善良的心肠待人,光明坦白,他的人生一定比别人快乐得多。

——罗兰

热地亚的故事

热地亚是某银行的职员,他的心情总是很好。当有人问他近况如何时,他总会回答:"我快乐无比。"他说:"每天早上,我一醒来就对自己说:'热地亚,你今天有两种选择,可以选择心情愉快,也可以选择心情不好。'我选择心情愉快。每次有坏事情发生,我可以选择成为一个受害者,也可以选择从中学些东西,我选择后者。人生就是选择。归根结底,是你自己选择如何面对人生。"

有一天,热地亚工作的银行遭遇了3个持枪歹徒的抢劫。歹徒朝他开了枪。幸运的是,热地亚被及时送进了急诊室。经过18小时的抢救和几个星期的精心治疗,热地亚出院了,只是仍有小部分弹片留在他的体内。6个月后,他的一位朋友见到了他。朋友问他近况如何,他说:"我快乐无比。想不想看看我的伤疤?"朋友看了看伤疤,然后问他当时想了些什么。热地亚答道:"当我躺在地上时,我对自己说有两个选择:一个是死,一个是活。我选择了活。医护人员都很好,他们告诉我,我会好的。但在他们把我推进急诊室后,我从他们的眼神中读到了'他是个死人'。我知道我需要采取一些行动。""你采取了什么行动?"朋友问。热地亚说:"有个护士大声问我对什么东西过敏。我马上回答'有的'。这时,所有的医生、护士都停下来等我说下去。我深深吸了一口气,然后大声吼道:'子弹!'在一片大笑声中,我又说道:'请把我当活人来医,而不是死人。'"

情绪的力量是惊人的,它可以使人事半功倍,也可以使人功败垂成。我们经常体验到各种情绪,或是开心、喜悦,或是悲伤、抑郁,或是恐惧、惊讶,或是自豪、满意。走进情绪,了解情绪,发挥情绪的积极作用,对大学生的成长、成才具有重要意义。

一、情绪的概念

关于"情绪"的确切含义,心理学家、哲学家至今尚未达成一致意见。绝大多数研究者认为,情绪是人对客观事物是否符合自己需要产生的态度体验,是人对客观世界的一种特殊反映形式。它反映了主体与客体之间的关系。满足主体需要的事物通常能带来积极的情绪体验,不能满足主体需要的事物一般会带来消极的情绪体验。如果你不喜欢英语,那么可能一写英语作业你就开始想其他事情,或者想到英语考试你就会肚子疼;同时当你在重要比赛中获奖时,你会感到非常欣喜;当你获得国家奖学金时,你会非常开心。

(一)情绪的成分组成

一般来说,情绪由独特的主观体验、外部表现和生理唤醒3种成分组成。

独特的主观体验是个体对不同情绪状态的自我感受,最接近我们对情绪的一般了解,如家人团聚时的幸福、参加比赛时的紧张与激动等。这些感受我们能体会到,别人却无从得知。大多数情绪可以用各种词语标示,但也有一些情绪无法用言语表达。

情绪的外部表现是指在情绪状态发生时个体表现出的身体动作,包括面部表情、姿态和语调。面部表情是所有面部肌肉变化所组成的模式,如高兴时嘴角上翘、伤心时双眉和嘴角下垂。姿态是除面部外身体其他部位的身体动作,包括手势、身体姿势等,如高兴时手舞足蹈、愤怒时咬牙切齿、悲伤时捶胸顿足、羞怯时扭扭捏捏。语调是通过言语的声调、节奏和速度等方面的变化来表达的,如在说"你干吗"时,用升调表示疑问,用降调表示不耐烦,用感叹语气强调"吗"字则表示责备。

生理唤醒是指伴随着情绪出现的生理上的变化。它涉及人的神经结构,如中枢神经系统的脑干、下丘脑、前额皮质及外周神经系统等。不同的情绪有着不同的生理唤醒模式。比如人在心情愉悦时,心跳正常;在恐惧或极度愤怒时,心跳加速、血压升高、呼吸急促甚至出现间歇或停顿;在痛苦时,血管容积缩小等。

拓展阅读

1/25秒表情暴露你的真心

美国电视剧 Lie to me 在许多国家掀起收视狂潮,共计有超过3000万人收看该剧。

该剧剧情主要围绕对人类"微表情"的剖析展开。该剧认为表情不可能掩盖谎言,人类情绪在表情上共通,1/25秒的表情变化就能暴露你的内心。一件爆炸案的犯罪嫌疑人坐在美国FBI(美国联邦调查局)的审讯室4小时,FBI确定他在某个教堂中埋了炸药,但警察无法让犯罪嫌疑人主动交代地点,直到莱特曼博士坐在犯罪嫌疑人面前,莱特曼博士只是问了犯罪嫌疑人几个问题,并盯着犯罪嫌疑人细碎的表情,两分钟后就获知了炸药的埋置点。

剧中人物莱特曼博士的原型是世界著名的心理学专家——美国加利福尼亚大学医学院的保罗·埃克曼教授,他于1991年获美国心理学会颁发的杰出科学贡献奖,保罗·埃克曼教授被列为20世纪百位最有影响力的心理学家之一。他用了40年研究人类面部表情与内心真相的关系,曾专门为特工和警察进行面部表情识别培训,被称为"人肉测谎仪""人面教皇"。

(二)情绪的功能

情绪与我们形影不离。积极的情绪让我们思路开阔、身心愉悦;消极的情绪让我们意识狭窄、萎靡不振。我们在生活中体验过的每一种情绪都是有意义的,每一种情绪都有其作用与功能。

1)适应功能

情绪是有机体生存、发展和适应环境的重要手段,人们通过各种情绪来了解自身或他人的处境与状况,以协调生活并求得更好的生存和发展。比如,在遇到危险时,恐惧的情绪使人们想尽各种方法逃避危险情境,获得自身的安全。在高度人文化的社会里,人们通过更文明的方式适应社会,如通过微笑表示友好。情绪调控的好坏会直接影响人们的身心健康。

"生气水"的实验

美国生理学家艾尔玛做了一个简单的实验,研究情绪对健康的影响。他将一支支玻璃管插在零摄氏度、冰与水混合的容器里,以收集人们在出现不同情绪时呼出来的"气水"。结果发现,人在心平气和时呼出来的气,凝成的水清澈透明、无色、无杂质。人在生气时,呼出来的气,凝成的水中就会出现一种紫色的沉淀物。研究者将"生气水"注射到小白鼠身上,几分钟后,小白鼠竟然死了。当人生气10分钟时,所消耗的能量等于参加3000米赛跑所消耗的能量。可见,情绪对健康的影响非常大。

2)动机功能

适度的情绪兴奋可以使身心处于活动的最佳状态,进而推动人们有效地完成工作任务。情绪具有激励作用,能够激发和引导人们的行为。比如,有时我们努力去做一件事,是因为这件事能够给我们带来愉快与喜悦。

3)组织功能

情绪心理学家认为,情绪作为脑内的一个检测系统,对其他心理活动具有组织作用。这种作用表现为积极情绪的协调、组织,消极情绪的破坏、瓦解。一般来说,中等强度的愉快情绪有利于提高认知活动的效果。情绪的组织功能还表现在影响人的行为上,当我们处于积极情绪时,更易于接受外界的事物;反之,则倾向于产生排斥心理,甚至出现攻击行为。

4)信号功能

情绪在人与人之间具有传递信息、沟通思想的功能。这种功能主要通过面部肌肉运动模式、声调和身体姿态变化所构成的表情来实现。

二、情绪的分类

人类有几百种情绪,此外还有很多混合、变种、突变及具有细微差异的"近亲"。情绪的微妙之处已经大大超越了人类语言能够形容的范围。

中国早在两千多年前就有不少关于情绪的论述。中国第一部医学典籍《黄帝内经》中论述:"怒伤肝,喜伤心,忧伤肺,思伤脾,恐伤肾";儒家经典《礼记·礼运》中记载:"何为人情,喜、怒、哀、惧、爱、恶、欲",并认为这7种情绪是每个人天生具备的,不学就会。

西方不同流派的心理学家提出不同的情绪分类理论。20世纪70年代初,伊扎德从生物进化的角度将情绪分为基本情绪和复合情绪。基本情绪是人与动物所共有的,在发生上有共同的原型或模式,包括兴趣、愉快、害羞、惊奇、轻蔑、厌恶、悲伤、痛苦、自罪感、恐惧、愤怒共11种。它们是先天的、与生俱来的,不仅存在于人类群体中,也存在于动物群体中。复合情绪是由基本情绪的不同组合派生而来的,有3类:第一类是基本情绪的组合,如"兴趣—愉快""恐惧—害羞"等;第二类是基本情绪和内驱力的结合,如"性驱力—兴趣—享乐""疼痛—恐惧—怒"等;第三类是基本情绪和认知的结合,如"活力—兴趣—愤怒"等。复合情绪多达上百种,大多数难以命名。

美国心理学家普拉切克提出了8种基本情绪:悲痛、恐惧、惊奇、接受、狂喜、狂怒、警惕、憎恨。

虽然心理学家对情绪分类有不同的研究,但是他们普遍认为人有4种基本情绪,即快乐、愤怒、悲哀和恐惧,人的其他情绪都是这4种基本情绪的复合。

快乐是指一个人盼望和追求的目的达到后产生的情绪体验。由于需要得到满足,愿望得以实现,心里的急迫感和紧张感消除,快乐随之而生。快乐有强度的差异,从愉快、兴奋到狂喜,这种差异和所追求的目的对自身的意义及实现的难易程度有关。

愤怒是指在所追求的目的受到阻碍、愿望无法实现时产生的情绪体验。愤怒时紧张感增加,有时不能自我控制,甚至出现攻击行为。愤怒也有程度上的区别,当一般的愿望无法实现时,人会感到不快或生气,但当遇到不合理的阻碍或恶意的破坏时,愤怒会急剧爆发。

悲哀是指在心爱的事物失去或理想和愿望破灭时产生的情绪体验。悲哀的程度取决于失去的事物对自己的重要性和价值。悲哀并不总是消极的,它有时能够转化为前进的动力。

恐惧是指在企图摆脱和逃避某种危险情境而又无力应付时产生的情绪体验。所以,恐惧的产生不仅与危险情境有关,还与个人排除危险的能力和应付危险的手段有关。一个初次出海的人遇到惊涛骇浪或者鲨鱼袭击时会感到恐惧无比,而一个经验丰富的水手对此已经司空见惯。

人的情绪表现形式是多种多样的,通常可以根据情绪发生的强度和持续时间的长短,将其分为心境、激情和应激。

心境是一种比较微弱、平静而持久的情绪状态。所谓"人逢喜事精神爽""感时花溅泪，恨别鸟惊心"，这种在一段时间内的情绪蔓延状态就是心境。心境持续的时间有很大差别，有时可能仅仅持续几小时，而有时可能持续几周、几个月或更长的时间。

激情是一种强烈的、爆发式的、短暂的情绪状态。这种情绪通常是由明显的刺激，比如强烈的欲望或者对个人有重大意义的事件引起的。处于激情状态时的人往往有明显的生理变化和外部行为表现，比如狂喜时手舞足蹈，悲痛时号啕大哭。在激情状态下，人的认知范围狭窄，理智分析能力受到抑制，自我控制能力减弱，进而使人的行为失去控制，不能意识到自己行为的意义和后果，常常做出一些鲁莽的行为。

应激是指在出现意外事件或遇到危险情境时出现的高度紧张的情绪状态。比如，在驾驶过程中出现危急情况而使司机紧急刹车、学生刚进入考场突然发现没带准考证，在这种情况下，人就会产生应激状态。应激状态的产生与人面临的情境及人对自己能力的估计有关。当个体意识到自己无力应付当前情境的过高要求时，就会体验到紧张，从而处于应激状态。人在应激状态下，会有一些生物性反应，如肌肉紧张度、血压、心率、呼吸及腺体活动都会出现明显的变化。这些变化有助于适应急剧变化的环境刺激，维护机体功能的完整性。然而，长时间的应激会破坏人的免疫力，对身体造成极大的伤害。

三、情绪的有关理论

（一）詹姆斯与兰格的情绪外周理论

美国心理学家詹姆斯和丹麦生理学家兰格分别于1884年和1885年提出了内容几乎相同的情绪理论。詹姆斯根据情绪发生时引起的植物性神经系统的活动和由此产生的一系列机体变化提出，情绪就是对身体变化的知觉。他指出："情绪，只是一种身体状态的感觉，它的原因纯粹是身体的。人们的常识认为，先产生某种情绪，之后才有机体的变化和行为的产生，但我的主张是先有机体的生理变化，而后才有情绪。"在詹姆斯看来，悲伤乃由哭泣而起，愤怒乃由打斗而致，恐惧乃由战栗而来，高兴乃由发笑而生。兰格认为，情绪是内脏活动的结果。他特别强调情绪与血管变化的关系："情感，假如没有身体的属性，就不存在了。""血管运动的混乱、血管宽度的改变及各个器官中血液量的变化，乃是激情的真正的最初原因。"

该理论受到许多批评，但也激发了研究者对情绪机制的研究热情。显然，"情绪是由行为反应引起的"这个观点有失妥当，但不可否认，身体行为变化会对情绪产生一定的影响。

（二）阿诺德的评定-兴奋说

美国心理学家阿诺德在20世纪50年代提出了情绪的评定-兴奋学说。这种理论认为，刺激情景并不直接决定情绪的性质，从刺激出现到情绪的产生要经过对刺激的估量和评价；情绪产生的基本过程是"刺激情景—评估—情绪"。同一刺激情景，由于对它的评估不同，会产生不同的情绪反应。评估的结果可能认为对个体"有利""有害"或"无关"。如果是"有利"，就会引起肯定的情绪体验，并企图接近刺激物；如果是"有害"，就会引起否定的情绪体验，并企图躲避刺激物；如果是"无关"，个体就予以忽视。阿诺德认为，情绪的产生是大脑皮层和皮下组织协同活动的结果，大脑皮层的兴奋是情绪行为的最重要的条件。

该理论强调了大脑皮层的认知评定在情绪中的重要作用,强调了情绪是认知过程的结果,在一定程度上促进了认知与情绪的研究。

(三)伊扎德的动机-分化理论

以美国心理学家伊扎德为代表的学者,主张情绪具有动机性质,以情绪为核心,以整个人格结构为基础,研究情绪的性质和功能。伊扎德从整个人格系统出发建立了情绪-动机体系,提出人格具有6个子系统:体内平衡系统、内驱力系统、情绪系统、知觉系统、认知系统和运动系统。其中,情绪系统是核心动力。根据动机-分化理论,伊扎德提出情绪激活的"四系统"理论:神经系统、感觉系统、情绪激活的动机系统、情绪激活的认知加工系统。这4种情绪激活系统是由低级向高级发展的一个连续体,它们的运动同时受个体差异、社会因素或刺激特征的影响。

该理论把情绪看作独立的成分,是一种基本的动机系统。情绪可以促进认知加工和行为反应的发生,以使个体更好地适应外部环境和变化。

第二节 大学生的情绪特点

 名人名言

愉快可以使你对生命的每一次跳动、对生活的每一个印象易于感受,不论躯体和精神上的愉快都是如此,可以使身体发展、健康。

——巴甫洛夫

 心理故事

扛船赶路

一个青年背着一个大包裹千里迢迢跑来找无际大师,他说:"大师,我是那样的孤独、痛苦和寂寞,长期的跋涉使我疲惫到极点。我的鞋子破了,荆棘割破双脚;手也受了伤,流血不止;嗓子因为长期呼喊而沙哑……为什么我还不能找到心中的太阳?"

大师问:"你的大包裹里装的是什么?"青年说:"它对我可重要了。里面是我每一次跌倒时的痛苦、每一次受伤时的哭泣、每一次孤寂时的烦恼……有了它,我才能走到你这里。"

于是,无际大师带着他来到河边,他们坐船过了河。上岸后,大师说:"你扛着船赶路吧!""什么?扛着船赶路?"青年很惊讶:"它那么沉,我扛得动吗?""是的,孩子,你扛不动它。"大师微微一笑,说:"过河时,船是有用的。但过了河,我们就要放下船赶路,否则,它会变成我们的包袱。痛苦、孤独、寂寞、灾难、眼泪这些都是对人生有用的,它能使生命得到升华,但须臾不忘,就成了人生的包袱。放下它吧!孩子,生命不能负重太多。"青年放下包袱,继续赶路,他发现自己的步子轻快多了,比以前快得多。原来,生命是可以不必如此沉重的。

大学阶段是个体的生理、心理及思想变化发展的重要时期，随着个体社会地位的逐渐提高、知识经验的不断积累及交际范围的日益扩大，大学生情绪的发展呈现出鲜明特点，个体能体验各种各样的情绪，比如与朋友吵架时会生气；获得奖学金时会充满自豪感；有朋友的安慰和陪伴时，温暖会持续心间。面对不同情绪，你是一直扛着消极情绪辛苦地赶人生路，还是平静看待情绪背后蕴含的珍宝、领悟情绪的正面意义、做管理情绪的主人呢？

一、大学生情绪发展的特点

（一）情绪内容丰富多元

随着知识结构的完善、认知能力的发展、社会经验的丰富，大学生的情绪内容更加广泛。几乎人类所有的情绪，无论是基本情绪（如快乐、愤怒、悲哀、恐惧），还是复合情绪（如遗憾、绝望、难过等）都会在大学生身上体现出来。从自我意识的发展来看，大学生对尊重和自尊的需要非常强烈，容易因为家庭经济、个人荣誉等产生自卑、自负、自傲等情绪体验；从社会交往发展来看，随着大学生人际交往圈扩大、交往频率增加、交往复杂性提高，大学生的交往新颖性提高，亲密感体验增加；从道德伦理上，他们崇尚美好、抵抗阴暗，讴歌美好；在日常生活上，他们寻求精神食粮，追求美好的生活，对未来充满憧憬和期待。他们不仅有"智慧的欢乐"，也有"智慧的痛苦"，不仅对学习有期待、满足、憧憬，也对人类的生存及生存意义等哲学层面的问题充满反思。

（二）情绪变化波动明显

大学生的认知水平有了一定的提高，情绪控制能力有较大发展，但与成年人相比，这种情绪带有明显的波动性，情绪反应容易摇摆不定、跌宕起伏。有调查发现，70%的大学生的情绪起伏较大，两极波动，从一个极端步入另一个极端，今天精神百倍、情绪高涨，明天就可能情绪低落、萎靡不振。他们爱憎分明、情绪变化强烈：对于符合自己信念、需求的事情迅速产生强烈的情绪；对于不符合自己信念的事情，迅速产生否定情绪。一句善意的谎言、一句无心的玩笑、一个感人的故事都能让大学生的情绪骤然变化。

（三）情绪表达冲动激烈

美国著名心理学家霍尔认为青年期的个体正经历着情绪的"狂风暴雨"时期。大学生精力充沛，对外界事物敏锐度高，而且年轻气盛，易受他人影响产生从众心理，虽然具有一定的理智和自我控制能力，但很多情况下，情绪一触即发，做事不计后果。这种冲动爆发的情绪一旦失控，可能带来较为严重的后果，如在学生群体中发生的集体斗殴事件，就与大学生的冲动情绪有关。

（四）情绪状态的阶段层次性

受社会发展文化背景的影响，大学生的情绪特点表现出时代差异。比如，20世纪80年代的大学生情绪稳定成熟，表达内敛自制；当今大学生情绪表达开放、激进，并也有脆弱和不成熟的特点。同时，由于大学阶段不同年级有不同的培养目标和发展重点，大学生的情绪状态表现出阶段性和层次性。刚入学时，他们对大学生活充满无限好奇，情绪上以自信、快乐为主；接下来，由于学习内容、学习方式、交往环境的变化，新生的自豪感和

自卑感混杂、放松感和压力感并存，情绪动荡起伏；经过一个学年的适应以后，学生们在大学生活的各个方面都得到锻炼，融入了校园生活，情绪逐渐进入较为稳定的时期。随着毕业的到来，毕业论文、论文答辩、找工作等诸多事情都给大学生们带来了新一轮的压力，紧张和焦虑的情绪可能会再次出现。

（五）情绪体验掩饰内隐

大学生开始隐藏或压抑自己的真实情感，表现出内隐、含蓄的特点，不会轻易向别人流露个人的真实情感，特别是对自己的父母、老师，而是根据一定的时间、地点、场合、对象等因素，有选择、有分寸地表达自己的情绪、情感。他们情绪的外在表现和内心体验并不总是表现得完全一致，就如戴着面具一般，比如明明对异性同学萌生爱意，却表现冷漠甚至有意贬低对方；明明很难过，却强颜欢笑。这种特点与大学生自制力增强、自尊心发展、情绪调节能力提高有关系，一方面使他们处理问题时更加成熟和沉稳，一方面使学生感到自己的情感不能得到倾诉和宣泄。这种矛盾促使相当多的大学生在文学作品或音乐歌曲中寻找共鸣和满足，补偿和寄托自己的浓郁情感。

二、大学生情绪健康的标准

一般来说，情绪健康的标志是情绪稳定和心情愉快。大学生处在富有朝气的年龄阶段，更应使愉快情绪多于消极情绪，应乐观开朗、富有朝气，对生活充满希望。其实，情绪健康的标准也是相对的，一般来讲，应该符合以下几个标准。

（一）情绪产生有适当的原因

根据心理学的研究，情绪的反应都是有其原因或对象的。同时，当事人一般都能觉察到情绪的反应，并且周围的人也能觉察到情绪产生的原因，或赞同其对情绪产生的解释。毫无原因的情绪反应不是健康的情绪反应。

（二）情绪反应强度要适中

情绪反应的强度应和引起它的情境相适应，过于强烈或淡漠的情绪反应都不是健康的情绪反应。

（三）情绪反应随情境变化而转移

在日常生活中，人们情绪反应的持续时间是不同的。当引起情绪的因素消失后，情绪反应将在较短的时间内恢复平静，但有的情绪（如失恋、亲人的死亡）则需要很长时间才能恢复到正常状态。不能随客观情绪变化而变化的情绪反应，不是健康的情绪反应。

三、常见的大学生情绪状态

（一）焦虑

焦虑是一种由紧张、焦急、忧虑、恐惧等多种内心体验交织在一起形成的复杂情绪，处于焦虑中的人常常会出现提心吊胆、惶恐不安、莫名其妙的烦躁、容易被激怒、注意力难以集中、记忆力下降等心理状况，在外部行为方面会表现出坐卧不安、来回走动等情况，还会伴随心悸心慌、呼吸困难、手足多汗等生理症状。

焦虑在大学生群体中频繁出现，主要有两方面原因：一方面，在大学生的学习和生活中很多现实因素都是不能随心所欲控制的，比如将要进行的考试、与新同学的相处、找工作等，这些事情的不确定性都容易使大学生产生危险意识；另一方面，大学生对自己的道德要求普遍比较高，很可能引发道德焦虑。

虽然焦虑是一种典型的不良情绪，但并非一无是处。从某种程度上说，焦虑情绪是有积极意义的，适当的焦虑是必要的。比如，某同学担心自己考试不及格，为了避免这种结果出现，他会刻苦努力地学习以保证自己成绩优异。假如没有对考试成绩的担心，他也就失去了努力学习的动力。大学生首先明确自己的生活目标，同时正确认识自己、接纳自己，在生活上做好充分准备，找准努力的方向，积极行动。

考试焦虑

对于多数学生来说，在面对考试时都会产生一定程度的紧张感，这种紧张感往往使学生处于警觉状态，对提高考试成绩是有好处的。如果紧张程度超过学生的承受能力，就会给考试带来不利影响，导致学生心理紊乱，使学生在考试时无法集中注意力，反应敏锐性下降，思路不清晰，对所学知识的回忆过程受阻，再加上心跳加快、出汗、便急等症状，学生就会处于考试焦虑状态。

一般来说，产生考试焦虑症的原因很多，主要有以下几个方面。

（1）对成绩考不好的预期担心，担心他人对自己的评价，担心自己的形象会受到影响，担心自己的前途会受到影响。

（2）平时学习不踏实，知识掌握不牢，到考试时就会紧张、害怕、无所适从。

（3）自己的焦虑性格，遇到事情容易紧张、焦虑，担心会给自己带来不利或者担心自己没有能力解决面临的问题。

调整的方法有以下几种。

（1）平时打好基础，对所学知识融会贯通后，到考试时就会应答自如。

（2）根据实际情况，确定符合自己的考试目标。

（3）找出适合自己的放松方法。放下手中的事情安静休息，以散步形式驱散心中的浮躁和不安，听听轻音乐、打一场球、跳跳绳或跑跑步，都不失为放松自己心情和身体的良好方法。如果以上调整方法效果不好，可以考虑去心理健康中心找心理老师帮忙调整。

（二）抑郁

抑郁是一种常见的消极情绪，被称为"心灵感冒"，是一种过度忧愁的伤感情绪体验。其主要表现为：情绪低落，认为生活中很难找到能让自己开心的事情；兴趣减退，对什么都无所谓；回避交往，不愿参加活动。有时还会伴有一些诸如失眠、头昏、易疲劳等身体不适的反应。

抑郁通常是由负性生活事件引起的。对大学生来说，学习成绩下滑、竞争失败、恋爱受挫、朋友离开等生活事件会令他们产生强烈的丧失感，就像小时候丢失了心爱的玩具一样，这种丧失感会使他们心情低落。抑郁在大学生群体中是比较常见的情绪问题，其中大多数人经过一段时间的自我调节，能恢复常态，但也有少数人长期陷入抑郁状态，无法自拔，最终导致抑郁症。

值得指出的是，我们应该把抑郁情绪和抑郁症区别开来。在心理学家眼里，抑郁情绪就像每个人都可能患上的感冒一样，每个人在一生当中，都会有抑郁的体验；而抑郁症属于一种心理障碍，它有着严格的诊断标准。简单地说，抑郁情绪并不等同于抑郁症。在心理咨询工作中，不少同学只要稍微感觉自己有些意志消沉就给自己贴上抑郁症的标签，进而产生"我得抑郁症了，我该怎么办"的焦虑和恐慌，这样反而给自己的学习、生活带来更多负面的影响。

面对抑郁，我们应做些什么

如果你自己或者身边的朋友正在经受抑郁的困扰，了解以下10件事，也许能够帮到你。

（1）抑郁的人，一般对人、对己有极其负面的认知。

（2）人如果经常处于无助状态，比较容易抑郁。

（3）很多抑郁的人都追求完美。

（4）焦虑和抑郁总是结伴而行。

（5）抑郁有时是生命成长的必要阶段。

（6）抑郁症是一种普通的疾病，不要对它有任何偏见。

（7）抑郁后不要"死扛"。

（8）走出抑郁，方法一定比问题多。

（9）抑郁的治愈必须跨越"接受"这一关。

（10）帮助别人是走出抑郁的有效方法。比如，帮助别人买点食品，或者写一张感谢的小纸条，做力所能及的助人的事情，是治疗抑郁的有效方法，这些行为看起来微不足道，但是对一个受抑郁困扰的人来说，积极的情绪意义非凡，就算多一分钟也好。人生所有幸福的来源，其实是给予。

不管是谁，当我们深陷痛苦时，都会如井底之蛙，看到的整个天空乌云密布，无望无助。而现实是，我们应静下心来，给自己一点时间，寻求朋友和专业人士的帮助和支持。不管发生了什么，都不会永远无助和绝望，一切都可以改变，而且方法一定比问题多。

以上建议的作者是海蓝博士，他是中国抗挫力训练总设计师，"静观自我关怀"全球首位中国师资培训师，著名心理创伤治疗与压力管理专家。

（三）愤怒

当个体遇到不愉快或不希望发生的事情时，如果我们的反应指向的是自己，就会产生抑郁情绪；然而，假如我们的反应指向的是他人，就会演变成愤怒。通常来说，当个体产生愤怒情绪时，会伴有强烈的生理唤醒反应。此时，个体的心率加快，肾上腺素分泌增加，血液涌向脑部和四肢，会本能地调动起身心的巨大能量来应付随后而来的激烈行动。

愤怒的典型特征是情绪不受控制，有强烈的攻击冲动，如说出伤人的话、大声吼叫、摔打桌椅甚至大打出手。有时，愤怒是由人格特点引起的，希波克拉底认为，与其他气质类型相比，胆汁质气质的人脾气暴躁、冲动易怒。有时，我们认为他人造成了令人不愉快事情的发生，故迁怒于他人，如朋友因为临时有事耽误了与你的约会，假如你认为对方故意爽约，不尊重你，你可能就会生气离去，或者与对方争吵。有时，愤怒是因为我们太执着于从自己的角度看问题，将自己的思维和行动方式强加于人。有时，愤怒是因为我们经历了错误的强化。或许，小时候我们每一次愤怒的吼叫都可以迫使大人屈服，使我们的需要得到极大的满足，我们以为这样的模式会一直有效，但事与愿违，当我们成年后进入社会，才发现愤怒只能给我们自己带来伤害。在我们发泄完后，愤怒的情绪得以平复，但是看看结果，可能会后悔不已。

在面对愤怒时，首先我们应觉察到这种情绪，当它被看到时，就已经出现转化了；其次，我们可以告诉自己"现在还不适合表达情绪，过十分钟再说"。如果无法保持沉默，难以控制好自己的情绪，那么离开现场也不失为一种行之有效的方法。

（四）嫉妒

嫉妒是指他人在某些方面胜过自己而引起的不快甚至是痛苦的情绪体验。比如当看到他人的学识能力、品行荣誉甚至穿着打扮超过自己时内心产生的痛苦、愤怒等感觉；当看到别人身陷不幸或处于困境时幸灾乐祸，甚至落井下石，在别人面前恶语中伤、诽谤等。

适当的嫉妒能激发个体的斗志，过分的嫉妒则会影响学习、生活。嫉妒心强的人往往争强好胜，想方设法阻止别人的发展，这可能使别人躲开你、不愿和你交往，从而形成不良的人际关系氛围。嫉妒心强的个体容易陷入苦恼中而不能自拔。法国文学家巴尔扎克曾经说过："嫉妒者比任何不幸的人更为痛苦，因为别人的幸福和他自己的不幸，都将使他痛苦万分。"

克服嫉妒，首先，要开阔心胸，遵循"天外有天，人外有人""强中自有强中手"的客观规律，接受现实。其次，转移注意力，积极参加各种有益身心的活动，使生活充实起来，以期取得成功。培根说过："每一个埋头沉入自己事业的人，是没有工夫去嫉妒别人的。"再次，学习并欣赏别人的长处，化嫉妒为动力。最后，建立正确的自我意识，提高自我意识水平，正确地评价自己和别人，在做人行事时，做到尊重自己、尊重他人。

其实，这4种情绪并不是一无是处的，而是在教导我们要从事情中学会学习，它是为我们的生命服务的。每份情绪都有其意义和价值，或者指引我们一个方向，或者给我们一份力量。我们需要在生活中找寻消极情绪带来的正向价值，把正向价值落实到行动中。同时，关注自身的积极情绪，在生活中注重培养积极情绪，进而塑造积极人格。

积极情绪

积极情绪包括喜悦、感激、宁静、兴趣、希望、自豪、逗趣、激励、敬佩和爱。积极情绪能令人眼神活泼、面庞柔和，微笑洋溢在脸上。我们应该怎样培养积极情绪呢？

（1）增加愉快的生活体验。增加令人愉快的体验，可以减弱消极情绪的影响，提高免疫球蛋白的含量，提高免疫反应水平。

（2）积极参与社会交往。保持积极情绪和身心健康的最佳途径就是积极参与社会活动，多与人交往，为社会贡献力量的同时体现自我价值。社会交往能使人产生积极的情绪体验，

积极的情绪体验又会使人更积极地与他人交往，更好地适应环境变化，从而形成良性循环。

（3）对问题当机立断。犹豫不决会引起不良情绪，损害身心健康，不要太追求完美，宁可偶尔出些小错，也不要为一些问题左思右想。

（4）培养幽默感，幽默感常常可以使比较紧张的气氛变得轻松。研究发现，在问题面前，那些经常用幽默作为应对机制的人，其健康问题较少；而那些经常用哭喊作为应对机制的人，其健康问题就较多。

（5）要有自己的事业和追求。人生没有追求，人就会失去前进的方向。在学习和工作无所适从时，人就会很消极。有了自己的事业和追求并为之奋斗，人就会体验到一种发自内心的满足，进而产生积极的情绪。

第三节　大学生的情绪管理

情绪管理（调节）是一个古老而又年轻的话题。《黄帝内经》中提出"怒伤肝，喜伤心，忧伤肺，思伤脾，恐伤肾"的观点，中国传统医学已经认识到情绪调节与身心健康的关系；西方文化中的谚语"让你的情绪做你的向导""保持头脑冷静的人能成功"等反映了西方哲学家对情绪调节的重视。20 世纪 80 年代以后，情绪管理成为心理学、管理学、人力资源等学科中相对独立的研究领域。英国管理学家凯文·汤姆森在《情绪资本》一书中指出，想要充分利用好人力资本，就必须管理好两大因素：一是智力资本，即人员的知识；二是情绪资本，即那些能激发人的积极行为的情感、情绪和信念。智力资本固然重要，但如果人的情绪是负面的，如没有共识、压抑、忧心忡忡、缺乏信任等，那么这些智力资本就会变得没有意义。

一、表达情绪，缓解情绪

喜、怒、哀、乐乃人之常情，过于强烈的情绪不利于身心健康。如果一味地压抑自己，容易引起疾病；过度地放纵自己，会伤人伤己。学会表达和缓解情绪非常重要，需要我们不断学习、揣摩、体会。

钉子的故事

从前，有一个脾气很坏的男孩。他的爸爸给了他一袋钉子，告诉他，每次发脾气或者跟人吵架的时候，就在院子的篱笆上钉一颗钉子。第一天，男孩钉了 37 颗钉子。后面的几天他学会了控制自己的脾气，每天钉的钉子也逐渐减少了。他发现，控制自己的脾气实际上比钉钉子容易得多。终于有一天，他一颗钉子都没有钉，他高兴地把这件事告诉了爸爸。爸爸说："从今以后，如果你一天都没有发脾气，就可以在当天拔掉一颗钉子。"日子一天一天过去，最后，钉子全被拔光了。爸爸带他来到篱笆边上，对他说："儿子，你做得很好，可是看看篱笆上的钉子洞，这些洞永远也不可能恢复了。就如你和一个人吵架，说了些难听的话，你就在他心里留下了一个伤口，像这个钉子洞一样。"插一把刀子在一个人的身体里，再拔出来，伤疤也难以完全消失。无论你怎么道歉，伤疤总是在那儿。要知道，身体上的伤疤和心灵上的伤疤一样难以完全消失。

表达情绪需要技巧。比如，约会时朋友迟到了，你可能会生气，可能指责他："每次约会都迟到，你为什么都不考虑我的感受？"其实，这种表达有失妥当。这种指责会引起他的负面情绪，他会变成一只刺猬，防御外来的攻击，便没有办法站在你的立场为你着想，他可能回应说："我有急事，不得不办。有什么办法，你以为我不想准时吗？"如此一来，两人开始吵架，更别提约会了。但是，我们换一种表达方式，或许效果会不同。比如，你委婉地告诉他："你过了约定的时间还没到，我好担心你在路上发生意外。"试着把"我好担心"的感觉传达给他，让他了解他的迟到会带给你什么感受。这样把自己的感受说出来，别人就能感觉到自己的问题出在哪儿，自然就会调整好自己，不再重犯。因此，在向别人表达情绪时，多以"我的感受是……"开头，避免"你……"这类暗含指责的表达，这不失为一种巧妙的情绪表达技巧。

缓解情绪是非常有必要的，甚至可以适当宣泄情绪。情绪宣泄有直接宣泄和间接宣泄两种方式。直接宣泄是指直接针对引发情绪的刺激来表达情绪。当直接宣泄于己于人都不利时，可用间接宣泄使情绪得到缓解。当心中有了不平之事并引起情绪激动时，我们可以向周围的朋友、亲人等倾诉，接受他们的劝慰和支持，可以逛街、听音乐、散步或让自己做别的事情，以免想起不愉快的事情，通过情绪的充分表露和从外界得到的反馈信息，可以调整引起消极情绪的认知过程，改变不合理的观念，从而求得心理上的平衡。同样，当与他人产生矛盾时，要勇敢地与对方开诚布公地交换意见，消除误会。宣泄情绪的目的是给自己一个厘清想法的机会，让自己好过一点，也让自己更有能量去面对未来。要想想：我要怎么做，在将来才不会重蹈覆辙？怎么做可以减少我的不愉快？这么做会不会带来更大的伤害？

情绪宣泄的方法

1）跑步法

当真正跑起来的时候，你会感觉身体的每一个毛孔都打开了，随着血液循环加速，汗水流出，那些悲伤的、愤怒的、压抑的情绪在每一个脚步中被一点一滴地释放出来。

2）枕头法

准备一个或几个枕头，你可以把枕头想象成带来负面情绪的源头，可以想象成某些人，也可以想象成某些事。你把枕头拿起来，用力揉捏它、捶打它，或拿起两个枕头用力互相拍打、把枕头用力丢出去，尽全力重复这些过程。你可以把内心所想的大声喊出来。如果想哭或想笑，你也不要刻意控制自己的情绪。尽情地把负面情绪发泄出来，直到你觉得这些负面情绪都被赶跑为止。

3）写字绘画法

你可以把整件事情的来龙去脉写出来，然后把处理方法和应对方式写出来，再把还存在的问题写出来，在写的过程中你就能自然而然地梳理好自己的情绪。你也可以和自己对话，把和自己对话的内容写下来。比如，自己有哪些做得不好的地方，有哪些可以改进的地方，有哪些值得肯定的地方，自己的纠结点在哪里，又是打算如何解决的。当分别代表你不同想法的两个小人跃然纸上的时候，你就能清晰地看到你的思绪，"剪不断、理还乱"的情绪自然就梳理好了。你也可以把自己对别人的不满尽情地写出来，直到写不出来为止。你还可以用笔绘画，可以随心所欲地画任何你想画的东西，可以是人、物体，也可以是一些混乱的线条，一直画到你觉得内心平静为止。

二、调整认知，改善情绪

古希腊的埃皮克迪斯特认为"人不是被事物所困扰，而是被其对事物的看法所困扰"。在面对不幸或者无能为力的事情时，我们既能从消极方面去总结经验教训，又能看到问题积极和光明的一面，从而在处理问题时，增加快乐感，以形成稳定持久、积极乐观的情绪。

晴天和雨天

一位老太太有两个儿子，大儿子卖伞，二儿子修鞋。按常理推断，下雨天时伞好卖，而晴天时摆摊修鞋的生意就好些。但是无论天晴还是下雨，老太太都没有开心的时候，这是因为她非常爱她的两个儿子，希望他们两个人的生活都能好起来。每当下雨的时候，她就会替二儿子担心：连下好几天雨了，他肯定没办法摆摊做生意了。好不容易天晴了，她又担心大儿子的伞卖不出去，整天陷入这种心急如焚的状态中，心情一直都不好。后来有人告诉她不要这样，应该换个角度想想：天晴的时候你应当为二儿子高兴，因为他摆摊修鞋的生意会好；而当下雨的时候，大儿子的伞会卖得好，你应当替他高兴。因此，不管下雨天还是晴天，都是好事。老太太试着改变自己的想法，终于不再像以前那样不开心了，心情也越来越好，因为无论天晴还是下雨都有让她开心的事情。

美国心理学家埃利斯于20世纪50年代首创情绪ABC理论。A表示诱发性事件；B表示个体对此事件的看法、解释及评价，即信念；C表示因此引发的情绪与行为结果，即我们的反应。事件（A）只是引发情绪和行为后果（C）的间接原因，而个体对激发事件（A）的认知和评价而产生的信念（B），才是引发人们情绪和行为反应的直接原因。通常，人们认为发生了什么事就有什么样的情绪体验，其实不然。对于同一件事情，不同的人由于对事件的解释不同，会产生不同的情绪体验。比如，两个人竞选班长都没成功，一个人觉得无所谓，另一个人却非常失落。前一个人可能认为自己只是试一试，选不上也没关系；后一个人可能认为自己做了这么多准备和努力，竟然没被选上，是自己的人缘太差了。可见，诱发事件并非必然导致某种情绪和行为，不同的看法和解释会使人的情绪和行为大相径庭。

常见的不合理信念

每个人必须要获得周围环境尤其是生活中每一位重要人物的喜爱和赞许。

一个人是否有价值，完全在于他是否是一个全能的人，即在人生的每个环节和方面都能有成就。

世界上有些人很邪恶、可憎，所以应该对他们做严厉的谴责和惩罚。

如果事情非己所愿，那将是一件可怕的事。

不愉快的事总是由外在环境的因素所致，不是自己所能控制的，因此，人对自身的痛苦和困惑也无法控制和改变。

面对现实中的困难和自我承担的责任是一件不容易的事，倒不如逃避它们。

人们要对危险和可怕的事随时加以警惕，应该非常关心并不断注意其发展的可能性。

人们必须依赖别人，特别是比自己强而有力的人，只有这样，才能生活得好些。

一个人以往的事件决定了他目前的行为，而且这种行为是永远难以改变的。

一个人应当关心他人的问题，并为他人的问题而悲伤、难过。

对人生的每一个问题，人都应有一个唯一正确的答案。

情绪 ABC 理论告诉我们，如果一个人能够改变自己的信念，树立合理的信念，他就会表现出情绪成熟，如果总是有不合理的信念，他可能会经常遭遇情绪的困扰。所以，我们可以通过在自己的头脑中树立合理的信念使情绪更加成熟。

在此理论基础上，埃利斯提出了情绪调控的具体步骤：A—B—C—D—E。A：activating event，诱发事件；B：belief，信念；C：emotional consequence，情绪后果；D：disputing intervention，辩论、劝导干预；E：effective new philosophy，有效的新哲学信念的建立。这个步骤就是：先列出事件和情绪，找出引起不良情绪的不合理信念，然后干预它、动摇它，最终放弃它，学会用新的合理信念代替不合理信念，并运用到生活中，减轻不良情绪的影响，产生愉悦、充实的新感觉。在辩驳的过程中，会用到与他人讨论、实际验证等方法，也可以用一些专业的心理咨询技巧。

提高快乐基线

哈佛大学的塔尔博士在纪录片《积极心理学》中提到一项研究，一位心理学家调查了彩票中奖者和车祸截肢者的幸福感，当幸福和灾祸到来之初，这两类人的幸福感确实差别很大；但是 6 个月以后，在第二次测试中，这两类人的幸福感几乎处于相同的水平。该现象背后的心理机制是：人天生具有适应性，如果刺激水平不变，快乐和痛苦的感受性会随时间流逝而逐渐降低。如果之前他们是快乐的，他们依旧快乐；如果之前他们不快乐，那他们依旧不快乐。我们体验幸福、快乐的水平主要是由我们的心境决定的，而不是由外部信息或外部成功决定的。所以，我们要不断提高自己的快乐基线水平。

三、转变行为，调节情绪

人的情绪对人的行为具有重要影响，同时，行为对情绪又有一定的反作用。行为的转变在一定程度上可以引起人认识上的转变，从而产生情绪上的转变；积极的行为有利于减轻人的情绪困扰。当情绪低落的时候，不妨尝试做一些积极的行为，进行文体娱乐、体能锻炼，以减轻情绪困扰，促进身心的和谐统一。

"表现"类实验中有名的当属德国研究者们的实验了。实验参与者中，一半参与者要用牙齿保持一支笔水平固定（面部形成微笑的表情），另一半参与者要用嘴唇衔住笔（面部形成皱眉的表情），用牙齿咬住笔的实验参与者们顿时感到自己变得快乐起来。行为真的能够影响情绪，人们可以控制情绪，激发内心的正向能量。

> **拓展阅读**
>
> 解决心理压力的方法：①一吐为快；②开怀大笑；③听听音乐；④阅读书报；⑤重新评价；⑥大喊大叫；⑦与人为善；⑧不要挑剔；⑨留有余地；⑩学会躲避；⑪免当超人；⑫放慢节奏；⑬做些让步；⑭遇事沉着；⑮逐一解决；⑯熄灭怒火；⑰做点好事；⑱眺望远方；⑲换个环境；⑳外出旅游。

四、寻求社会支持

情绪管理不等于情绪抑制。家庭、朋友、老师、同学等人的支持非常重要，如果能把心中的不安、困惑和压力表达出来，通过有效沟通改变自己的想法和观点，就有助于缓解压力、平复情绪，有效面对压力产生的情绪。

有些大学生喜欢网络聊天，并把感情投入到与网络对面的"朋友"的交流中。因为网络的隐匿性和虚幻性，陌生人之间交流可以避免一些尴尬和困扰，让人放松地说出内心隐秘，从而使情绪获得宣泄和缓解，起到社会支持作用。但是，网络毕竟是虚幻的，过于沉溺网络社交会影响现实中的人际交往和感情交流，要适可而止。其实，在生活中，与三五好友聊聊天，与同学或朋友一起唱歌、运动，会让自己放松，获得更真实的社会支持，提高人际交往能力，增强内心力量。

在情绪管理的方式上，没有统一标准，没有普遍使用的"灵丹妙药"。大学生需要寻找适合自己的情绪管理方式，同时注意"适度""合理"，不断提高情绪管理能力，塑造积极向上的阳光心态。

训练活动 4-1　察觉情绪

【目的】认识自己的情绪，觉察别人的情绪，提高情绪感知的能力。

【步骤】

1）认识自己的情绪

（1）当你得知自己考上大学时，当时的心情如何？

_____

（2）此时此刻，你的情绪如何？请把它写下来。

_____

（3）你经常出现的情绪有哪些？

_____

2）觉察别人的情绪

准备一些纸条，在上面写出一些描写情绪的词语，如高兴、忧伤、愤怒、悲痛等，请一些同学表演这些情绪，另一些同学根据表演者的动作、表情进行猜测。

训练活动 4-2　情感病毒游戏

【目的】通过每个人的表情来影响其他人的情绪，培养大家面带微笑学习、生活的意识。

【步骤】

（1）传递不安情绪：首先，让所有人面向内围成一圈，然后闭上眼睛，主持人围绕大家走一圈，并随即在一人背后用手指戳一下他，这个人则为"传染源"；然后，大家睁开眼睛并分散站立，"传染源"需要通过表情向 3 个人表示自己不安的情绪，这 3 个人再通过同样的方式将不安的情绪传递给另外 3 个人，以此类推；5 分钟后，所有人集合，首先让"传染源"站起来，然后让被他传染的 3 个人站起来，最后再让被这 3 个人传染的人站起来，此时所有人都站了起来。

（2）传递快乐情绪：首先，大家闭目站立并围成一圈，主持人在所有人后面走一圈，故意停几次，但是不戳任何一人；然后，主持人假装已经选择，让"传染源"传递，这时大家相互寻找"传染源"，彼此对看，自然会有发笑的；最后，大家会发现彼此指的"传染源"都不一样。最终体会到快乐情绪的传染性，学会在生活中传递微笑。

训练活动 4-3　合理情绪调节 ABCDE

【目的】学会分析自己的情绪，通过合理调节情绪，提高管理情绪的能力。

【步骤】

（1）写出近来令自己生气、愤怒、开心或受挫的事件（A）和解决方式的想法（B）、情绪（C），或所导致的行为结果（至少 3 件事）。比如，班干部竞选失败（A），认为自己很没用、没能力、没前途（B），引发了失落、自卑等情绪（C）。

（2）思考并交流：这些事件和想法是否对你产生情绪困扰？试试换种想法会怎么样。

（3）换种想法——对原想法的不合理成分进行驳斥（D）和建立理性的新想法（E）。比如，驳斥原想法的不合理性（D）：一次失败不代表永远失败，这次没有准备好也不代表自己能力不足。建立理性的新想法（E）：这次失败不代表没有前途，下次需要好好准备、多多练习。

（4）分组练习。让学生以自己刚才提到的一种消极情绪为例，按照上述步骤进行情绪调节。发生了什么事？当时有什么想法？什么情绪或行为反应？当时的"想法"对吗？证据是什么？按当时的想法去做的最大好处是什么？最大坏处是什么？如果再来一次，现在"我"会怎么处理？会说些什么？做些什么？感觉如何？

（5）小组交流，说出自己的调整过程并体会。

小　　结

本章讲述了情绪的概念、分类、相关理论，分析了大学生情绪发展的特点、大学生情绪健康的标准、常见的大学生情绪状态，以及应该如何进行情绪管理的方法。通过训练活动，帮助学生掌握相关情绪健康的知识，更好地掌控自己的情绪状态，使学生更加幸福健康地生活。

实践与应用

1. 抑郁自评量表

抑郁自评量表（Self-Rating Depression Scale，SDS）由 Zung 编制于 1965 年，为原美国卫生教育福利部推荐的用于精神药理学研究的量表之一，因使用简便，应用颇广。

下面有 20 个项目，请仔细阅读每个项目的内容，把意思弄明白，然后根据你最近一星期的实际情况，在适当的选项上画"√"。每个项目文字后有 4 个选项，分别代表"没有或很少（发生）""少部分时间""相当多时间""全部时间"。

（1）我感到情绪沮丧、郁闷。　　　　　　　　　①很少　②有时　③经常　④持续
（2）我感到早晨心情最好。　　　　　　　　　　①很少　②有时　③经常　④持续
（3）我要哭或想哭。　　　　　　　　　　　　　①很少　②有时　③经常　④持续
（4）我夜间睡眠不好。　　　　　　　　　　　　①很少　②有时　③经常　④持续
（5）我吃饭像平时一样多。　　　　　　　　　　①很少　②有时　③经常　④持续
（6）我的性功能正常。　　　　　　　　　　　　①很少　②有时　③经常　④持续
（7）我感到体重减轻。　　　　　　　　　　　　①很少　②有时　③经常　④持续
（8）我为便秘烦恼。　　　　　　　　　　　　　①很少　②有时　③经常　④持续
（9）我的心跳比平时快。　　　　　　　　　　　①很少　②有时　③经常　④持续
（10）我无故感到疲劳。　　　　　　　　　　　①很少　②有时　③经常　④持续
（11）我的头脑像往常一样清楚。　　　　　　　①很少　②有时　③经常　④持续
（12）我做事情像平时一样不感到困难。　　　　①很少　②有时　③经常　④持续
（13）我坐卧不安，内心难以保持平静。　　　　①很少　②有时　③经常　④持续
（14）我对未来感到有希望。　　　　　　　　　①很少　②有时　③经常　④持续
（15）我比平时更容易被激怒。　　　　　　　　①很少　②有时　③经常　④持续
（16）我觉得决定什么事很容易。　　　　　　　①很少　②有时　③经常　④持续
（17）我感到自己是有用的和不可缺少的人。　　①很少　②有时　③经常　④持续
（18）我的生活很有意义。　　　　　　　　　　①很少　②有时　③经常　④持续
（19）假若我死了，别人会过得更好。　　　　　①很少　②有时　③经常　④持续
（20）我仍旧喜爱自己平时喜爱的东西。　　　　①很少　②有时　③经常　④持续

计分方式：①②③④依次计 1 分、2 分、3 分、4 分；第 2、5、6、11、12、14、16、17、18、20 个项目反向计分，即①②③④依次计 4 分、3 分、2 分、1 分。

统计结果：总分（20 个项目所得分之和）：_____；标准（T）分（标准分=总分×1.25，并四舍五入取整数）：_____。

抑郁自评量表（SDS）的计分标准及注意事项：SDS 按症状出现频度评定，分 4 个等级，即"没有或很少时间""少部分时间""相当多时间""绝大部分或全部时间"。若为正向评分题，评分依次为 1 分、2 分、3 分、4 分；若为反向评分题，评分依次为 4 分、3 分、2 分、1 分。评定时间为过去一周内，把各题的得分相加为总分，总分乘以 1.25，四舍五入取整数即得到标准分。抑郁评定的临界值为 T=53，分值越高，抑郁倾向越明显。中国常模：得分为 53～62 分的为轻度抑郁，得分为 63～72 分的为中度抑郁，得分为 72 分以上的为重

度抑郁。

2. 焦虑自评量表（SAS）

焦虑自评量表含有 20 个项目，分为 4 级评分的自评量表，用于评出焦虑病人的主观感受。

指导语：下面有 20 个项目（括号中为症状名称），请仔细阅读每个项目的内容，把意思弄明白，每个项目文字后有 4 级评分，1～4 分别表示没有或偶尔、有时、经常、总是如此。然后根据你最近一星期的实际情况，在适当的分数下画"√"。

测试题目：

（1）我觉得比平时容易紧张和着急（焦虑）。　　　　　　1　2　3　4
（2）我无缘无故地感到害怕（害怕）。　　　　　　　　　1　2　3　4
（3）我心里容易烦乱或觉得惊恐（惊恐）。　　　　　　　1　2　3　4
（4）我觉得我可能将要发疯（发疯感）。　　　　　　　　1　2　3　4
（5）我觉得一切都很好，也不会发生什么不幸（不幸预感）。4　3　2　1
（6）我手脚发抖、打站（手足颤抖）。　　　　　　　　　1　2　3　4
（7）我因为头痛、颈痛和背痛而苦恼（躯体疼痛）。　　　1　2　3　4
（8）我感觉容易衰弱和疲乏（乏力）。　　　　　　　　　1　2　3　4
（9）我觉得心平气和，并且容易安静坐着（静坐不能）。　4　3　2　1
（10）我觉得心跳得快（心悸）。　　　　　　　　　　　1　2　3　4
（11）我因为一阵阵头晕而苦恼（头昏）。　　　　　　　1　2　3　4
（12）我有晕倒发作，或觉得要晕倒似的（晕厥感）。　　1　2　3　4
（13）我呼气、吸气都感到很容易（呼吸困难）。　　　　4　3　2　1
（14）我手脚麻木和刺痛（手足刺痛）。　　　　　　　　1　2　3　4
（15）我因胃痛和消化不良而苦恼（胃痛或消化不良）。　1　2　3　4
（16）我常常想小便（尿意频数）。　　　　　　　　　　1　2　3　4
（17）我的手常常是干燥、温暖的（多汗）。　　　　　　4　3　2　1
（18）我脸红发热（面部潮红）。　　　　　　　　　　　1　2　3　4
（19）我容易入睡并且一夜睡得很好（睡眠障碍）。　　　4　3　2　1
（20）我做噩梦（噩梦）。　　　　　　　　　　　　　　1　2　3　4

计分：在 SAS 的 20 个项目中，第 5、9、13、17、19 个项目的计分，必须反向计算。其余项目正向计分。

结果：原始分　　　　　　　　　标准分

评分：SAS 的主要统计指标为总分。在由自评者评定结束后，将 20 个项目的各自得分相加即得，再乘以 1.25，取得整数部分，就得到标准分。标准分越高，症状越严重。按照中国常模结果，SAS 标准分的分界值为 50 分，其中得分 50～59 分的为轻度焦虑，60～69 分的为中度焦虑，70 分以上的为重度焦虑。

适用对象：SAS 适用于具有焦虑症状的成年人。焦虑是心理咨询门诊中较常见的一种情绪障碍，SAS 已成为咨询门诊中了解焦虑症状的一种效度高、方法简便、易于分析的可取的评定手段之一。

思考与解答

1. 情绪的类型有哪些？
2. 情绪的反应包括哪些方面？
3. 情绪调控的途径和方法有哪些？
4. 案例分析。

张义总是难以控制自己的愤怒情绪。不久前，因为和另一名男生都追求过同一名女生，为一些过节大打出手，致使对方受伤，他受到学校处分。据了解，他此前也会因鸡毛蒜皮的小事和舍友发生争执，难以控制自己的情绪，造成宿舍气氛紧张，同学之间产生隔阂。

请根据本章所学内容，帮助张义调控自己的情绪，写出具体的情绪调控方案。

推荐欣赏

电影推荐

《头脑特工队》

书籍推荐

[1] 一行禅师. 一心走路[M]. 北京：紫禁城出版社，2011.

[2] 拜伦·凯蒂，史蒂芬·米切尔合. 一念之转——四句话改变你的人生[M]. 周玲莹，译. 北京：华文出版社，2009.

第五章 有效与快乐学习

第一节 学习心理概述

 名人名言

在寻求真理的长河中,唯有学习,不断地学习,勤奋地学习,有创造性地学习,才能越重山跨峻岭。

——华罗庚

凿壁偷光

西汉时期,有一人叫匡衡,勤奋好学。他家里很穷,他白天必须干活,晚上才能读书。因为买不起蜡烛,天一黑,他就无法看书了。他的邻居一到晚上就在屋子里点着蜡烛,把屋子照得通亮。

他对邻居说:"晚上想读书,可买不起蜡烛,能借用你家的一寸之地吗?"邻居瞧不起比自己穷的人,就说:"既穷得买不起蜡烛,还读什么书呢!"

匡衡听后非常气愤,不过他下定决心,一定要把书读好。匡衡回到家,悄悄地在墙上凿了个小洞,烛光透过来了。他借着这微弱的光,如饥似渴地读起书来,渐渐地把家中的书全都读完了。

附近有个大户人家,有很多藏书。一天,匡衡拿着铺盖出现在大户人家门前。他对这家的主人说:"请您收留我,我可以给您家干活,不拿报酬。只让我阅读您家的全部书籍就可以了。"

主人被他的精神所感动,答应了他借书的要求。匡衡就一直这样勤奋学习,后来他在汉元帝时位至丞相,成为西汉时期有名的学者。

一、学习的概念

学习是指个体在经验的基础上引起的相对持久的心理结构和外显行为的变化。学习有狭义的与广义的两种概念。

从狭义的角度来说，学习是通过阅读、听讲、研究、观察、理解、探索、实验、实践等手段获得知识或技能的过程，是一种使个体可以得到持续变化（知识与技能、过程与方法、情感态度价值观的改善和升华）的行为方式。例如，通过学校教育获得知识的过程。

从广义的角度来说，学习是人在生活过程中，通过获得经验而产生行为或行为潜能的相对持久的方式。广义的学习概念包括以下三方面的内容。

第一，变化是学习的结果。学习意味着行为或行为潜能的变化，有效学习的结果必然促使个体产生变化，包括知识、行为、技能或态度方面的变化等。例如，我们学会了游泳、驾车、操作计算机等。

第二，经验是学习的基础。学习是基于经验而产生的一种活动，学习是个体与环境的复杂的相互作用过程，学习引起的变化是基于经验的过程。因疲劳、药物反应或年龄增长等因素出现的自然成熟及大脑发育带来的变化不属于学习的范畴。

第三，持久是学习的特点。学习引起的变化是相对稳定的，行为的变化一旦发生，就会在不同场合表现出一致性。例如，掌握一种技能，学会一种语言。而因疲劳或习惯化造成的反应能力下降等临时性的行为变化不属于学习。

二、学习的分类

（一）国内的学习分类

我国教育心理学家冯忠良依据教育系统中传递的经验内容不同，将学生的学习分为3类。

（1）知识学习。知识学习包括知识的领会、巩固、应用3个环节，要解决的是知与不知、知之深浅的问题。

（2）技能学习。技能学习又分心智技能和操作技能两种，要解决的是会不会的问题。

（3）社会规范的学习。社会规范的学习又称行为规范的学习或接受，是把外在行为要求转化为主体内在的行为需要的内化过程。它既包括社会规范的认识问题，又包括规范执行及情感体验的问题，因此，社会规范的学习比知识技能的学习更为复杂。

（二）加涅的学习结果分类

（1）言语信息学习，是指能用言语（或语言）表达的知识。

（2）智慧技能学习，主要是指运用概念和规则办事的能力。

（3）认知策略学习，是指运用有关人们如何学习、记忆、思维的规则，支配人的学习、记忆或认知行为，并提高其学习、记忆或认知效率的能力。

（4）动作技能，是指通过练习获得的、按一定规则协调自身肌肉运动的能力。

（5）态度，是指学习者的对人、对事、对物、对己的反应倾向。

（三）奥苏伯尔的有意义学习与机械学习分类

根据学习者是否理解要学习的材料，学习被分为有意义学习与机械学习。比如对无意义音节的记忆学习，就是机械学习，因为这里的学习材料本身没有意义。有意义材料比如唐诗，如果让两岁的幼儿背诵唐诗，他无法理解，这就是有意义材料的机械学习。

根据学习材料的意义是由学习者发现的还是他人告知的（即学习方式的不同），学习可以被划分为发现学习和接受学习。发现学习是指由学习者自己从学习材料中发现其意义的学习方式。接受学习可以通过告知的方式进行。

三、大学生学习的特点

与中等教育阶段的学习相比，高等教育阶段学习的目的、过程、内容、方式都有其独特之处。

（一）学习的目的性明确

高等职业院校的教学计划、教学过程、教学方式方法、教学组织形式及顶岗实习等都是以就业为导向的，在课程设置、教学安排、技能训练等方面重点围绕高职学生就业这一目的展开。

（二）学习内容的专业性突出

高等职业院校强调在一定的文化基础上侧重实施专业技术教育，要求高职学生能够熟练地掌握本专业基本的操作技能，即培养在某一领域具有扎实技术的专业人才。因此在高职学生学习的整个过程中，专业知识和专业技能的内容特征、专业学习的科学规律等特点非常突出。

（三）学习过程的实践操作性强

单靠死记硬背记住操作技能的步骤并不能够很好地完成学习任务，如果事先掌握了一定的原理知识和操作要领，再加上反复练习，有助于提高操作技能的学习效果。高职学生学习的最终目的是"学以致用"，既要有基本的技术原理知识，又要具有熟练的实践操作技能，能解决社会生产实践、生活实践中的一般问题。高职学生学习过程中最主要的一个环节就是参加大量的社会生产、生活实践活动，在运用技术原理解决问题的过程中巩固知识，形成技能，培养自己的动手操作能力和实践应用能力。

（四）学习方式的半自主性

相对于中等教育阶段的学习内容，高职学生的学习内容范围更加广，可供自我支配的时间增多，学生在学习期间必须通过产学结合，边学习边实践，自主计划、实施、调节并评价自己的学习。

大学生学习的特点要求我们在学习过程中能动地选择适合自己的学习方法和策略。

训练活动 5-1　学习意义的探索

【目的】探索学习的意义，并将学习的意义运用到日常生活、学习当中。

【步骤】

（1）你认为学习有哪些意义？

_____

_____

（2）你有过把学习成果运用到生活中的经历吗？那时候你有什么样的感受？

_____

_____

（3）教师总结。

_____

_____

训练活动5-2　学习自我效能问卷调查

【目的】了解自己的学习自我效能。

【步骤】

指导语：下面列出了学生在学习上可能有的一些想法和看法，请大家选择最能代表自己实际情况的答案，并在对应的选项上打"√"，每题只能选择一个答案，请不要漏答。非常同意——5；同意——4；一般——3；不同意——2；非常不同意——1。

维度一：学习能力自我效能感

（1）我相信自己有能力在学习上取得好成绩。　　　　1　2　3　4　5
（2）我认为自己有能力解决学习中遇到的问题。　　　　1　2　3　4　5
（3）和班上其他同学相比，我的学习能力比较强。　　　1　2　3　4　5
（4）我认为我能够在课堂上及时掌握老师讲授的内容。　1　2　3　4　5
（5）我认为我能够学以致用。　　　　　　　　　　　　1　2　3　4　5
（6）和班上其他同学相比，我对所学专业的了解更广泛。1　2　3　4　5
（7）我喜欢选择富有挑战性的学习任务。　　　　　　　1　2　3　4　5
（8）我认为自己能够很好地理解书本上的知识及老师所
　　 讲的内容。　　　　　　　　　　　　　　　　　　1　2　3　4　5
（9）我经常选择那些虽然难却能够从中学到知识的学习
　　 任务，哪怕需要付出更多的努力。　　　　　　　　1　2　3　4　5
（10）即使我在某次考试中的成绩很不理想，我也能平静
　　　分析自己在考试中所犯的错误。　　　　　　　　1　2　3　4　5
（11）不管我的学习成绩如何，我从不怀疑自己的学习能力。1　2　3　4　5

维度二：学习行为自我效能感

（12）当我学习时，我总喜欢通过自问自答的方式来检验
　　　自己是否已经掌握了所学内容。　　　　　　　　1　2　3　4　5

（13）当我思考某一问题时，我能够将前后所学的知识联
系起来思考。   1 2 3 4 5
（14）我经常发现自己虽然在阅读书本，却不知道它讲的
是什么意思。   1 2 3 4 5
（15）在阅读书本时，我能够将阅读的内容与自己已掌握
的知识联系起来进行思考。   1 2 3 4 5
（16）我发现自己上课时总是开小差以至于不能认真听讲。 1 2 3 4 5
（17）我常常不能准确地归纳出阅读内容的主要意思。   1 2 3 4 5
（18）我总是在书本或笔记本上画出重点部分来帮助学习。 1 2 3 4 5
（19）当我为考试而复习时，我能够将前后所学的知识融
会贯通。   1 2 3 4 5
（20）在课堂上做笔记时，我总试图记下老师的每一句话，
而不管它是否有意义。   1 2 3 4 5
（21）在做作业时，我总力求回忆起老师在课堂上讲的内
容，以便把作业做好。   1 2 3 4 5
（22）即使老师没有要求，我也会自觉地做书本上每一章
节后面的习题，来检验自己对知识的掌握情况。   1 2 3 4 5

【结果与解释】

非常同意计 5 分；同意计 4 分；一般计 3 分；不同意计 2 分；非常不同意计 1 分。将每道题的得分相加，算出总分，总分越高，代表学习自我效能越高。学习自我效能的总分，即效能总和，是学习能力自我效能感得分与学习行为自我效能感得分之和。

第二节　激发学习动机

名人名言

青春是有限的，智慧是无穷的，趁有限的青春，去学习无穷的智慧。

——高尔基

为自己而玩

一群孩子在一位老人家门前嬉闹，嬉闹声很大。几天过去，老人难以忍受，于是，他出来给了每个孩子 25 美分，对他们说："你们让这里变得很热闹，我觉得自己年轻了不少，这点钱表示谢意。"孩子们很高兴，第二天仍然来了，一如既往地嬉闹。老人再出来，给了每个孩子 15 美分，他解释说："自己没有收入，只能少给一些。" 15 美分也还可以吧，孩子们仍然兴高采烈地走了。第三天，老人只给了每个孩子 5 美分，孩子们勃然大怒，说："一天才 5

> 美分，知不知道我们多辛苦！"他们向老人说再也不会来这里玩了。
>
> 　　启示：人的动机分为内部动机和外部动机。如果按照内部动机去行动，我们就是自己的主人。如果驱使我们行动的是外部动机，我们就会被外部因素所左右，成为它的奴隶。故事中的老人将孩子们的内部动机"为自己快乐而玩"变成外部动机"为得到美分而玩"，而他在改变外部动机的同时，也改变了孩子们的行为。所以，我们要培育自己的内部评价体系，使学习是"为自己而学"。

一、动机及学习动机的概念

　　动机是激发、维持并使行为指向特定目的的一种力量。动机对个体的行为和活动有引发、指引、激励功能。它涉及这样三方面的问题：一是引发行为的起因是什么；二是使行为指向某一目的的原因是什么；三是维持这一行为的原因是什么。

　　学习动机是直接推动学生进行学习的一种内部动力，是激励和指引学生进行学习的一种需要。学习动机有内部学习动机和外部学习动机。学生的内部学习动机与学生的学习兴趣、学习需要、个人价值观、学生的态度、学生的志向水平有关，外部学习动机与外来的鼓励、奖励等紧密相连。

二、学习动机的分类

　　学习活动中动机的作用是复杂的。根据不同的划分标准，学习动机可以划分为以下几种。

（一）高尚的、正确的动机和低级的、错误的动机

　　根据学习动机内容的社会意义，学习动机可以分为高尚的、正确的动机和低级的、错误的动机。高尚的、正确的学习动机的核心是利他主义，学生把当前的学习同国家和社会的利益联系在一起。例如，大学生努力学习各门功课，是因为他们意识到自己在不久的将来是国家建设的中坚力量，肩负着祖国繁荣昌盛的重任，所以当前要打好基础，掌握科学知识。低级的、错误的学习动机的核心是利己的、以自我为中心的，学习动机只源于自己眼前的利益。例如，有的大学生努力学习只是为了个人的名誉与出路或报答父母的养育之恩等。

（二）近景的直接性动机和远景的间接性动机

　　根据学习动机的作用与学习活动的关系，学习动机可以分为近景的直接性动机和远景的间接性动机。近景的直接性动机是与学习活动直接相连的，来源于对学习内容或学习结果的兴趣。例如，学生的求知欲、成功的愿望、对某门学科的浓厚兴趣，以及教师生动形象的讲解、新颖的教学内容等都直接影响学生的学习动机。这类动机作用的效果比较明显，但稳定性比较差，容易受到环境或一些偶然因素的影响。例如，一位三年级学生的数学成绩很好，是因为任课教师讲得很生动，让枯燥的数字变成一串串美丽的音符，更容易理解与记忆，因此，学生在课后认真复习，并取得了好成绩。但这位学生对数学的兴趣并没有保持下去，因为换了数学教师，新老师讲课比较死板、乏味，学生觉得没意思，因此不再用心学习了，成绩自然也下降了。

　　远景的间接性动机是与学习的社会意义和个人前途相连的。例如，大学生意识到自己

的历史使命，为不辜负父母的期望，在班集体中为自己争取地位和荣誉等都属于间接性动机。那些高尚的、正确的间接性动机的作用较为稳定和持久，能激励学生努力学习并取得好成绩。而那些为父母、教师的期望，或是为了自己的名声、地位的动机作用的稳定性和持久性相对比较差，容易受到情境因素的冲击。例如，在学习活动中遇到困难是常事，但受低级的、错误的间接性动机支配的学生在这种时候容易出现情绪波动，缺乏克服困难的勇气与力量，常常半途而废。

（三）内部学习动机和外部学习动机

根据学习动机的动力来源，学习动机可以分为内部动机和外部动机。内部动机又称内部动机作用，是指由个体内在的需要引起的动机。例如，学生的求知欲、学习兴趣、改善和提高自己能力的愿望等内部动机因素，会促使学生积极主动地学习。外部动机又称外部动机作用，是指由外部诱因所引起的动机。例如，有些学生为了得到教师、父母的奖励，或避免受到教师、父母的惩罚而努力学习，他们从事学习活动的动机不在学习任务本身，而是在学习活动之外。

研究表明，内部动机可以促使学生有效地进行学校中的学习活动，具有内部动机的学生渴望获得有关的知识经验，具有自主性、自发性。具有外部动机的学生的学习具有诱发性、被动性，他们对学习内容本身的兴趣较低。

三、学习动机的培养与激发

一个人的学习动机不仅包括自发的内在动机，还包括在实践活动中形成和发展起来的外部动机，大学生学习动机的培养与激发可以从以下几个方面入手。

（一）学会追问，激发学习兴趣

当一个人为解答一个问题而去学习时，学习就带有目的性，就有了兴趣。例如在学习阿基米德定律时，可以提出以下问题：阿基米德定律的内容是什么？它是怎样被发现的？怎样证明它的结论是对的？它的公式是什么？使用它应注意什么问题？我能否用其他办法推出？为了回答这些问题，你会开始寻找答案，探寻过程中兴趣往往随之产生。

（二）制定目标，维持学习兴趣

恰当可行的目标能激发学习兴趣，形成持续学习的态度。从小目标开始，逐步实现，进而迈向更大的目标。有的同学挑灯夜战，却发现成绩提高不大，于是丧失信心、厌恶学习，甚至放弃学习，殊不知学习成绩的提高并非一日之功，应付出持续的努力。

分小阶段实现大目标

1984 年，在东京国际马拉松邀请赛中，名不见经传的日本选手山田本一出人意料地夺得了世界冠军。当记者问他凭借什么取得如此惊人的成绩时，他说了这么一句话："凭智慧战胜对手。"

当时许多人都认为这个偶然跑到前面的矮个子选手在故弄玄虚。马拉松比赛是耗费体力和耐力的运动，说用智慧取胜，确实有点勉强。

两年后，山田本一参加了意大利国际马拉松邀请赛。这一次，他又获得了世界冠军。记者又请他谈经验，山田本一不善言谈，回答的仍是上次那句话："凭智慧战胜对手。"记者对他所谓的智慧仍迷惑不解。

10年后，这个谜终于被解开了，他在自传中是这样说的："每次比赛之前，我都要乘车把比赛的线路仔细地看一遍，并把沿途比较醒目的标志画下来，比如第一个标志是银行；第二个标志是一棵大树……这样一直画到赛程的终点。比赛开始后，我就以百米的速度奋力地向第一个目标冲去，等到达第一个目标后，我又以同样的速度向第二个目标冲去。40多公里的赛程就被我分解成这么几个小目标轻松地跑完了。起初，我并不懂这样的道理，我把我的目标定在40多公里外终点线的那面旗帜上，结果我跑到十几公里时就疲惫不堪了，我被前面那段遥远的路程吓倒了。"

思考：以上故事给了你什么启示？你的学期目标是什么？具体到每一周、每一天又是什么样的？

（三）心怀期望，增强自我效能

积极期望就是从改善学习者自身的心理状态入手，对自己不喜欢的学科也充满信心，相信该学科是非常有趣的，有能力完成这项学习任务，即形成较强的自我效能。不管遇到什么样的困难，高自我效能的个体都有着实现目标的强烈动机。较高水平的自我效能有利于学习动机的培养，想象中的兴趣会推动我们认真学习该学科，从而使我们对此学科真正产生兴趣。

避免给自己贴消极"标签"

不要总是对自己说"我的能力实在不行""我缺少解题技巧"这样的话。要知道真正能够击倒你的人有时恰恰正是你自己。因此，不要给自己贴上"这不行""那不行"的失败"标签"，应该多给自己一些激励与信心。你可以站在镜子面前，看着自己的眼睛，真诚地表述自己的愿望："你马上要参加一场至关重要的考试了，我相信你的实力，只要肯努力，你一定可以成功的！加油！"

初次这么做的时候，你可能会感到难为情，但尝试之后会发现，经过这样的自言自语，你的心情会更加积极乐观，学习的效率也会提高。这样的自我暗示可以每周进行1~2次。

（四）及时反馈，学会自我表扬

反馈是关于努力之后取得结果的一些信息。提供有关努力结果的信息可以作为一种有效的外部诱因促进学习。但是，要使反馈成为一个有效的激励因素，它必须是明确的、具体的和及时的。例如，在备考大学英语四级考试时，一个月做一次考试真题，通过自我评分分析这一阶段的学习情况，从而适当地调整下一阶段的复习重点，这就是一种反馈。在反馈之后，大学生还可以基于反馈表现出来的进步进行积极的自我表扬，比如对自己进行心理上的安抚与强化、给自己买些小奖品等。自我表扬可以较好地激发自己的学习动力系统，促进自己学业上的成功。

（五）正视成败，学会合理归因

成功或失败的学习体验会影响后继的学习动机。一般来说，成功的体验有利于增强一个人的自信，激发学习的热情，增强学习动机；失败的体验容易使人产生焦虑、自卑感，降低学习动机。然而，成功和失败的体验对学习动机的影响并不是绝对的，关键是学会对成功与失败进行合理归因。在面临成功和失败时，大学生可能会把成功或失败的原因归于内部因素的作用，比如能力或努力等；也可能认为是由外部因素造成的，比如任务难度、别人的作用或运气等。其中，能力、任务难度和别人的作用都是稳定的因素，而努力和运气则是不稳定的因素。从大学生对失败的归因方式来说，可以分为悲观的归因方式和乐观的归因方式。前者认为失败的原因是内部产生的，而且认为造成这种结果的因素是稳定的、不可改变的；后者则把失败看成外部因素的结果（如"考试不公平"），以及不稳定的或可变化的特定事件的结果（"如果我下次更加努力，就会做得更好，并且这个失败不会对我完成其他重要任务产生影响"）等。大学生在面临失败的时候，要学会合理归因，找出那些自己可以控制的原因，改进方法，增强后继学习动机的能量。

（六）学以致用，强化学习效果

运用所学知识解决实际问题，既能巩固、修正知识，还能为自己带来成功的喜悦情绪。如护理专业的学生可以利用专业知识为家人、朋友测量血压，普及健康保健知识，这种学以致用的喜悦情绪正是建立稳定持久的兴趣所必需的。

训练活动 5-3 完成句子

【目的】了解自己的学习动机，学会培养和激发学习动机。

【步骤】

（1）你为了什么而学习？请写出原因。

_____

_____

（2）在学习的过程中，你什么时候会感到快乐？学习过程中有什么乐事？

_____

_____

（3）你在大学的学习目标明确吗？目标过高还是过低？为什么？

_____

_____

训练活动 5-4　学习动力测验

指导语：这是一份关于大学生学习动力的自我诊断量表，一共有 20 道题目。请你根据自己的实际情况，逐一对每道题目做"是"或"否"的回答。为了保证测验的准确性，请你认真作答。

（1）如果别人不督促你，你极少主动学习。
（2）你一读书就觉得疲劳与厌烦，只想睡觉。
（3）你读书时，需要很长时间才能提起精神。
（4）除了老师指定的作业，你不想再多看书。
（5）在学习中遇到不懂的知识，你根本不会想办法弄懂它。
（6）你常想：自己不用花太多的时间，成绩也会超过别人。
（7）你迫切希望能在短时间内大幅度提高自己的学习成绩。
（8）你经常为短时间内成绩没有提高而烦恼不已。
（9）为了及时完成某项作业，你宁愿废寝忘食、通宵达旦。
（10）为了把功课学好，你放弃了许多感兴趣的活动，如体育锻炼、看电影、郊游等。
（11）你觉得读书没意思，想去找个工作做。
（12）你常认为课本上的基础知识没什么好学的，只有看高深的理论，读大部头作品，才觉得有意思。
（13）你平时只在喜欢的科目上下功夫，对不喜欢的科目则放任自流。
（14）你花在课外读物上的时间比花在教科书上的时间要多得多。
（15）你把自己的时间平均分配给各科。
（16）你给自己定下的学习目标，多数因做不到而不得不放弃。
（17）你几乎毫不费力就实现了你的学习目标。
（18）你总是同时为实现好几个学习目标而忙得焦头烂额。
（19）为了应付每天的学习任务，你已经感到力不从心。
（20）为了实现一个大目标，你不再给自己制定循序渐进的小目标。

结果解释：20 道题目可分成 4 组（每组 5 道题目），它们分别测验你在 4 个方面的困扰程度：1～5 题测验你的学习动机是不是太弱，6～10 题测验你的学习动机是不是太强，11～15 题测验你的学习兴趣是否存在困扰，16～20 题测验你在学习目标上是否存在困扰。假如你对某组中的大多数题目持认同的态度，则说明你在相应的学习欲望方面存在一些不够正确的认识，或存在一定程度的困扰。

从总体上讲，假设选择"是"记 1 分，选择"否"记 0 分，将各题目的得分相加，算出总分。总分为 0～5 分，说明学习动机上有少许问题，必要时可调整；总分为 6～13 分，说明学习动机上有一定的问题或困扰，可调整；总分为 14～20 分，说明学习动机上有严重的问题或困扰，需要调整。

第三节　掌握学习策略

名人名言

一切知识中最有价值的是关于方法的知识。

——达尔文

有研究指出，对外界信息的语言处理和图像处理使用大脑的不同部位，综合运用多种方式记忆，可以发挥大脑的潜能，记得快，也记得牢。我们都有这样的体会：听别人介绍一个地方，即使讲述者描述得天花乱坠，依然印象平平，如果能亲临其境，实地看一看，效果就会大不一样。

学习需要策略，只有根据专业特点、知识内容合理制定学习目标，科学安排学习时间，运用适合自己的学习方法和策略，才能全面提高自主学习的能力。

一、学习策略的概念

策略是为做好某事而进行的谋划和方略。学习策略是指学习者为了提高学习的效果和效率，有目的、有意识地制定有关学习过程的复杂方案。

学习策略不完全等同于学习方法。学习方法是学习者在具体的学习过程中使用的方法或技能，有较强的情境性。学习策略的实质在于对学习进行自我调节和控制，它不仅包含具体的学习方法，还包括对学习的调控。

二、学习策略的分类

学习策略包括认知策略、元认知策略和资源管理策略三部分。认知策略是信息加工的策略，包括复述策略、精细加工策略和组织策略；元认知策略是对信息加工过程进行调控的策略，包括计划策略、监视策略和调节策略；资源管理策略是辅助管理学习过程中可用的环境的策略，包括对时间管理的策略、对努力管理的策略、对学习环境管理的策略和其他人的支持。

三、学习策略的培养

许多研究都表明，学习成绩与学习策略相关，掌握学习策略是学会学习的标志。学习策略可以使学习者提高学习效率，提高学习策略水平不仅有利于改变学生的学习方式，提高学习效率，而且有助于帮助学习者形成自主学习的习惯，为终身学习打下基础。

（一）认知策略的培养

认知策略是学习者在对信息进行编码、存储和提取等信息加工过程中采用的方法与策略，主要有复述策略、精细加工策略和组织策略等。

1）复述策略

复述策略是指在工作记忆中为了保持信息而对信息进行反复重复的过程，它是短时记忆的信息进入长时记忆的关键。常用的复述策略包括以下几种。

（1）明确复述的目的和意义，即对复述内容的重要性的认识，从而保持积极的心向、态度和兴趣。心理学研究表明，积极的心向、态度有助于记忆。

（2）合理安排复述的时间和次数。一是要及时复述，即在没有大量遗忘之前就进行复述，这样效果较好；二是对量多或较难的材料采用分散复述和部分复述的方式；三是在复述次数上要尽量多复述几遍，最好达到过度学习的程度。

（3）采用意义识记。它是在理解识记材料基础上进行的识记，与之相对应的是机械识记，也就是死记硬背。实践证明，意义识记的效果好于机械识记。

（4）采用多种复习形式，尽可能运用多种感官协调作用。

（5）注意克服材料之间的干扰。

记忆的分类

根据记忆储存的时间长短来划分，可以把记忆分为瞬时记忆、短时记忆和长时记忆。

（1）瞬时记忆。当刺激停止时，信息在感觉中最多保持不超过两秒钟，叫作瞬时记忆。在瞬时记忆时，大脑对感觉信息还没有进行心理加工，人还没有意识到感知的事物就忘记了。不同的感觉器官的瞬时记忆时间是不同的，视觉最多不超过 1 秒，听觉约在 0.25～2 秒钟之间。

（2）短时记忆。储存时间最多不超过 1 分钟的记忆为短时记忆。

（3）长时记忆。信息在记忆储存 1 分钟以上直至一生的记忆为长时记忆。如果短时记忆被及时充分地复述，就会转入长时记忆。某些较强的刺激，即使不经复述也能直接转入长时记忆。

2）精细加工策略

精细加工策略是指把头脑中的旧信息联系起来，寻求字面意义背后的深层次意义，或者增加新信息的意义，从而将新信息储存到长时记忆中去的学习策略。主要的精加工策略有以下几种。

（1）人为联想策略。人为联想策略是对那些看似枯燥但又必须记住的信息"牵强附会"地赋予意义，使记忆过程变得生动有趣。常用的人为联想策略有形象联想法、谐音联想法等。形象联想法是把要记忆的材料与头脑中的鲜明、奇特的形象相结合，形象越具体生动、越夸张、越奇特，效果越好。谐音联想法是通过谐音线索，运用视觉表象，假借意义进行联想。

人为联想策略

谐音联想法：对记忆材料进行谐音处理，同时通过联想与相关信息发生意义连接，以提高记忆效果。

形象联想法：对记忆材料进行视觉想象，将其转换成直观、形象的内容进行记忆。

（2）内在联系策略。内在联系策略是指对于意义性较强的学习材料可以通过新旧知识之间的联结在头脑中将新信息合理化，即通过理解在新旧知识之间建立内在联系。如我们记忆英语单词，可以通过掌握构词法，根据词根、前缀、后缀来进行记忆。

（3）记卡片策略。记卡片策略是指把需要记忆的知识记录在卡片上，便于携带，可以经常复习直至巩固。采用这种策略需要注意的是：每张卡片最好只写一个问题，一个事例，便于灵活整理；每张卡片注明资料来源、书名、页码等，便于查找；养成定期整理的习惯，随着学习水平的提高，注意将卡片按内容归纳整理并编码，分类插放，使平时分散、零碎的知识系统化。

（4）记笔记策略。记笔记有助于对材料进行加工和复述。记笔记的方法有很多种，使用较广的是康奈尔笔记法。准备一个活页式笔记本，先将每一页分成两栏，较宽的一栏为主栏，记录听课内容，较窄的一栏为概括栏，作为回忆线索。回忆的时候，遮盖住主栏，根据线索进行回忆，然后对照检查。

> **5R 笔记法**
>
> 5R 笔记法，又叫康奈尔笔记法，是用产生这种笔记法的大学校名命名的。这一方法几乎适用于一切讲授或阅读课，特别是对于听课笔记，它是最佳的首选方法。这种方法是记与学、思考与运用相结合的有效方法。它的步骤包括记录、简化、背诵、思考和复习五步。
>
> （1）记录（Record）。在听讲或阅读过程中，在主栏（将笔记本的一页分为左小、右大两部分，右侧为主栏，左侧为副栏）内尽量多记有意义的论据、概念等讲课内容。
>
> （2）简化（Reduce）。下课以后，尽可能及早将这些论据、概念简明扼要地概括在回忆栏中，即副栏。
>
> （3）背诵（Recite）。把主栏遮住，只用回忆栏中的摘记提示，尽量圆满地叙述课堂上讲过的内容。
>
> （4）思考（Reflect）。将自己的听课随感、意见、经验体会之类的内容，与讲课内容区分开，写在卡片或笔记本的某一单独部分，加上标题和索引，编制成提纲、摘要，分成类目，并随时归档。
>
> （5）复习（Review）。每周花 10 分钟左右的时间，快速复习笔记，主要是先看回忆栏，适当看主栏。
>
> 同学们可以以一门功课为例进行训练，在对某一科目的实践不断熟练的基础上，再用于其他科目，一个月后进行归纳总结。

3）组织策略

组织策略是指整合所学新知识间、新旧知识间的内在联系，形成新的知识结构的策略。它可以使信息由繁到简，由无序到有序，主要有归类策略和纲要策略两种。

（1）归类策略。归类策略是指把学习材料根据一定的规则进行适当分类以便于记忆的策略。比如要去超市买很多东西：盐、蒜、葡萄、苹果、胡萝卜、橘子、酱油、胡椒、豌豆、生姜、青菜等，可将这些东西归在水果、蔬菜、作料的类别下，分别进行记忆。

（2）纲要策略。纲要可以是用语句表达的主题纲要，也可以是用符号、图式等形式表达的符号纲要。主题纲要法通常是对学习材料进行概括，用一个恰当的词语或一句话概括出这一段材料的主题，起到提纲挈领的作用的方法；它不仅可以备忘、备查，而且可以锻炼归纳概括能力。符号纲要法是采用图解的方式体现知识结构的方法，比如关于"水"的网络关系图，如图5-1所示。

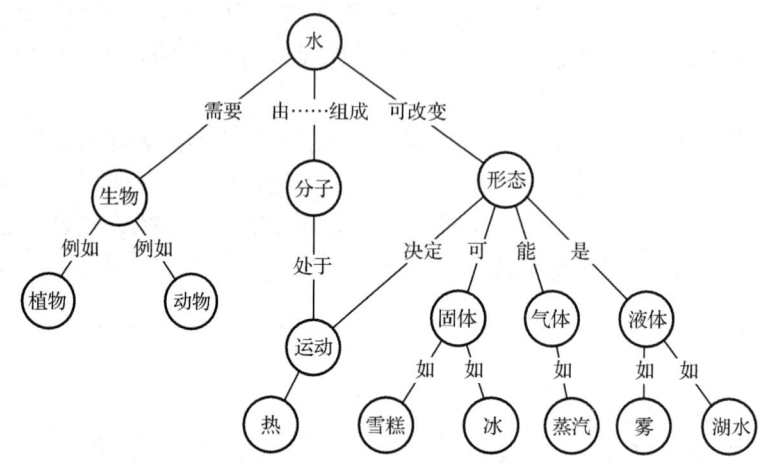

图5-1 关于"水"的网络关系图

拓展阅读

思维导图

思维导图又叫心智图，是表达发散性思维的有效的图形思维工具。思维导图运用图文并重的技巧，把各级主题的关系图相互隶属、相关作用的层级图表现出来，把主题关键词与图像、颜色等建立记忆连接。绘制思维导图的步骤如图5-2所示。

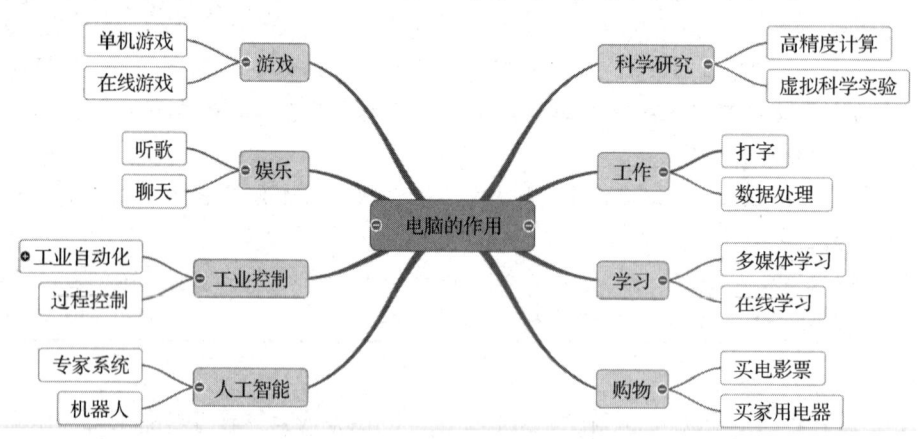

图5-2 思维导图示意图

（1）从一张白纸的中心开始绘制，周围留出空白。
（2）用一幅图像或图画表达中心思想。

（3）在绘制过程中使用颜色。
（4）将中心图像和主要分支连接起来，然后把主要分支连接起来，再把三级分支和二级分支连接起来，依此类推。
（5）让思维导图的分支自然弯曲而不是像一条直线。
（6）在每条线上使用一个关键词。
（7）自始至终使用图形。

（二）元认知策略的培养

元认知是指对自己认知过程的认知。学习者通过元认知来了解、检验、评估、调整自己的认知活动，元认知由元认知知识、元认知体验、元认知监控三部分组成。其中元认知监控是元认知的核心，是指学习者对自己整个学习过程的有效监视及控制。元认知策略一般包括计划策略和监视策略。

1）计划策略

学习计划的内容包括学习目标、任务、时间、措施等。所以学习计划包括学习目标的制定、学习任务的确定、学习策略的选择和学习时间的分配等内容。学习目标的制定要注意目标的可行性（目标实现的难度、层次性）和具体性；学习时间的分配要注意学习任务的轻重缓急和时间安排的充裕性等。

2）监视策略

监视策略是指在认知过程中，依据认知目标及时检测认知过程，寻找两者之间的差异，并对学习过程及时进行调整，以期顺利实现有效学习的策略。监视策略主要包括领会监控、集中注意、调节策略等方面。比如在写作文时，要紧扣题目和中心，为防止跑题，写一段后要回过头反思一下，看看所写内容是否符合主题，如有不妥，及时调整。

（三）资源管理策略的培养

资源管理策略是对可用的环境进行管理的策略，包括对时间管理的策略、对努力管理的策略、对学习环境管理的策略和利用其他人支持的策略。

1）时间管理策略

时间管理策略是通过一定方法合理安排时间，有效利用学习资源的策略。学生使用学习时间通常是基于习惯，而不是基于计划，可能会优先去做紧急而不重要的事情，而把重要但并不紧急的事情扔在一边。因此，要做好时间计划，优先考虑重要的事情，可根据时间管理四象限图进行统筹安排，如图5-3所示。

2）努力管理策略

努力管理策略是指合理安排自己的有限精力，从而取得最优效果的策略。一个人的精力是有限的，不可能一直保持旺盛的精力，过分努力会出现疲劳而导致学习效率低下。对个人努力的管理如同对时间的管理一样，分清事情的轻重缓急，把有限的精力优先运用到重要的事情上。

3）学习环境管理策略

学习环境管理策略是指通过选择或管理自己周围的学习环境，以有利于自己集中精力进行学习，取得好的学习效果的策略。明亮的、安静的、没有干扰因素的学习环境有利于学习者集中精力利用自己有限的学习时间和精力有效地完成学习任务。有的人喜欢选择充满浓郁氛围的学习环境，如到图书馆去学习；有的人善于安排和管理属于自己的学习环境，如寝室和教室，从而使自己在舒适的环境中安心学习，当然在人多的环境中，需要大家共同遵守秩序。

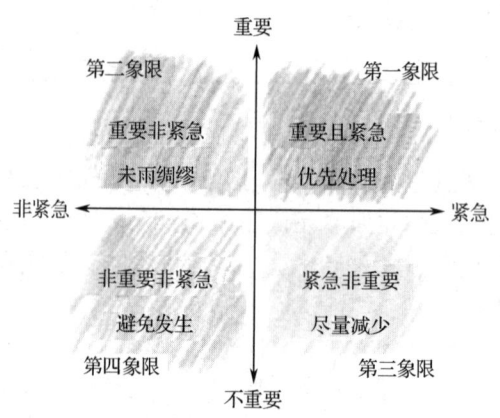

图5-3　时间管理四象限图

4）利用其他人支持的策略

利用其他人支持的策略是指当学习遇到困难时，抛开顾虑，与身边的老师、同学交流或向他们请教的策略，这是一种非常重要的社会支持管理策略。大学的老师大多不坐班，这就需要同学们在课余时间利用网络、手机等方式主动联系老师，使学习中的困惑得到及时解答。同时，多与同学交流，可以分享彼此的学习经验与心得，加深对专业的了解。向他人求助并不是自身能力缺乏的表现，而是获取知识、增长能力的一种途径。

学习策略还有很多，同学们要根据自己的学习经验、学习风格，选择适合自己的学习策略，以达到事半功倍的效果；在借鉴别人的学习策略时，要消化吸收，切忌生搬硬套，否则会事倍功半。

训练活动5-5　学习优势我知道

【目的】让学生体验根据学习风格特点来改变自己的学习效果。

【步骤】

（1）下面有6种学习方式，你最喜欢哪一种？

动手学习：鼓励学生通过动手学习知识。

视觉学习：鼓励学生通过声像学习知。

自由学习：鼓励学生通过自由坐姿学习知识。

伴音学习：鼓励学生通过背景音乐学习知识。

成对学习：鼓励学生通过小组协作学习知识。

走动学习：鼓励学生通过间歇活动学习知识。

（2）根据下面对学习特点的描述，再次确认你最符合哪一种学习者类型。

① 动手型学习者。这类学生在学习中需要较多的身体活动参与，才能记住课堂教学的内容。动手项目比如模型制作、节目表演等，是一种有效的学习手段。

② 视觉型学习者。这类学生记住知识的最佳方式之一是亲眼见到所学的相关知识。电影、电视教育、博物馆、展品会可以帮助他们很好地学习。

③ 自由型学习者。这类学生在不太严格的学习中,成绩突出,躺在舒适的软椅上,也许比坐在椅子上更能提高他们的学习成绩。

④ 伴音型学习者。这类学生在学习时,需要用声音作为一种背景,才能更好地集中精力。

⑤ 成对型学习者。这类学生在与另一个伙伴合作学习时,成绩最佳,而单独或在分组中,不管是大组学习还是小组学习,成绩都不理想。

⑥ 走动型学习者。这类学生在学习时,要走来走去,或稍稍休息一下,停下来喝点水或者眺望窗外一会儿,会使其注意力更集中。

(3) 寻找同类。找到你适合的学习风格类型了吗?现在请你找到和自己学习风格一致的同学,并和他们组成一个小组,一共分为6个小组。

(4) 风格反思。每个小组根据小组的优势学习风格总结这种学习风格给自己带来的积极影响和消极影响。

积极影响	消极影响
_____	_____
_____	_____
_____	_____

(5) 学习建议。每个小组根据刚才总结的积极影响和消极影响,提出关于如何有效利用这种优势风格促进学习的建议,交流后组长进行发言。

(6) 小组讨论。这个活动带给你什么感受?

(7) 教师总结。

小　　结

本章介绍了学习、学习动机及学习策略的概念,分析了学习、学习动机、学习策略的分类状况及大学生学习的特点,通过心理训练和心理测试等活动,大学生掌握了学习动机的培养和激发的方法,找到了适合自己的学习策略,提升了学习效率。

实践与运用

学习习惯和方法问卷调查

【目的】了解自己的学习习惯和方法。

【步骤】

指导语:同学们,下面有25个问题,请你根据学习过程中的实际情况回答,不要漏答。

计分标准:很符合——5分;比较符合——4分;很难回答——3分;较不符合——2分;

很不符合——1分。

（1）在阅读时，常记下不懂之处。		1 2 3 4 5
（2）经常阅读与自己的学习无直接联系的书籍。		1 2 3 4 5
（3）在观察和思考时，重视自己的看法。		1 2 3 4 5
（4）重视做好预习和复习。		1 2 3 4 5
（5）按照一定的方法进行讨论。		1 2 3 4 5
（6）在做笔记时，常把材料归纳成条文和图标。		1 2 3 4 5
（7）在听人讲解问题时，眼睛注视着讲解者。		1 2 3 4 5
（8）注重利用参考书和习题集。		1 2 3 4 5
（9）注重归纳并写出学习中的重点。		1 2 3 4 5
（10）经常查阅字典、手册等工具书。		1 2 3 4 5
（11）面临考试时，能克服紧张情绪。		1 2 3 4 5
（12）自己认为重要的内容，格外注意听讲和理解。		1 2 3 4 5
（13）学习中遇到不懂的地方，非弄懂不可。		1 2 3 4 5
（14）联系其他学科内容进行学习。		1 2 3 4 5
（15）动笔解题前，先有个设想，然后抓住要点进行解题。		1 2 3 4 5
（16）阅读时认为重要或需要记住的地方，就画上线或做上标记。		1 2 3 4 5
（17）经常向老师或他人请教不懂的问题。		1 2 3 4 5
（18）喜欢与同学讨论学习中遇到的问题。		1 2 3 4 5
（19）善于学习别人的好的学习方法。		1 2 3 4 5
（20）对需要记住的公式、定理等反复进行记忆。		1 2 3 4 5
（21）常观察实物或参考有关的资料进行学习。		1 2 3 4 5
（22）听课时注意做好笔记。		1 2 3 4 5
（23）重视学习的效果，不浪费时间。		1 2 3 4 5
（24）如果实在不能独立解答问题，就看了答案再做。		1 2 3 4 5
（25）有切实可行的学习计划。		1 2 3 4 5

【结果与解释】

将每题的得分相加，算出总分。得分在100分以上，表明你的学习习惯和方法优秀；得分在86～100分之间，表明你的学习习惯和方法一般；得分在51～85分之间，表明你的学习习惯和方法较差，需改进。

思考与解答

1. 什么是学习？学习的分类是什么？
2. 大学生学习的特点有哪些？
3. 消除学习疲劳的方法有哪些？
4. 案例分析。

小王，男，20岁，大学本科二年级学生。小王所学专业并不是自己喜欢的专业，而是被调剂的，他对此感到很不满意。他经常感到迷茫，学习没有动力，生活没有目标，找不到学习的动力，学习上得过且过，生活上马马虎虎、毫无目标。从大一至今，他的学习成绩一般。最近，他要准备英语考试，之前一次也没有考过，这次他想好好学习，争取通过考试，可是始终打不起精神，看到英文单词就头疼，有些疲惫，不知怎么调整自己。

请你结合本章所学知识，分析小王的学习动机与状态，并且写出解决方案。

推荐欣赏

电影推荐
《老师好》
书籍推荐
[1] R. S. 伍德沃思，等. 实验心理学[M]. 曹日昌，等译. 北京：科学出版社，1965.
[2] 米策尔. 心理学入门[M]. 张凤凤，金建，译. 北京：中央编译出版社，2011.

第六章 增进与优化交往

马克思曾说:"人的本质是各种社会关系的总和,每个人都不是孤立存在的,他必定存在于各种社会关系之中。"作为一个健康发展的人,既要学会与自然界相处,又要学会与人相处。随着时代的发展,人的社会交往范围越来越广,人与人之间的相互依存也越来越紧密,学会与人共处、与人合作尤为重要。那么,怎样才能在人际交往中与人和谐相处?如何应对人际冲突?有什么技巧呢?下面我们开始学习人际交往的相关知识。

人际交往是大学生社会化过程中的重要组成部分,是影响大学生心理健康的关键因素。大学生离开父母和家庭,独自面对社会,产生了强烈的交往需要,但是由于他们易冲动、社会经验不足、人际交往技巧欠缺、自身性格特点等原因,在与同学、老师等交往时,常会出现各种问题。因此,大学生需要学习人际交往方面的知识,学会有效沟通和正确处理人际冲突。

第一节 人际交往概述

 名人名言

与他人交流与分享是人的天性。人生之旅充满了艰辛与坎坷,如果没有人与你同甘共苦的话,那你的生活是很空虚的。

——亚科卡

人际剥夺实验

美国心理学家沙赫特·斯坦利曾经做过这样一个实验:以 15 美元的酬金招聘人员参加实验,要求应聘人员独自待在一个小房间里,待的时间越长,得到的报酬越多。这个小房间是特设的,与外界完全隔绝,没有报纸,没有电话,不准写信,也不允许其他人进入。每天只供应食物等必需品。先后有 5 人应聘并参加了这个实验,结果其中 1 人待了两个小时,3

人待了两天，只有1人待了8天。根据被试者的报告，在实验最初阶段，被试者会以睡觉、思考问题的方式打发时间，但是维持时间不长，慢慢就开始感到无聊。接下来是一段平静的时期，被试者表现出对环境的适应。短暂的平静期过后，被试者感到精神崩溃，极力想逃避这种"剥夺"环境，在房间里待了8天的人出来后说："如果再让我在里面待1分钟，我就要疯了。"

人是社会性动物，人际交往是人的一种本能行为，任何人都需要与他人进行交往以获得心理上的满足。良好的人际关系，可以使我们获得更多的社会支持，建立充分的安全感和信任感，精神生活会更丰富、愉悦；不良的人际关系，会产生更多的烦恼、苦闷、挫折体验，甚至导致心理障碍。

一、人际交往的概念

人际交往是指人运用语言或非语言符号交换意见、交流思想、表达感情和需要的过程，是一种心理与行为的沟通过程，包括物质交往和精神交往。人际交往过程中形成的情感联系，即通常所说的人际关系，表现为心理距离，是人与人互动的结果，具有一定的稳定性。

人际交往是建立良好人际关系的基础，也是人际关系最明显的外在表现之一。一般来说，人际关系融洽，行为上会表现为亲近；人际关系不好，行为上多表现为回避、漠视、疏远等。

良好人际关系发展四阶段

心理学家阿特曼等人认为良好人际关系的发展一般经历4个阶段。

（1）定向阶段。现实生活中，个体对交往的对象有很高的选择性。在一个社交场合中，人们往往会选择性地注意某些人，并进行初步的沟通，谈论无关紧要的话题，这些活动就是定向阶段的任务。在此阶段，人们只有表层的自我表露，如谈谈自己的工作、对最近发生的新闻的看法等。

（2）情感探索阶段。如果在定向阶段双方有好感，产生继续交往的兴趣，就可能有进一步的自我表露（如生活体验、感受等），并开始探索共同点，进行深层交往。如果发现话不投机，交往会中止，在这个阶段，双方有一定程度的情感卷入，但是不涉及私密性的领域。双方的交往还会受到角色规范、社会礼仪等方面的制约，比较正式。

（3）情感交流阶段。在双方建立基本的信任感后，可能会发展到情感交流的阶段，彼此有比较深的情感卷入，谈论一些相对私人性的问题。双方的关系已经超越了正式规范的限制，比较放松、自在，有不同意见也能够坦率相告，少有拘束。通过双方的反馈，感情逐步加深。

（4）稳定交往阶段。在此阶段，双方心理上的相容性增加，沟通更广泛，发展为亲密朋友，可以分享各自的生活空间、情感、财物等，自我表露更深、更广，相互关心更多，保持一种动态的稳定。

二、人际交往的功能

一滴水放到大海里才不会干涸，一个人只有融入社会才能活出生命的本真。人的社会属性决定了人必须生活在广泛的人际关系网中,从中获得物质需要和精神需要的满足。人际交往对个体发展的功能表现在以下方面。

(一)满足心理需求,促进心理健康

精神分析理论认为,随着出生,人会产生基本焦虑,这种焦虑只有在与他人的交往中才能得到缓解。交往是人的一种需求,同人的生理需求一样重要。在人际交往中,相互理解、信任、关怀、宽容、友爱,可以满足个体安全、归属、自尊的需要,产生乐观、积极的情绪,从而保持身心健康的状态。

(二)交流信息,合作共赢

在人际交往中,个体之间通过交流信息,实现互补,促进双方成长,实现"1+1>2"的共赢局面。正如萧伯纳所说:"倘若你有一个苹果,我也有一个苹果,而我们彼此交换这些苹果,那么你和我仍然各有一个苹果。但是,如果你有一种思想,我有一种思想,彼此交换,我们每人就有了两种思想,甚至多于两种思想。"

(三)完善自我意识

个体的自我意识不是一个自然成熟的过程,而是通过人际交往逐步塑造的。"夫以铜为镜,可以正衣冠;以史为镜,可以知兴替;以人为镜,可以明得失。"在人际交往中,个体根据他人对自己的评价和态度,认识自己的形象、社会地位等,并调整自己的行为,逐渐形成正确的自我意识。

(四)加速个体社会化进程

社会化是指个体为了更好地充当社会角色、获得社会资格,不断学习并掌握社会规范和准则的过程,是自然人向社会人转化的过程,是一个学习的过程。在个体成长过程中,人际交往范围越广泛,就会有越多的机会学习,从而掌握更多的社会规范和准则,社会适应能力就会变强。不善交往的人的社会化过程将延缓或者难以完成。

拓展阅读

"社会促进效应"与"社会惰化效应"

1897年,社会心理学家特里普利特做了一个非常有名的实验,在3种实验情境下,让被试者骑车完成25英里路程。第一种情境是被试者单独骑行,第二种情境是让一个人跑步陪同;第三种情境是多人骑车竞赛。结果显示,有人跑步陪同与竞赛情境下成绩均好于单独骑行情况。个体对其他人的意识,包括他人在场或与他人一起活动,会使行为效率提高,这种现象被称为"社会促进效应"。

然而,1913年瑞琼曼的实验发现了社会惰化现象。实验中,被试者分别在单独的和群体的情境下拔河,同时用仪器来测量他们的拉力。结果发现,随着被试者人数的增加,每位被试者平均使出的力减少了。在个人与群体其他成员一起完成某件事情时,或个人活动时有他人在场,个人付出的努力比单独一个人时付出的努力偏少,不如单干时出力多,个人的活动积极性与效率下降的现象,被称为"社会惰化效应"。"一个和尚挑水吃,

两个和尚抬水吃,三个和尚没水吃"正是这种社会心理现象的具体形象化。

为什么会出现"社会促进效应"或"社会惰化效应"呢?心理学家指出,他人在场增加了个体的活动动力,这种驱力或动机的增加对任务成绩的影响依任务的性质而定;社会评价和社会认知也是引起"社会促进效应"与"社会惰化效应"的重要原因之一。当他人在场时,如果个体认为可以突出自己的成绩和能力,自信心就会增强,从而起到积极的促进作用,反之,就会消极怠工,起到消极的干扰作用。

训练活动 6-1 无家可归

【目的】让学生意识到归属感的重要性,体会个人与团体的关系,明白人际支持的重要性,使学生更愿意与人交往,更愿意融入团体。

【步骤】

(1)开始时让全体学生手拉手围成一圈,充分体会大家在一起的感觉。

(2)说明游戏规则。当老师说"桃花朵朵开"时,学生说"开几朵",老师接着说"开 n 朵"。学生必须重新组成 n 个人手拉手的"新家",老师会多次变换人数,如 2、3、6、3、5 等。

(3)请那些没有找到家的学生谈谈游离在团体之外的感受,请团体内的学生分享与大家在一起的感觉。

(4)教师总结。游离在团体之外的学生大多会有"孤独""孤单""被抛弃""没依靠""失落"等感觉;团体内的学生大多会有"温暖""有力量""安全""踏实"等感觉。只有被团体或他人接纳,个人才能体会到人际支持的力量。通过多次变换人数,让学生有机会改变自己的行为,积极融入团体,体验到有家的感觉,更愿意与人交往。每个人在群体中都有自己的位置,自己的位置需要自己主动寻找和争取。

三、人际交往的原则

(一)交换原则

交换原则要求个体在人际交往的过程中,考虑双方共同的价值和利益,使双方都能获得好处和利益,不仅包括物质利益,还包括情感层面上的满足和平衡。如果一方只索取不给予,交往就会中断。

拓展阅读

天堂与地狱

一位教徒很想知道天堂到底是什么样的,他希望能过上天堂的生活,于是来到了先知伊利亚面前,问道:"地狱在哪儿?天堂又在哪儿?"伊利亚没有回答他,而是拉着他的手,领着他穿过了一个铁门,走进了一间挤满了人的大屋。这里有穷人,也有富人,有的人衣不蔽体,有的人佩金戴玉。在屋子当中,有一座熊熊燃烧的火堆,上面吊着一口大汤锅,锅里的汤沸腾着,飘着令人垂涎的香味。汤锅的周围,挤满了面黄肌瘦的人们。他们互不相让,都想喝锅里的汤。他们每个人手里都拿着一个好几尺长的大汤勺,舀汤的一端是个铁碗,勺把则是木制的,免得烫手。这些饥饿的人们围着汤锅贪婪地舀着。汤勺的柄非常长,一勺汤非常重,即使是身强力壮的人也不可能把汤喝进自己嘴里。而不得要领的那些人,不仅烫伤了自己的胳膊和脸,还把身边的人也烫伤了。于是,他们互相责骂,进而用汤勺大打出手。先知伊利亚对那位教徒说:"这就是地狱!"

然后,他们离开了这间屋子,很快就再也听不到身后可怕的叫声了。他们在一条黑暗的过道里走了好一阵子,来到了另一间屋子。同前面一样,屋子中间有一口热汤锅,许多人围坐在旁边。每个人手里拿着的长柄汤勺跟刚才在地狱里看到的一样。但是,这里的人很有教养,除了舀汤声,能听到的只是静静的、满意的喝汤声。锅旁总有两个人,一个人舀汤,让另一个人喝。如果舀汤人累了,另一个人就会拿着汤勺来帮忙。这样每个人都能心平气和地喝到汤,大家都很开心、很快乐。先知伊利亚对那位教徒说:"这就是天堂!"

(二)自我价值保护原则

每个人都希望得到别人的认可、支持、喜欢,对肯定自己价值的人,个体也倾向于接纳,愿意交往并建立关系。"爱人者,人恒爱之;敬人者,人恒敬之",喜欢和厌恶、接近和疏远都是相互的。

(三)平等尊重原则

尽管人与人在能力、气质、性格、知识等方面不同,但是在人格上是平等的,渴求平等的心情是一样的。在人际交往中,我们要做到一视同仁,不嫌贫爱富,不以貌取人,不因家庭背景、地位职权等原因对人另眼相看。只有尊重他人与自己的差异,平等对待他人,向他人传达善意,才能与他人和谐相处。

郑板桥赠对联

有一次,郑板桥去寺院游览。一位老和尚见他像个穷书生,有点看不起他,随口说了声:"坐。"然后吩咐小和尚:"茶。"郑板桥和他们交谈了几句,老和尚发现这个人气度不凡,好像有点来头,口气就缓和了许多。当郑板桥站起来要走时,老和尚赶紧说:"请坐!"又吩咐小和尚:"上茶。"郑板桥心里暗自偷笑,就和他们又谈了起来。当他说到自己是江苏兴化人时,老和尚问:"贵乡有位郑板桥先生,您认识吗?"郑板桥站起来,行了一个礼,说:"不才,我就是呀!"老和尚吃了一惊,上下打量了一番,恭恭敬敬地说:"请上座。"转头又吩咐小和尚:"上好茶!"郑板桥坐了一会儿,看天色不早了,就站起来告辞。老和尚拉住他的手说:"今天先生来了,也是和老僧有缘,怎么也得留下点儿墨宝呀!"郑板桥也不推辞,等小和尚拿来文房四宝,就写了一副对联:坐请坐请上坐,茶上茶上好茶。

(四)真诚原则

古人云:"以诚感人者,人亦以诚应。"在人际交往中,只有彼此抱着心诚意善的动机和态度,才能相互接纳、信任,引起情感的共鸣,交往关系才得以巩固和发展,所有的人际交往手段、技巧都是以真诚交往为基础的。

（五）理解宽容原则

不管如何谨慎，如何熟谙交往之道，在人际交往中都不可避免地出现不和谐的音符；人生观、价值观、个性特征等方面不同的人相处，矛盾会增多。学会换位思考、相互理解，尊重他人的不同，容得下别人的缺点，对于非原则问题，不斤斤计较，能够以德报怨。有了这样的心境，才能消除人际间的紧张和矛盾。

选择性记忆

两个人在沙漠中旅行，旅途中他们为了一件小事争吵起来，其中一个人打了朋友一个耳光。被打的人觉得深受屈辱，于是走到帐篷外，一言不发地在沙子上写下："今天我的好朋友打了我一巴掌"。他们继续往前走，一直走到看见一片绿洲时，停下来饮水、洗澡，在河边，被打了一巴掌的人不小心掉进河里，差点淹死，幸好被朋友救上来。在被朋友救上来后，他拿着一把小刀在石头上刻下"今天我的好朋友救了我一命"。他的好朋友好奇地问道："为什么我打了你，你要写在沙子上，现在又要刻在石头上呢？"他笑着回答："当被一个朋友伤害时，要写在容易忘记的地方，风会负责抹去它；如果得到朋友的帮助，要把它刻在心灵的深处，在那里，任何风都不能磨灭它。"

（六）适度原则

人际交往中需要注意交往的尺度，保持理性交往。在交往的广度方面，注意不能过广，也不能过窄，交往对象的数量要有所限制。过广的交往浪费时间、精力，影响交往质量；过窄的交往又有可能错过许多可交的朋友，使自己眼界狭小，气量狭小，陷于窄小的人际圈子不能自拔。在交往的深度方面，注意仔细鉴别理想、追求、志趣、道德水准、人格修养等方面相同的人，可以深交并成为知心朋友，而有些人只能浅交，甚至不交。在交往的频率方面，即使是好朋友，也不能交往过密，天天在一起会减弱彼此的新鲜感，增加发生摩擦、冲突的机会；当然，如果长时间不联系，亲密的关系也会变得疏远，甚至消失。

刺猬法则

生物学家为了研究刺猬在寒冷冬天的生活习性，把十几只刺猬放在户外的空地上。这些刺猬被冻得浑身发抖，为了取暖，它们只好紧紧地靠在一起，而相互靠拢后，又因为忍受不了彼此身上的长刺，很快又各自分开了。可天气实在太冷了，它们又靠在一起取暖，然而，靠在一起时的刺痛感使它们不得不分开。它们挨得太近，身上会被刺痛；离得太远，又冻得难受。就这样反反复复地分了又聚，聚了又分，不断地在受冻与受刺之间挣扎。最后，刺猬们终于找到了一个适中的距离，既可以相互取暖，又不至于被彼此刺伤。刺猬法则强调的就是人际交往中的心理距离。这个法则提醒我们：每个人都需要有个人空间，交往过程中保持

> 亲密有间、不远不近的人际距离，才是正确的人际相处法则。

四、大学生常见的人际交往障碍

大学生常见的人际交往障碍有猜疑心理、以自我为中心、自卑心理、恐惧心理、孤僻心理等。

（一）猜疑心理

猜疑心理是在人际交往中由主观推测产生的对他人不信任的复杂情感体验。有猜疑心理的大学生对别人总是持不信任的态度，不肯讲真话，戴着假面具与人交往。一些人由怀疑他人到怀疑自己，变得自卑、怯懦、消极、被动，使人际交往陷入困境。因为找不到交心的知己，他们不免感到孤独和无奈。

（二）以自我为中心

以自我为中心的大学生虽然能与其他人交往，但是与他人的关系非常一般，沟通质量不高，与多数人的关系仅是"点头之交"。他们没有知心朋友，既没有人值得他们牵挂，也没有人会想念他们；希望周围的人以自己为中心，服从于自己。这类学生强烈希望别人尊重自己，却不懂得尊重别人；只从自己的经验角度去认识人和事，而意识不到别人对同一事物的看法和观点，对人和事的看法带有强烈的主观性。

（三）自卑心理

自卑心理是一种过低的自我评价，是个体认为自己在某个方面或几个方面不如他人的情感体验。有自卑心理的大学生大多较为敏感、缺乏自信，处事过分谨慎，为减少挫折尽力避开人群，因而丧失许多发展机会。还有一部分有自卑心理的大学生表现为凡事对自己要求很高，在交往中总是力求完美，以免遭到他人的耻笑，以一种盛气凌人的态度来掩饰自己自卑而脆弱的心理，这使他们将自己的社交圈子限制得非常狭小。

训练活动 6-2　认知重建

【目的】认知改变和认知重建的自我训练，缓和、疏解不良情绪，改善人际关系。

【步骤】

（1）先看下表，这是老师总结出的学生常见的扭曲想法和换用的思维。

对自我常见的扭曲想法	换用自我的增强思维
我个子太矮，别人瞧不起我	许多伟人都是矮个子。个子矮又不是我的错，矮个子行动灵活，节约能量
我长得不漂亮，肯定没人喜欢我	长得不漂亮，但我个性不错。朴实大方，别人愿意与我交往
我没有一点长处，真是没用	长处、短处是相对的，不要太绝对了
我家境贫寒，根本找不到自信	贫寒给我奋进的动力
我从来没当过班干部，说明我没有这方面的能力	能力是可以培养、锻炼的，没试过怎么知道

人际交往常见的扭曲想法	换用的应对性思维
我必须与周围每个人搞好关系	只要热情大方，真诚开朗，与周围人的关系自然不会差
只有顺从他人，才能保持我们之间的友谊	相互理解、尊重，友谊才能长久，开诚布公是做朋友的责任
我是善良的，别人都应该对我好	我努力对别人好，别人对我怎么样，那只能由他决定
别人对我好，是想利用我或占我便宜	对所有对我好的人，我都心存感激，当然我能区别真好还是假好
朋友之间应该坦诚，不应该有保密的事	朋友应该有自己的空间

对挫折常见的扭曲想法	换用的应对性思维
一旦犯了错误，受处分，那我就完了	谁也免不了犯错误，区别在于能否从错误中获得智慧，不再犯同样的错误
与其有失败的危险，还不如不干	大胆尝试才会知道能不能成功
别人的看法和评价是非常重要的，一旦我不行，大家一定会议论纷纷	失败未必都是坏事，重在参与
任何事情，只要我去做，就应该做得彻底而完美	事有轻重缓急、大小远近，可以追求完美，但世上没有绝对完美的东西

（2）在你的"内心"可能会有什么因素、信念、想法、模式等，让你自己屡遭挫折而不能成功？你所写的句子应该是以下这样的。

我的梦想如果不能实现，那是因为我：

_____

_____

我的梦想可以实现，那是因为我：

_____

_____

（四）恐惧心理

有些大学生在与人交往时会不由自主地感到紧张、害怕，以至于手足无措、语无伦次，甚至害怕见人，患上社交恐惧症。当代大学生面临的学业压力和就业压力日益增大，随着网络时代的来临，大学生容易沉溺于网络虚拟的社交活动中，而忽略了真实社会中人与人之间直接交流的社会技巧。

（五）孤僻心理

具有孤僻心理的大学生总是不愿和他人交谈，不愿参加集体活动，时间久了就会出现寡言少语、不善交际等表现。他们认为人际关系不重要，甚至瞧不起所有的人，自我封闭，性格内向，有些人可能还存在某些怪癖。

训练活动 6-3　出谋划策

【目的】理解朋友相处应具备的心态。

【步骤】

（1）当你与朋友之间出现误会时，你是如何解决的？

我的建议是:
___
___

(2) 当你的朋友做错事时（最好举一个朋友做错事的具体例子），你对此有什么反应？
我的建议是:
___
___

(3) 讲一个发生在你与朋友之间的比较遗憾的故事，让大家帮你分析一下。
大家的建议是:
___
___
___

第二节　人际吸引概述

 名人名言

友谊只能在实践中产生并在实践中得到保持。

——歌德

小刘的困惑

刘某，男，大学二年级学生。他进入大学已经有一年了，却总感觉和同学们亲近不起来，没有特别要好的朋友，参加集体活动总感觉被冷落，仿佛成了班里"被遗忘的人"。想到自己学习成绩不够好，活动没怎么参加过，朋友也没有结交到，时常感到苦闷、抑郁，有时偷偷哭泣。注意力不集中，学习效率下降，做噩梦，睡眠质量变差。

人类具有强烈的依附于他人的需要，通过归属的群体、发展亲密的人际关系来满足这种需要。大学生在与人交往过程中产生困惑，主要原因是没有掌握与人交往的方法。在人际交往过程中，提升个人魅力，掌握交往技巧，提高自己的人际吸引力也是很重要的一个方法。

一、人际吸引的概念

人际吸引是个体之间在情感方面相互亲近的一种状态，是人际关系中的一种肯定形式。个体之间相互吸引的程度与心理距离关系密切，心理距离越接近，则个体之间越相互吸引；心理距离越疏远，则个体之间越缺乏吸引。在人际交往中，交往双方有进一步接触的倾向，在态度上能够被对方接受，在情感上得到相互肯定，就会表现为互相喜欢、彼此吸引。

二、人际吸引的分类

根据吸引的程度不同，人际吸引可分成合群、喜欢和爱恋3个不同的层次。

合群是指愿意与他人在一起并接近他人的倾向。这种倾向是人的一种"天性"，它并不涉及是否喜欢他人，也不涉及对他人的积极评价。合群是吸引的基础。

喜欢是中度的人际吸引的表现形式，它主要表现为乐于与某人在一起，并且在与某人共处时感到轻松、愉快。

爱恋是强烈的人际吸引的表现形式，一般是指两性之间的相互吸引和依恋的一种特殊的感情状态。

三、人际吸引的影响因素

（一）熟悉性

熟悉能增加喜欢的程度。扎荣克做过这样一个实验，将10张照片随机分成5组，每组呈现给被试者的次数不同，最后让被试者按照喜欢程度进行排序，结果发现呈现次数越多的照片，被排在前边的机会越大。这就是"多看效应"，又叫"曝光效应"或"熟悉定律"，指的是熟悉会增加人们对积极和中性对象的喜欢程度。若想增强人际吸引，不妨适当提高自己在别人面前的曝光率。当然也要注意适度，过度的曝光可能引起他人的厌烦。

（二）邻近性

俗话说："近水楼台先得月""远亲不如近邻"。时空距离是影响人际交往的一个重要条件。因空间上接近，经常见面，彼此相识，又因为接触频繁，容易产生共同的话题，从而建立起亲密的人际关系。

（三）相似性

"物以类聚，人以群分"正说明了相似性在人际交往中的重要作用。实验证明，人们通常喜欢与那些在态度、价值观、个性特征、社会条件及教育程度等方面与自己类似的人进行交往，这些方面的相似性使得彼此有共同语言，容易互相理解、互相印证、互相支持，从而使友情得以深入发展。

（四）互补性

心理学家科克霍夫等人的研究表明，人际交往时，有时候互补性也会成为人际关系的保鲜剂。互补可以表现在需求、利益、兴趣、特长等诸多方面，交往双方在心理需要上相互满足。相似与互补看似矛盾，其实针对不同的方面，相似多具有价值取向的意味，互补则表现为现实的需求。

（五）个人特征

1）外貌吸引

外貌美可以产生一种光环效应，即认为外貌美的人也具有其他优良品质，虽然事实并不一定如此。外貌式的吸引，不单纯指人的先天长相，还包括人的打扮、仪表风度。先天长相很难改变，但是打扮、气质风度可以通过后天的培养加以弥补。生活中总有人告诫我们不要"以貌取人"，但外貌对人际关系产生的影响是难以排除的，尤其是人际交往初期第一印象的建立。随着时间的流逝，相貌的影响开始减小，人们会更关注个人品质、能力等特征。

2）能力

对才能的敬仰是大多数人的天性，聪明能干可以增强个人的吸引力。但有时在人际交往中，也并非能力越强的人越受欢迎。安图森做了一个实验，让被试者评价4种人中哪一种人最有吸引力。这4种人分别是：才能出众但犯错的人、才能出众没有犯错的人、才能平庸但没有犯错的人、才能平庸但犯错的人。结果，才能出众但犯错的人最有吸引力；才能出众没有犯错的人排第二位；才能平庸但没有犯错的人居第三位；才能平庸但犯错的人最缺乏吸引力。所以，我们要努力提高自己的才能，同时也不要害怕犯错，"金无足赤，人无完人"，把自己包装得过于完美，反而给人一种难以接近的感觉。

3）个性品质

个性品质在人际交往中也具有重要作用，品质高尚的人受人敬重，品质不好的人遭人唾弃。许多研究表明，吸引朋友的良好品质有忠诚、热情、宽容、幽默、自信、谨慎等，其中，忠诚是友谊的灵魂与核心。

训练活动6-4　找朋友

【目的】了解自己对朋友具有的品质的看法。

【步骤】

（1）你的身边有那么多的人，为什么偏偏选择他做朋友呢？请参与这场关于择友的讨论。

（2）分小组探讨你所欣赏的好朋友身上具有的品质，在下表中填上你认为好朋友身上最重要的6种品质。

1.	2.	3.
4.	5.	6.

填写完后，与小组成员相互分享所写的品质，并说明原因。

思考：作为别人的朋友，你具有哪些品质呢？与你朋友具有的品质有什么不同？然后，集中大家的智慧，把组内所有同学讨论的结果写在黑板上，并与自己所欣赏的朋友的品质进行比较，看看有什么收获。

第三节　运用沟通技巧

名人名言

假如人际沟通能力也是同糖或咖啡一样的商品，我愿意付出比太阳底下任何东西都昂贵的价格购买这种能力。

——洛克菲勒

秀才买柴

有一位秀才去买柴，他对卖柴的人说："荷薪者过来！"卖柴的人听不懂"荷薪者"（担柴的人）3个字，但是听得懂"过来"两个字，于是卖柴的人把柴放到秀才前面。秀才问他："其价如何？"卖柴的人听不懂秀才说的话，但是听得懂"价"这个字，于是就告诉秀才价钱。秀才接着说："外实而内虚，烟多而焰少，请损之。"（意思是：你的木材外表是干的，里面却是湿的，燃烧起来会浓烟多而火焰小，请减些价钱吧。）卖柴的人因为听不懂秀才的话，担着柴走了。这个故事告诉我们，和什么样的人说话就要用什么样的语言。

无效的沟通会事倍功半，甚至阴差阳错；有效的沟通是生活快乐的源泉，更是取得成功的关键。然而，由于自尊心强、情绪冲动、社会经验不足、沟通技巧欠缺等原因，大学生面对人际交往中的分歧或误会，经常不愿意沟通或不会沟通，进而展开冷战，导致矛盾升级，最终关系破裂。为了避免冲突，理性处理冲突，大学生应该掌握人际沟通的技巧。

一、人际沟通的概念

人际沟通是指人际交往中利用语言符号或非语言符号系统进行信息交流的过程，本质是信息沟通的过程。人际沟通不是简单的信息传输，沟通双方都有各自的动机、目的、立场，并设想或判定对方的回应，信息交流是积极主动的。沟通过程中双方不断地互动，反馈信息并理解对方。这种交流主要通过言语、表情、手势、体态及社会距离等来表示。

二、人际沟通的结构

人际沟通的结构主要由7个要素组成，即信息源、信息、通道、信息接收者、反馈、障碍和背景。

（一）信息源

信息源是指拥有信息并试图进行沟通的人。沟通的目的各不相同，可能为了提供信息，或者影响别人，也可能为了建立联系。沟通中，双方互为沟通者和信息接收者。

（二）信息

信息是指沟通者试图传达给别人的内容，往往附加沟通者的观念、态度和情感。信息可能是直接明确的，无须思索和逻辑推理；也可能是间接隐晦的，需要深刻理解和推理才能弄懂。

（三）通道

通道是指沟通信息传递的方式。人的五官可以接收信息，但日常生活中人们主要的沟通方式还是视觉沟通和听觉沟通。常用的沟通方式包括面对面的直接沟通，也包括网络沟通、电话、书信等间接沟通，影响最大的还是面对面沟通。

（四）信息接收者

信息接收者是指接收信息的人，对信息进行解码，将信息转化成自己能了解的想法和感受。

（五）反馈

反馈是指信息接收者对信息的反应，可以反映出信息接收者对信息的理解和接收状态。反馈可以来自对方，也可以来自自我，双方都在不断地将反馈信息传给对方，如果一方缺乏反馈，就会导致沟通的阻断。

（六）障碍

障碍是指沟通中影响信息理解和解释的干扰因素，常导致沟通失真。来自信息发送者的障碍包括语言表达不清楚、表达目的不明确、选择时机不当、个人形象不佳等；信息接收者产生的障碍包括过度加工信息、选择性接收信息、心理定势、偏见、不良情绪、思想差异、忽略反馈等；沟通过程中空间距离太远、环境杂乱无序等都会对沟通造成阻碍。

（七）背景

背景是指人际沟通发生时的情景，它影响沟通的每一个要素，许多沟通的意义是由背景提供的，甚至词语的意义也随着背景的改变而改变。

拓展阅读

沟通漏斗

在管理学中，有一个有趣的现象被称为"沟通漏斗"，它呈现的是一种由上至下逐渐减少的趋势，因为漏斗的特性就在于"漏"。对沟通者来说，一个人在众人面前或开会的场合用语言表达心里100%想说的内容时，这些内容已经漏掉20%了，说出来的内容只剩下80%了。而当这80%的内容进入别人的耳朵时，由于文化水平、知识背景等关系，只被留下了60%。实际上，真正被别人理解、消化的内容大概只有40%。等到这些人遵照领悟的40%具体行动时，已经变成20%了。因此，一定要掌握一些沟通技巧，争取让这个漏斗漏得越来越少。

训练活动6-5　传话

【目的】体会沟通中信息的变化。

【步骤】

学生排成一排，第一个学生通过耳语把指定的一句话悄悄地告诉下一个学生，且只说一遍，依次往后传。等传话结束时，第一个人和最后一个人把各自所听、所传的那句话讲出来。

分享：为什么会出现啼笑皆非的结果？在人际沟通中应该注意什么？

三、人际沟通的分类

（一）单向沟通与双向沟通

单向沟通是指一方向另一方发出消息，不存在反馈信息，如演讲、报告、下指令都是单向沟通。单向沟通传递信息的速度快，但发信者无法快速得到反馈。双向沟通中发信者和接收者的地位是可以互换的，信息可以立即得到反馈，双方共同明确信息，信息传递准确。

（二）纵向沟通与横向沟通

在组织内部，上级与下级之间的信息流动被称为纵向沟通。下级向上级传递信息主要表现为工作汇报、问题反映、请求支持等，称为上行沟通；上级向下级传递信息主要表现为发布指令、布置任务，称为下行沟通。同级别、平行部门间的信息传递和交流被称为横向沟通，它可以增进双方的了解，协调任务，减少矛盾与冲突。

（三）正式沟通与非正式沟通

正式沟通是指通过正式的组织程序和渠道，按组织规定的路线、渠道进行信息的传递和交流，如会议制度、文件的传达和呈送、公函往来等。正式沟通的信息权威，约束力强，沟通效果好，但是速度慢，互动性小。非正式沟通是指在正式的规章制度和沟通渠道外进行的信息传递与交流，如同学之间的私下交流、聚会、小道消息的传播等。非正式沟通方便快捷，更能体现情感交流，是正式沟通的有效补充，但是信息可靠性较差。

（四）语言沟通与非语言沟通

根据沟通时运用的符号系统不同，人际沟通分为语言沟通和非语言沟通。语言沟通是最常见、最准确、最有效的沟通方式之一，包括口头语言沟通和书面语言沟通。非语言沟通的实现有 3 种方式：通过动态无声的目光、表情、手势、身体运动等实现；通过静态无声的姿势、空间距离、衣着打扮等实现；通过辅助语言（音量、音质、声调、语速等）和类语言（哭声、笑声、叹息等）实现。

四、影响人际沟通的因素

（一）个人因素

1）生理因素

永久性生理缺陷（如色盲、听障等）、短暂的生理阻碍（如疼痛、疲惫、饥饿等）等不同程度地影响沟通效果，应区别对待。

2）心理因素

人的个性特质、情绪体验、认知程度等不同，会对同一信息产生不同的理解，并对沟通方式产生直接影响。一般来说，热情、直爽、健谈、善解人意的人容易沟通；积极的情绪状态能使沟通顺利进行；生活阅历相当、知识层次相近的人，更容易相互理解。

3）文化习俗

不同民族、地域的文化习俗存在差异。比如，大部分东方人喜欢委婉的表达方式，但在一些西方文化中，"委婉"被认为与"虚伪"相似，在交往中要尊重对方的文化习俗，不能轻易全盘否定。

4）沟通技巧

人际沟通是有规律的，沟通作为一种技术，是可以通过后天学习获得或提高的，如交谈、提问、倾听、排除干扰等，但是，技巧的应用又需要灵活变通，所以，我们必须认真研修并身体力行，这样才能灵活应用。

（二）环境因素

1）物理环境

沟通场所的安静程度、光线、温度、湿度、噪音、私密性等，是否让人感到舒适、安全，都会影响沟通的效果。

2）心理环境

心理环境是指沟通双方在信息交换时是否存在心理压力。如果一个人缺乏安全感或者情绪焦虑、紧张，就不利于相互沟通；而轻松愉快、彼此尊重、互相理解的氛围有利于双方直接表达观点，沟通效果也好。

3）社会背景

沟通双方的社会角色不同，沟通方式不同。例如，亲子沟通与医患沟通；在场的其他人的社会角色也影响沟通，上级领导在场和同事在场，使沟通效果存在差异。

4）历史因素

是否认识、有无相同经历、是否达成共识等构成当前沟通的历史背景，影响着沟通是否能够顺利进行，比如，朋友间的沟通常常不需要完整的表达，双方就可以相互理解。

五、人际沟通的技巧

（一）有效发出信息

1）明确接收的对象

通过建立视线联系等方法，引起接收对象的注意。

2）确定恰当的内容

任何信息都有很多种表达方式，而每种表达方式会产生截然不同的表达效果。面对一个选择，"随便你"和"都听你的"表达了同样的意见，但是听者的感受有很大差别。在与他人的沟通中，我们要选择让人舒适的语言来表达。在组织语言时，尽量简洁、清晰、无歧义，准确表达自己的想法。

3）选择合适的形式

任何沟通都包括信息、思想、情感的交流，在选择沟通方式时，我们要先考虑沟通的内容是以信息为主还是以思想和感情为主。相比网络沟通、电话、书信等间接沟通方式，面对面的直接沟通更有利于情感的交流。

4）选择合适的地点、时机

在安静、整洁、让人舒适的环境中，在对方情绪稳定的时间发送信息，获得的沟通效果往往较好。

（二）有效倾听

苏格拉底曾说："自然赋予我们人类一张嘴、两只耳朵，就是让我们多听少说。"聆听的意义不是评判对方讲得是否正确，而是弄清楚对方讲话的目的。一定要听完、听懂对方的话，听懂对方想说没说出来的话，听懂对方为什么说这句话。在聆听时，我们要与说话者有目光的交流，表情专注，点头或发出"哦""嗯"等给予反馈，从而让说话者感到被尊重；对于没听清楚的地方，要适时提问，以免发生曲解。

（三）有效提问

1）提问的目的要明确

沟通中要多听少说；提问是为了获取信息，提问要紧扣主题，问题要少而精；不能打断讲话者的思路，影响其情绪；观点要明确、有重点，语言要简练。

2）选择合适的提问方式

开放式提问会给对方自由发挥的空间，比如"……怎么样……""……如何……"等，可以缩短双方的心理距离。虽然沟通开始时比较得体，但是难以深挖信息。封闭式提问会给对方一个框架，让回答者在几个答案中选择，比如"是不是……""是……还是……"等，可以按照指定的思路获取信息，不易跑题，但是范围小，有限制。所以，我们在与人沟通时要根据谈话目的选择合适的提问方式。

3）提问要讲究艺术性

不同的生活环境、教育背景、成长经历造就了千差万别的个性，因此提问要因人而异，问题要符合被问人的年龄、身份、文化素养、性格特征等。注意提问时的态度和语气，应尊重对方、体谅对方，问题应得体，不让对方难堪，在对方将观点阐述完后，及时提问。

糟糕的采访

一位记者去采访一位刚刚在比赛中取得优异成绩的运动员。

记者："你是不是想为国争光呢？"

运动员："是。"

记者："你比赛前是不是对自己很有信心？"

运动员："是。"

记者："你觉得你能赢是靠自己的实力吗？"

运动员已经有些不悦，依然回答："是。"

记者："你比赛时，在赛场上想什么呢？"

运动员："我就想战胜对手……"

运动员的话还未说完，记者追问："为什么要战胜对手？"

运动员已经非常不耐烦了，只得匆匆离开，结束了采访。

（四）反馈的技巧

反馈是沟通中双方期望得到的一种信息的回流，使沟通成为一个交互过程。反馈要明确、具体，集中于可改变的行为上，充分考虑接收者的需要，给予接收者建设性的意见；以称赞开始，再谈需要改进的问题，避免对方产生逆反情绪；称赞要针对个人，要确保自己的建议客观并且不针对个人。

（五）肢体语言技巧

肢体语言是指个体在沟通中有意识或无意识地通过身体的外观、姿势、动作等传递信息，包括目光与表情、身体运动与接触、姿势和装饰等。研究表明，合适的肢体语言更容易被人接受。

肢体语言

在说话之前，开放性肢体语言先发出一种可接受的信号，比如，"我是友好的，如果你有兴趣，我很愿意和你沟通。"有学者认为人际沟通有6种重要的参与技巧，包括微笑、准备注意聆听的姿态、身体前倾、音调、目光交流、点头。人在微笑时，全身的肌肉处于放松状态，通过目光交流，对方会感知到亲切、喜悦和善意，气氛就会变得和谐，交流起来也容易多了；准备注意聆听的姿态、身体前倾、音调、目光交流、点头，都能够表达对对方的友好、对沟通的兴趣，可以使双方更快进入角色。

训练活动6-6 "对牛弹琴"游戏

【目的】体验肢体语言对沟通效果的影响，通过角色互换，学会换位思考。

【步骤】

（1）分组。将学生随机分成A、B两组。

（2）体验一。先让A组学生看固定的内容，然后请A组的学生给B组的搭档讲述一件使自己感到特别高兴或有意思的事情，此时B组的学生站到较远的地方，不能看A组的内容，B组看到的规定内容是"当你的搭档讲话时，你不要讲话，但是表现出非常不专心，东张西望，眼神飘忽不定，或者突然插入不相干的话，或者干脆不做任何回应（面无表情或者陷入自我沉思中）"。

（3）体验二。A、B两组角色互换。

（4）分享。不被专心倾听的感受；角色互换后的感受和变化。

（5）教师总结。在沟通过程中，表达者通过对方"东张西望、眼神飘忽不定"等肢体语言感觉到不被关注，这样的反馈会影响表达者交流的意愿，沟通会中断；当角色互换时，这种体验将提醒自己作为信息接收者，要给对方恰当的反馈，表现出关注对方的意愿，这样可以使沟通顺利进行。

第四节　处理人际冲突

人一生要做的两件事就是防患于未然和豁达大度，前者是为了使他避免遭受痛苦和损失，后者是为了避免纷争和冲突。

——叔本华

错误的选择

小李和小谢都是某高校二年级的学生，同住一栋宿舍楼的四楼。某天，四楼公共洗漱间的人很多，小李为了快速挤出人群，将洗衣服的水盆高举过头，结果不小心将水盆底部的脏水滴到了小谢身上。小李没有在意，小谢非常生气地骂了一句"没长眼吗！"小李回呛了一句："人这么多，又不是故意的！"两人发生争吵并推搡，周围的同学迅速劝说、拉架。因地面湿滑，在拉扯中，小李被推倒在地，他的情绪立刻失控，从地上起来后，奋力挣开拉扯，冲小谢踢了一脚。同学们把两人分开，带回了各自的宿舍。小谢气愤难平，当天晚上，约小李到校外谈谈，两人都认为是对方的错误，应该道歉，再次发生激烈争吵，小谢在情绪激动下，捡起石块，击伤小李的头部，小李因颅内出血导致昏迷。小谢被刑事拘留。

近年来，大学生冲突事件经常出现。从各类调查结果来看，高校中人际冲突事件的起因主要是师生、同学间关系不融洽或恋爱受挫等，基本都与人际关系破裂有关。生活中人与人之间的冲突在所难免，有的人因为处理不当，最终与曾经亲密的朋友、幸福的伴侣形同陌路，不免让人惋惜。如何避免或应对人际冲突，远离暴力冲突事件，是大学生应该认真思考的问题。

一、人际冲突的概念

人际冲突是人与人之间对立的一种状态，表现为两个或多个相互关联的主体之间的紧张、不和谐、敌视，甚至争斗。

人际冲突的原因多种多样，可能是由利益冲突引起的，可能是由沟通不畅导致的，也可能是因为各方的需要、价值观或者行为方式、做事风格不同而产生的。当然，差异本身并不会产生冲突，这些差异是否被双方意识到，如何看待差异，以及用何种态度去处理问题，才是冲突产生的根本原因。

二、人际冲突的影响

从冲突本身来讲，无所谓好坏，但是不同的处理方式造成的影响不同，冲突可以带来挑战，也可以带来机遇。

（一）冲突的负面影响

冲突多与压抑、不满等负面情绪有关，这些负面情绪会影响人的身体、心理和精神，降低工作效率，减损思考能力。如果处理方式不恰当，当冲突变成攻击、自卫、批评时，人际关系的裂痕就会增大，甚至演变成暴力事件。有人在面对冲突时，采取逃避的处理方式，表面看起来冲突消失了，其实是转入了内心，日积月累，总会爆发。

（二）冲突的正面影响

冲突让双方有机会产生深层次的接触，成为双方增进了解的切入点。双方把隐藏的不满、误解等公开表达出来，借助直接的、面对面的沟通，通过辩论得以澄清、化解，从而消除隔阂，增进理解，加深关系；在争论中，双方彼此被激发，找到更好的解决方案；同时，借助冲突，让我们看问题的角度更开阔，学习"人外有人，天外有天"的谦逊，学会开阔心胸，拓宽视野。

三、人际冲突的类型

心理学家布瑞克和凯利认为人际冲突有3个层次。

（1）特定行为上的冲突，即对某个问题存在不同的意见。比如，外出购物结束后，是打车回家还是坐公共汽车回家。

（2）关系原则或角色上的冲突，即双方对于如何处理两人的关系及在关系中两人的权利、义务有不同的理解。比如，学生宿舍里进行大扫除，应该如何分工，如果宿舍成员之间的分歧很大，就会引发冲突。

（3）个性态度上的冲突。这是较深层次的冲突，涉及双方人格、价值观等方面的差异。比如，有的学生属于内向型的，喜欢安静独处，喜欢在宿舍看书；而有的学生喜欢结交朋友，喜欢在宿舍里聊天。性格不同，矛盾就容易产生。

冲突层次越深，涉及因素越多，情感卷入程度越高，矛盾越复杂，解决起来越困难。

根据冲突的基础不同，心理学家多伊奇将冲突分为5类。

（1）平行的冲突。面对客观存在的冲突，双方都准确地知觉到了这种分歧，但是都不愿让步。比如，一家人一起看电视，孩子要看动画片，长辈要看新闻节目，互相都知道对方的要求，却都不想迁就对方。

（2）错位的冲突。一方可能有客观的理由，而且知道冲突的存在，却不直接针对问题本身，而是将矛盾转移。比如，学生小王对舍友小贾不推选自己为优秀班干部，内心非常不满，但是又不好直接说，于是总在宿舍对小贾找碴。

（3）错误归因的冲突。对事情产生的原因存在错误认识而引发的分歧。比如，学生小张因为一门课的成绩不及格而错失了"三好学生"的评选资格，但他总认为是同学小杨抢了他的名额，因此对小杨心生不满。

（4）潜在的冲突。双方存在客观分歧，但是彼此没有知觉到。

（5）虚假的冲突。双方有分歧，但是分歧没有客观基础。例如，小夏组织生日聚会，想邀请小刘，小刘不在，就让舍友小马转告，结果小马忘记了。小刘、小夏在不知情的情况下，都心生不满，这是由误会造成的分歧。

案例分析

公共责任谁来负

宿舍的公共卫生、生活设施的使用总会引起学生之间的矛盾。"都有责任"总会被某些同学理解成"都没有责任"。学生小陈说:"宿舍里有两位同学特别不自觉,每天值日生打扫完卫生,她们总是不注意维护,很快就在她们的周围出现瓜果皮等垃圾,宿舍里的洗手盆用完从来不知道打扫一下,个人卫生也不注意,床上乱七八糟的,感觉整个宿舍都乱了,看着都闹心。刚开始,我看不下去,经常收拾,希望宿舍里有个整洁的环境,但是,时间久了,她们也不改变,我心里也不平衡了,为什么她们缺乏起码的集体观念呢?凭什么她们坐享其成?所以有时候就忍不住管一下,希望她们自觉,结果根本不起作用,还闹得吵架,搞得关系很紧张。"

四、避免人际冲突的技巧

正所谓"君子不立危墙之下",在人际交往中,把握好交往的尺度,采取积极的措施,尽量减少或避免人际冲突的发生。

(一) 尽量避免争论

在与人相处时,若出现不同意见,每个人都有企图说服对方的心理倾向,总希望通过争论辩出是与非。事实证明,无论输赢,结果总以不愉快结束。赢的人当时获得心理满足,但是很快就体会到人际关系恶化带来的不愉快,好心情也随之烟消云散;输的人感觉被否定,心理挫败感强烈,有可能进行人身攻击或人际报复。在与人交往时,我们应该始终记得人际沟通是为了互相理解,而非决出胜负,避免争论引起两败俱伤。

远离"垃圾人"

一个人开着车行驶在车道上,突然间,一辆黑色轿车从停车位开出,正好挡在他的前面。于是他立即踩刹车,车子滑行了一小段路,刚好躲开那辆黑色轿车,两车之间的距离就差几厘米!黑色轿车的司机凶狠地回头,并且朝着他大喊大叫!他只是微笑,对那位司机挥挥手,表现得很友善。于是他的朋友问他:"你刚才为什么那么做?那个人差点毁了你的车,还可能伤害我们!"他解释说:"许多人就像'垃圾人',他们到处跑来跑去,身上充满了负面情绪:沮丧、愤怒、忌妒、算计、仇恨、偏见、贪心、抱怨、愚昧、无知、烦恼、报复等。随着心中的情绪垃圾堆积又堆积,他们需要找个地方发泄;有时候,我们刚好碰上了,垃圾就往我们身上丢。所以,无须介意!只要微笑,挥挥手,远离他们,然后继续走我们自己的路就行!"

(二) 不直接批评、责备和抱怨他人

直接的批评、责备、抱怨,会让他人的自尊心、自我价值感受损,尤其是在让对方感到难堪时,对方很容易出现逆反心理。私底下与对方沟通或者委婉地提醒、暗示对方,往

往更容易让人接受。

（三）勇于承认自己的错误

我们常说"一个巴掌拍不响"，冲突的产生，每个人都有一定的责任，只是所占比重不同而已。遇事先反思一下自己的过错，勇于承认自己的错误，虽然是种自我否定，但却是有责任感的表现，对他人有感召力，给他人台阶下，更容易打破人际僵局。

（四）学会批评

不到不得已时，不要自作聪明地批评他人。如果有时不可避免，就要学会批评的策略。比如，先表扬后批评再认可，或者先做自我检讨再批评，从而消除对立情绪，让人更容易接受；在批评对方时，注重描述行为，不做人身攻击，不把个人情绪掺杂其中，就事论事，不随便扩大矛盾；给人留面子，点到为止。

（五）拒绝的艺术

不论因为什么原因，被拒绝总是不舒服的，我们只能尽量减少这种不适感。用肯定的态度拒绝，避免伤害对方的感情，用"目前""暂时"等字眼表示未完全拒绝，比如，"这个提议非常好，但是我们目前的条件不适合采用""好主意，不过我们恐怕暂时还不能施行"；提出另一个建议，以示诚意，尝试性拒绝他人，比如，"实在不好意思，我今天太忙了，要不你把材料留给我，或者我们下周再约，行吗？"

五、建设性地处理人际冲突

不管掌握多少人际交往的技巧，人际冲突都无法完全避免，如何应对才能降低冲突给人际关系带来的危害呢？心理学家经过研究提出了解决人际冲突的有效步骤，实践证明，这些步骤可以帮助人们控制和消除冲突。

（一）解决人际冲突的步骤

（1）相信一切人际冲突都是可以理性且建设性地获得解决的。
（2）客观了解人际冲突的原因。
（3）具体地描述人际冲突。
（4）向他人核对自己对于冲突的观念是否客观。
（5）提出可能的解决人际冲突的办法。
（6）对提出的办法逐一进行评价，筛选出最佳的解决途径，最佳的方法必须是对双方都有益的。
（7）评估实现最佳方案的实际效应，并按照为双方带来最大利益和有利于良好人际关系维持的原则给予修正。

 案例分析

寻找时间差

最近小谢有点烦，宿舍里热得跟蒸笼似的，空调却不能开，因为有位同学吹空调会身体不适。小谢只好买了一个小的台式风扇，放在床上用，结果邻近床铺的同学小马不乐意了。小马有严重的神经衰弱，听着风扇转动的声音，无法入睡。风扇转动的声音让小马睡不着，可不吹风扇，小谢睡不着，该怎么办呢？小谢认为同学之间互相包容是应该的，但是不能每次都是自己让步呀！小谢非常生气，和小马的关系也很紧张。冷静下来后，小谢希望找到解决办法，通过沟通，小谢发现小马每天晚上听歌到半夜1点左右才睡，睡着后就听不到风扇的声音了。小谢突然发现可以划分时间段，每天晚上10点，给风扇定时两小时，自己入睡，如果晚上热醒，小马已经入睡了，可以再定时3小时，这样，两人都可以舒服地睡到天亮，皆大欢喜。

（二）解决人际冲突的原则

在处理人际冲突的过程中，除了可以运用解决冲突的7个步骤，我们还应遵循以下原则，使我们的行为更加从容、有效。

1）控制好情绪

在人际冲突发生时，双方都处于一种激情状态，负性情绪体验强烈，判断力下降，容易说出中伤彼此的话，从而变成人身攻击或批评，导致无法挽回的局面。通过暂时离开或做深呼吸放松，给情绪降温，做出合理的让步，是一种明智的做法。让步不是忍气吞声，是给解决冲突腾出时间和空间。然而，控制好情绪不是轻易就能做到的，它是一种修养，是一种自信、自尊及自我价值的表达，要从日常生活的待人处事中学习。

2）及时解决冲突

有的人比较害怕得罪人，为了保持双方的和谐，选择委曲求全；有的人不知如何化解冲突，采取逃避的态度，通过妥协或压抑自己企图息事宁人。这种未经双方共同了解问题所在并寻求解决方法的情况，可能一时"息"得了事，但是往往无法"宁人"。冲突迟早还要发生，而且还会变得更复杂、更难处理。所以，当我们控制好情绪后，要直面冲突、了解问题，坦诚以待，立即处理，不要积留问题。

3）就事论事，对事不对人

冲突的发生是受多种因素影响的，大部分起因是一些生活琐事，而且每个人都要承担一定的责任，难以分清对错。为了不将冲突扩大，我们应该将焦点放在事件本身上，客观地分析冲突的起因，以事实为依据，围绕冲突事件展开讨论，不要变成人身攻击或批评指责。

4）清楚表达自己的立场或需求

有些冲突是因为误会或不清楚事件原委而引起的，如果双方只顾表达愤怒的情绪而忽略了事情本身，就容易造成更深的误解，破坏人际沟通。因此，在冲突发生时一定要清楚地表达自己的感受或立场，双方意见不同时可以通过协商来解决，尽量达成双赢的局面。

拓展阅读

非暴力沟通模式

美国心理学家马歇尔·卢森堡博士提出了非暴力沟通模式。在人际交往过程中，通过专注于自己和他人的观察、感受、需要和请求，一心致力于满足彼此生命的需要，可以减少退缩、申辩、对抗等造成隔阂的反应，而培育彼此的尊重与爱。这样，通过建立双方的感情联系来促进双方相互理解，矛盾就有可能以非暴力的方式得以解决。以下是解决冲突的4个技巧。

（1）客观观察。用评论来表达想法，带有主观色彩，不是对客观事实的真实表达。在交往时，我们要学会区分观察与评论，不做主观评论，不去关注应该如何做，仅观察事实，然后客观、清晰地将自己的想法表达出来，这样才能以非暴力的形式进行有效沟通。

（2）体会和表达感受。为了避免他人对自己产生怀疑、攻击，维护自我的权威和社会地位，使内心感到安全，自我防御机制使我们不去体会或表达自己的感受。而且，我们的感受总是不断变化的，非常复杂，所以人们总是难以客观地表达自己的感受。要学会区分内心的感受及背后的根源，这样才能准确地表达自己的感受，有效地沟通情感。

（3）了解自身的需要，勇敢地将自身感受表达出来。别人的行为可能会刺激到我们，但却不是我们感受的根源。感受的根源是我们自身，我们的需要、期待是否得到满足导致了我们的感受。在解决冲突时，我们应该从需要的角度考虑问题，了解自己和对方的需要，尊重双方的需要，不相互指责，这样才有可能找到解决办法并满足双方的需要。

（4）提出具体且清楚的请求。清楚地告诉对方，我们需要对方做什么。如果请求对方不做什么，对方就会感到困惑，不知道我们到底想得到什么，容易引起对方的反感。只有清楚地表达自己的想法，才能得到称心的回应。

训练活动6-7　勇于承担责任

【目的】帮助成员正视自己的错误，并勇于承认错误，克服心理障碍。

【步骤】

（1）分组。10人一组，成员相隔一臂站成几排（视人数而定）。

（2）宣读游戏规则。老师喊"一"时，向右转；喊"二"时，向左转；喊"三"时，向后转；喊"四"时，向前跨一步；喊"五"时，不动。当有人做错时，做错的人要走出队列，站到大家面前先鞠一躬，再举起右手高声说："对不起，我错了！"

（3）正式开始游戏。游戏做几个回合。

（4）讨论。大家一起讨论这个游戏说明了什么问题。

（5）教师总结。在现实生活中，我们常因个性上的不成熟或者言行表达方面的不完美而说错话、做错事，这些都是十分正常的。可是面对错误，很多人无法主动承认并承担责任。因为认错是一种自我否定，会让人感到沮丧。通过游戏，可以让学生认识到每个人都会犯错，主动承认错误并没有想象中那么可怕，反而更容易得到他人的谅解。认错不是示弱，并不能说明比别人差，相反，这是一种成熟的表现。

训练活动6-8　平息人际冲突能力测验

指导语：从下列各选项中选择适合自己的一项。

（1）你正埋头做一件急事时，你的一位朋友来找你倾诉烦恼，你的做法是：

A．放下手中的工作，耐心倾听。

B．显得很不耐烦。

C．似听非听，思维还在自己的事情上。

D．向他解释，同他另约时间。

(2) 你的朋友要借你新买的录音机，可你自己还没有用过，你的做法是：

A．借给他，但满腹牢骚。

B．脸色很难看，使你的朋友不得不改变主意。

C．骗他说你已经借给了别人。

D．告诉他你想先用一段时间，然后再借给他。

(3) 在公共汽车上，你无意踩了别人的脚，对方对你骂个没完，你的做法是：

A．听其自然，充耳不闻。

B．同他对骂，打架也在所不惜。

C．推脱说："别人挤了我，才踩到你的脚。"

D．请他原谅，同时提醒他骂人是不对的。

(4) 影院不准高声喧哗，但你的邻座却旁若无人地讲话，你感到厌烦，你的做法是：

A．很反感，希望有人提醒讲话者注意。

B．大声指责他们没修养。

C．请服务员来干涉，或自言自语地对讲话者旁敲侧击地进行指责。

D．很有礼貌地提醒对方不要影响别人。

(5) 休息日你忙了一整天，把房间全部打扫干净，你的家人却指责你没有及时做饭，你的做法是：

A．心里很气，但仍勉强去做饭。

B．大发雷霆，骂对方自私，要求对方去做饭。

C．索性当晚不吃饭。

D．向对方解释，然后请对方一同出去"改善"一顿。

(6) 某天你家里有急事，领导不了解情况，要求你加班，你的做法是：

A．同意加班，但心中暗自埋怨。

B．拒绝加班，不做解释。

C．借口身体不舒服，不能加班。

D．同领导商量由于有急事能否不加班，若工作的确重要，就服从领导的安排。

(7) 你辛苦了好长时间，觉得某项工作做得颇为出色，但你的领导却很不满意，你的做法是：

A．不耐烦地听领导批评，心中充满委屈，但默不作声。

B．拂袖而去，认为自己受到的对待不公平。

C．寻找各种借口为自己开脱。

D．诚恳地接受对方的意见，以便今后改善和提高。

(8) 别人做了一件很对不起你的事，却又试图掩盖，在知道真相后，你的做法是：

A．不客气地告诉对方自己已经知道了一切。

B．与对方大吵大闹，威胁报复。

C．将事情埋在心底，假装什么也不知道。

D．诚恳地告诉对方事情对自己造成的苦恼，并表明双方以后仍可真诚相处。

【计分方法】

以上题目选 A 项记 2 分；选 B 项记 1 分；选 C 项记 3 分；选 D 项记 4 分。

【分数解释】

得分越高，表明平息人际冲突的能力越强，处理人际冲突的方式越有建设性。得分越低，意味着处理人际冲突时容易情绪化，容易使事情变得糟糕，也使自己付出更大的代价。每道题目的 D 项是比较有建设性地处理人际冲突的方式，也是比较理性的、从长远看比较有利的处理方式，这样的方式是值得提倡的。每道题目的 B 项是对人际关系比较具有破坏性的做法，这样的处理方式不但对冲突的解决无益，而且会使自己失去更多的东西。

小 结

本章先介绍人际交往的概念、功能、原则、障碍，然后介绍人际吸引的概念、分类、影响因素，再介绍人际沟通的概念、结构、分类、影响因素及技巧，最后介绍人际冲突的概念、影响、类型及避免人际冲突的技巧。通过训练活动，学生可以了解自己的人际关系状况、掌握沟通技巧及应对冲突的技巧，进而提高人际沟通能力，改善人际关系，维护自己的身心健康。

实践与应用

王某，女，某工商管理学院的大二学生。因为人际交往问题前来咨询。王某自述从入学以来，她交到一位好朋友，两个人很要好，形影不离，共同做事情，别人非常羡慕她们。可是，最近两个人之间发生了一些事情。王某总觉得好朋友对她提出了一些过分要求，一次还行，可是时间一长，觉得很累。如果拒绝又怕损害她们的友谊，答应她的要求后自己心里又不舒服，应该怎么办呢？

点评：王某的问题涉及"心理边界"。心理边界是指人与人之间内心的自我界限，这种界限用于保护自我、维护自尊。王某的好朋友边界意识淡，容易给别人带来不舒服、被侵犯的感觉。对此，王某要学会拒绝，这既是对自己负责，也是对朋友的尊重。

在交往时，无意识地侵犯了对方的心理边界，可能会损害对方的利益，引起对方的猜疑、矛盾、误解，为彼此带来伤害，导致同学关系恶化，甚至双方反目成仇。因此，与朋友、同学交往时，既要有亲密性，又要有独立性，需要时互相帮助、互相关心，不在一起时各自享受私人空间。只有这样，友谊才能更长久。在与人交往中要有适度的、平衡的心理边界，双方的交往在心理上要有一定距离。只有不远不近、不离不弃、不冷不热、不多不少、不卑不亢，才能更好地理解对方、包容对方、融入对方、接纳对方，让友谊之树常青，让生命之花常开。一个成熟的人应该有明确的自我意识、合理有效的自我心理边界。

思考与解答

1. 通过本章的学习，我学会了一些沟通技巧，可在实际生活中用起来，效果还是不够理想，矛盾冲突还是会发生，感觉对人际关系的改变影响不大，应该怎么办呢？

首先，不能生搬硬套沟通技巧，必须灵活运用，只有在生活实践中反复练习使用，才能运用自如，这是自我改变的渐进过程，需要时间，不能心急。其次，沟通技巧无法避免所有的人际冲突。人际冲突本身无所谓好坏，每次冲突的发生都是了解自己、锻炼自己的机会，不能害怕冲突的出现，但是人际冲突的处理方式却有好坏之分。面对冲突，寻找建设性的方法，达到双赢的结果。如果沟通后，发现差异仍然无法消除，那么要学习接受差异，接纳"问题解决不了"这样的结果。

2. 知识问答。

（1）什么是人际交往？哪些因素会影响人际交往？

（2）结合自己的实际情况，谈谈大学生应掌握哪些人际交往的技巧。

（3）请举例分析如何避免人际冲突。

推荐欣赏

电影推荐

《通天塔》《电子情书》《穿普拉达的女王》《美丽心灵》

书籍推荐

[1] 金圣荣. 非暴力沟通[M]. 南京：江苏人民出版社，2017.

[2] 马歇尔·卢森堡. 非暴力沟通[M]. 阮胤华，译. 北京：华夏出版社，2016.

[3] 卡耐基. 卡耐基沟通与处世的艺术[M]. 北京：中华工商联合出版社，2003.

第七章 培育与经营爱情

爱情作为人生的必修课,对大学生有着强烈的吸引力。大学生渴望了解爱情、遇见爱情、经营爱情,希望在美丽的年纪遇见与自己合拍的人。然而,经营爱情是需要能力的,只有具有爱的能力,才会在爱中绽放,在爱中成长。

爱情是美好的,如果处理不好恋爱中遇到的问题,大学生的生活和学习就会受到很大影响。正确处理爱情是大学阶段的心理任务之一,处理好恋爱问题是大学生心理健康成长的一个契机。

第一节 爱情概述

 名人名言

爱是生命的火焰,没有它,一切都将变成黑夜。

——罗曼·罗兰

 案例分析

小硕的苦恼

晓敏和小硕毕业于同一所高中,毕业后他们考上了同一所高职院校。晓敏的父母嘱托小硕开学后帮忙照顾自己的女儿,于是开学后小硕像哥哥一样关照着晓敏。在小硕的帮助下,晓敏逐渐适应了大学生活,对小硕也是日渐依赖起来,她开始时不时地找小硕聊天、吃饭,身边的同学更起哄说他们是一对"金童玉女"。然而,小硕从始至终只是把晓敏当作妹妹,并没有产生恋爱的感觉。为了避免麻烦,小硕开始有意地疏远晓敏,然而,晓敏却哭得不成样子,情绪波动较大,谁劝也不听。小硕好几次都想告诉晓敏自己只把她当作妹妹来看待,不可能与她发展成恋人,可每次都因为不忍心而没有说出口。小硕因此非常苦恼。

后来,小硕给晓敏的父母写了一封信,坦率、真诚地写出了自己的想法,请晓敏的父母把自己的想法转达给晓敏,并表示如果有需要,他愿尽兄长的职责继续在学校照顾晓敏。经过一段时间的思想斗争,晓敏终于理解了小硕,最终他们成了好朋友。

案例点评:许多正在交往中的男女大学生常会思考一些问题:我是不是已经在谈恋爱了?我和他(她)有没有进一步发展的可能性?我们只是好朋友,但是别人怎么说我们是情侣呢?确实,这些问题是不容易回答的。但是我们要明白:爱情必须以友情为基础,但是友情不一定能够发展成爱情。可以说,友情是一种亲近关系,而爱情是一种亲密关系。所以,我们要了解友情和爱情的不同,区分清楚友情和爱情。

 案例分析

暗恋的苦恼

性格内向的吴平在上课时很少发言,下课后喜欢一个人独处,平时很少主动与其他同学交往。然而,爱情的种子仍一点点地在他内心萌动着,吴平悄悄喜欢上了同班的一位女同学李芸。他总是默默地关注李芸的一举一动,希望自己有一天牵着李芸的手共度今生。吴平曾经不止一次想给李芸写信表达自己的爱意,然而每一次,他总是思索再三却不敢把信给对方。日日夜夜的牵挂让吴平的脑海里尽是李芸的身影,他觉得自己几乎无法安心读书了。

案例点评:单相思是很多人在情感成长过程中都会经历的,几乎所有男生、女生在爱情到来之前都是不自信的,可能会沉浸在单相思的痛苦中。单相思好像一种自我的爱情游戏,因为你并不太在意对方是否真的关注你,而是把对方的一言一行看成是一种对自己的投情,让自己迷醉到难以自拔。单相思更像一种自我恋爱,人们总想在喜欢的人身上找到自己,爱上自己的影子。心理学家荣格认为,每个男人的心理世界都有一个女性的成分,每个女人的心理世界也都有一个男性的成分,自己心中那个人的样子是固定的,它就是你心中对未来恋人的活生生的画像。假如你有幸遇上了一个和你心理世界的那个人完全一样的异性,你就会出现那种被称为"一见钟情"的表现,如同被一种强大的力量击中,你不会思考了。你的心会告诉你:"不错,就是他(她),这就是我的爱。"你不需要去了解他(她),你心理世界的画像已和他(她)相吻合。通过单恋一个人来认同或接受自己也是一条自我成长的捷径,那个被单相思的人其实是个镜像自我。那么,为什么会出现单相思呢?因为内心情欲觉醒,个体编织的五彩衣服披在了另一个人身上,个体喜欢的是那件五彩衣服,而不是那个人。

爱情,神秘、美好、安然,是不落幕的舞台剧,是不过时的话题。爱情可以促进个体的内在成长,也可以促进个体的外在发展。爱情到底是什么?如果身处恋爱困境,怎样才能走出来呢?如何培养爱的能力?下面就让我们一起走近爱情。

一、爱情概述

(一)恋、爱、恋爱、爱情的含义

什么是恋?恋是发自人性的内在需要,即依附需要。什么是爱?人有 3 种爱,亲人之间的爱、朋友之间的爱和异性恋人之间的爱。什么是恋爱?两个人又恋又爱,并且界于异性之间。恋爱是一对相互倾慕的男女共同追求、培育及发展爱情的过程。什么是爱情？爱情是一对男女基于一定的客观物质条件和共同的人生理想，在各自内心中形成的对对方最真挚的倾慕，并渴望对方成为自己终身伴侣的强烈、稳定、专一的感情。

爱情是一种社会感情，既受到社会法律和道德的约束，又包含经济和价值利益的交换。男女双方彼此尊重是爱情的基础，忠诚与信任是爱情的保障，专一或排他性是人类爱情的核心。

爱情是个体自我意识和性心理发展到相对成熟时自然而然产生的。在未成年异性之间产生的相互吸引现象，只能算是爱情前期的性心理发展。完美是人们潜意识中永远追求的目标。现实总是不尽如人意，或者是天生的，或者是想象的，人们总感觉缺少一种东西。爱情是一种补偿，在爱情中，人们找到了那个自己失落已久的梦。在梦中，人们具有自己喜欢的体形，具备自己钟爱的特性。就算自己的变化不大，另一半也帮自己补足了这样或那样的缺憾，从而美梦成真。

爱情以正常生理发展为基础。爱情是基于男女两性之间生理差异发展起来的情感。爱情是一种以异性之间的感情为基础，具有强烈的相互吸引力和愉悦体验的高级情感。

友谊和爱情是不同的。日本的一位心理学家曾提出过友谊与爱情的区别标准。第一，支柱不同，友谊的支柱是理解，爱情的支柱是感情。第二，地位不同，友谊的地位是平等的，爱情的地位是一体化的。第三，体系不同，友谊的系统是开放的，爱情的系统是封闭的。第四，基础不同，友谊的基础是信赖，爱情则纠缠着不安和期待。第五，心境不同，友谊充满"充足感"，爱情则充满"欠缺感"。

（二）爱情的影响因素

大学生在选择恋人、经营爱情时会受到多种因素的影响，主要有以下几个方面。

（1）情投意合。一些大学生认为爱情是纯洁、真挚的感情，只要双方情投意合，便可成为恋人。

（2）外在形象。外在形象仍是男生选择女友的重要标准，而女大学生在选择恋人时更看重学识、性格等。

（3）来自父母的影响。在人的成长过程中，最初对男人、女人的认识，以及与男人、女人关系的建立，都是从父母开始的。

（4）心理需要的满足。选择什么样的恋人与每个人的成长经历、特殊的心理需要有关。在心理上如果对某一方面特别渴望，就会特别看重对方的某一方面。

（5）性格特点。性格特点是选择恋人的一个重要因素。除了一般意义上的性格特点，如内向、外向等，还有其他的性格特点。

（6）社会观念。现代社会崇尚的开放、竞争、务实等观念，影响了大学生选择恋人的标准。

训练活动 7-1　倾听情感深处的回声

【目的】澄清自己的爱情期望。

【步骤】

时间：5分钟。

操作：男生、女生分组讨论，然后向大家分享。

（1）我喜欢的异性。

外表：_____

性格：_____

行为方式：_____

（2）我不喜欢的异性。

外表：_____

性格：_____

行为方式：_____

（三）关于爱情的三角理论

美国心理学家罗伯特·斯腾伯格的"爱情三角理论"认为，人类的爱情虽复杂多变，但基本上由3种成分组成。

（1）动机成分。动机成分是指爱情行为背后的动机，包括性驱力、异性容貌的吸引、对方的地位、钱财和权力等社会资源对自己需求的满足或互补性等。在恋爱动机的驱使下，个体会热情地追求心仪的异性。爱情行为背后的动机，对人类而言极其复杂。

（2）情绪成分。情绪成分是指在恋爱过程中体验到的酸甜苦辣、幸福或仇恨等各种复杂的情绪。

（3）认知成分。认知成分是指对爱情的含义、爱情的意义与价值、爱情的道德责任、择偶观、自己与恋爱对象的匹配性等理性思考与性行为控制的认识。认知是维系爱情持久性的根本因素，它决定了双方对爱情的承诺和守约。爱情的认知作用对情绪与动机两种成分而言，是一种控制因素。如果将动机与情绪分别视为电流与火花，认知就是开关或调节器。

罗伯特·斯腾伯格认为真正的爱情是一个等边三角形，是激情（动机成分）、亲密（情感成分）和承诺（认知成分）3个边的完美组合（见图7-1）。

根据这3种成分的不同组合，斯腾伯格将爱情分为8种。

无爱：亲密、激情和承诺三者都缺失，爱就不存在。如泛泛之交，彼此关系随意、肤浅、不受约束。

喜欢：亲密程度高，但缺乏激情和承诺。如友谊。

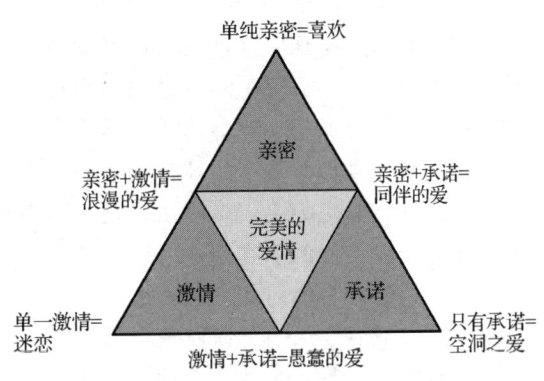

图7-1 罗伯特·斯腾伯格爱情三角理论

迷恋：充满激情，但缺乏亲密和承诺。如初恋。

空洞之爱：以承诺为主，但缺乏亲密和激情。比如在激情燃尽的爱情关系中，既没有温情也没有激情，仅仅是在一起过日子。

浪漫之爱：有激情和亲密，但缺乏承诺。

同伴之爱：有亲密和承诺，但缺乏激情。深沉的情感依恋，温馨而又相互依赖，这样的爱常见于白头偕老的夫妻。

愚蠢之爱：有激情和承诺，但缺乏亲密。如一见钟情，常伴随着旋风般的求爱，闪电般的结婚。

完美之爱：亲密、激情和承诺同时存在。此时，人的体验是完整的、圆满的。

爱情吊桥实验

爱情的产生与心跳有关吗？心跳与吊桥的高度又有什么关系呢？

1974年，心理学教授唐纳德·杜顿和阿瑟·阿伦在加拿大不列颠哥伦比亚省卡皮拉诺河上方的两座桥上做了一项特殊研究。阿伦请一位漂亮的女性作为研究助手。女助手按照阿伦的要求先来到一座全长450英尺、宽5英尺、仅靠两条粗麻绳悬挂于卡皮拉诺河河谷上空的吊桥上面，下面是岩石林立的河床。女助手站在这座与地面相距230英尺的吊桥中央，在动人心魄的摇摆中寻找那些没有女性陪同的青年男士，并让他们参加实验。女助手在吊桥上拦住过桥的年轻男士，给那些同意参加实验的男士一份简短的问卷，告诉他们这个实验的主要目的是了解他们对问卷上面问题的看法，但实际上这是心理学家为了不让人猜到这个实验的目的所设的烟幕弹。接着，女助手通过与这些男士聊天的方式，让他们为一张照片编个故事。最后，每位参加实验的男士都得到了这位女助手的电话。同样的实验在另一座横跨一条小溪但坚固而低矮的石桥上再次进行。心理学家想知道的是：参加实验的男士会编出什么样的故事？谁会在实验后给漂亮的女助手打电话？实验结果显示，在走过卡皮拉诺吊桥的男士中，大概有一半的人会给女助手打电话；而在通过那座坚固而低矮的石桥的16名男士中，只有两位男士给女助手打过电话。相比较而言，过吊桥的男士依据图片所编的故事多含有情爱的色彩，即在高高的吊桥上被拦住的男士更愿意接受女助手的电话号码，并且更多的男士会给女助手打电话。

研究者利用心理学家沙赫特的情绪二因素理论对实验的结果进行了解释。一般情况下，我们知道自己出现了哪种情绪都会经过两个阶段：首先，我们会感受到自己的生理感受，如体温升高、心跳加速等。其次，对生理感受产生一个认知评价，也就是根据周围的环境，为自己的这个生理感受寻找一个合理的解释。实验证明，走上高的吊桥会让人体温升高、心跳加速，这种生理反应的出现到底是因为对吊桥的恐惧还是对漂亮女助手的喜爱，估计他们很难分清。对于那些给女助手打电话的男士来说，是摇摆的吊桥使他们心跳加速，而他们却有意无意地认为这是擦燃了爱情的火花。

但我们不能否认的是，即使是"误擦"出来的火花，一样可以缔造美丽的爱情。如果你真的倾心于某位异性，不妨约他（她）去看恐怖电影或爬山等，自己动手去制造一场由"误擦"产生的爱情。

训练活动7-2　爱情观

【目的】了解自己的爱情观，启发思考。

【步骤】

时间：5分钟。

操作：两人一组，对下面的题做出选择，然后讨论选择后的感受。

（1）你喜欢哪一双鞋？为什么？

A．精致、漂亮又昂贵的高跟鞋。

B．美丽又实用的坡跟鞋。

C．方便行走、时尚但价格有点贵的运动鞋。

D．物美价廉但不太时尚的布鞋。

（2）如果把男性、女性各比作一种植物，你会分别比作什么？请说明理由。

（四）爱情的类型

根据行为方式的不同，心理学家将男女的爱情情感分成6种类型。

1）浪漫式之爱

浪漫式之爱，其特点是将爱情理想化，看重对方的外貌、体形，陶醉于现实的快乐和身体、情感方面的互相吸引，追求罗曼蒂克的激情和令人眩晕的感觉。

2）游戏式之爱

游戏式之爱，其特点是视恋爱为一场让异性青睐的游戏，只追求个人需求的满足。当看到身边的人已经成双成对时，便会迫不及待地想拥有爱情，生怕被别人看不起，于是很快有了心上人。事实上，他们只是试图用这种方式证明自己的"魅力"和"价值"，而非真正相爱。这类人将更换恋爱对象视为儿戏，更谈不上对所爱之人负责了。例如有人想通过谈恋爱来摆脱空虚、烦恼和寂寞，心理上的寂寞一旦消失，爱情也往往随之结束。

3）占有式之爱

占有式之爱，其特点是对所爱的对象有着极为强烈的感情，并要求对方以同样的方式回报自己。对所爱的人有很强烈的占有欲，对方稍有怠慢，便心存猜疑、妒忌。

4）伴侣式之爱

伴侣式之爱，其特点是与异性的交往过程比较温和，由友情逐渐发展成爱情，比如青梅竹马式的爱情。在这种类型的爱情中，温存多于热情，信任多于妒忌，是一种细水长流、平淡而稳定的爱情，但有时也会让男女之间觉得过于平淡。

5）现实式之爱

现实式之爱，其特点是在爱情的名义下，以物质的最大化为追求目标，有时可以牺牲精神上的需求。

6）奉献式之爱

奉献式之爱，其特点是为了让所爱的人获得最大的呵护，甘愿为爱奉献甚至牺牲自己的一切。在自己眼里，恋人就是世界的全部。

上述6种不同的爱情类型，往往体现了个体不同的爱情观。在这个多元的社会里，我们不可能要求所有人只有一种爱情观，我们也很难说哪一种爱情观是完全正确的、哪一种爱情观是不正确的。重要的是，我们每个人都要认真分析自己的人生观和爱情观，分析每一种爱情方式的优点和缺点，理智选择，从而收获更甜蜜、更持久的爱情。

案例分析

网络上结识的朋友可以依赖吗

丽丽在网上认识了一位男性朋友,她是通过一次偶然的机会认识的,与对方很谈得来。她觉得平时有些事情和同学说不太合适,也不太好说,可用文字打出来,就方便多了,感觉特别好。两个人认识了一个多月,对方想约丽丽见面,可丽丽心里很害怕,但又有一种冲动想见对方,她自己拿不定主意了。

案例点评: 通过网络交友而产生的爱比我们在真实世界中收获的爱要美好得多。通过网络喜欢上一个人,对方会在网络上爱护你、指导你、帮助你,但网络上的恋爱对象可能是一个幻影,不要把它当真。在网络上谈恋爱,说明人们在爱情中需要幻想。网络没有办法传递触觉、气味,以及任何物质,只能传递词语,偶尔有一些图像和声音,所以它是一种纯精神的交往。在网络中,我们不需要吃真实的食物、喝真实的水、穿真实的衣服等,所以,网络上没有柴米油盐的烦恼,也没有利益之争,这使双方显得更加美好、善良、可爱。我们常用想象来补充感觉不到的东西,当你看不到他的形象时,你会想象他的形象,用想象赋予他一个身体。如果你喜欢他,你赋予他的身体一定是完美的;如果你讨厌他,你就会赋予他一个丑陋的身体。这个身体不是他的,是你给他的,这个身体不存在于世界上的任何地方,只存在于你的想象中。网络上的爱情往往是很美的,因为它可以用一切美好的想象来编织一个网。网络上的恋人,归根结底可以说是想象的恋人,是一个人心里关于爱人的种种形象和期待投射出来的。心理学家荣格认为,每个人在潜意识中都有一个恋人的形象,最容易爱上的人就是和他(她)的这个形象相似的异性。在现实生活中,我们很难遇到一个和我们"心中的恋人"如此相似的人,但是在网上比较容易找到。所以,网恋不是男女普通生活中交往的那种爱,它更像是自恋。

(五)爱情心理发展阶段

爱不是随意无序的,爱也有不同的阶段和规律,就像一个人的成长过程一样,在这个过程中我们会经历甜蜜、浪漫,也会经历失望、痛苦。只有认识到它们是必然存在的,才能坦然面对一切。只有处理好恋爱时出现的矛盾和冲突,才能延续爱的过程,并增进彼此的感情,否则,爱就可能终止,同时带来痛苦和忧伤。爱情有以下3个心理发展阶段。

1)心动阶段

很多人在初次恋爱时还不太成熟,初次恋爱的特点是心动,这时候并不一定是爱上了某个人,而是爱上了自己脑中编织的爱情故事。编织的爱情故事缺少了一个人物,当你发现对方可能是你要的人物时,你就会有心动的感觉。神经生物学家对处于恋爱初期的人的大脑进行了扫描,在这个阶段双方还没有约会时,就互相有了一种吸引力。

2)心痛阶段

当从对爱情故事的憧憬和想象过渡到对一个具体的人的爱时,个体会更多地体会爱上一个人的感觉,特别需要他(她),特别想和他(她)亲密接触,总是惦记着对方,看到对方就快乐甚至激动起来,脸红心跳,不知道该做点什么才好。睡觉前一想到对方,就开始不由自主地微笑,对着天花板幸福地想象,可能三更半夜突然爬起来唱歌。

3）心疼阶段

当个体从爱一个人过渡到爱一种生活的时候，爱情就进入了一个新的阶段，彼此都爱上了一种生活——有对方在自己身边的生活。有时候你失恋之后感到痛苦，不见得是因为失去了某个人，可能是因为失去了某种你爱的生活。

有学者认为，从心理学的角度看，成熟的恋情是"过滤作用"的结果。经过了外貌、专业、家庭条件、社会地位的第一层过滤，还要经过个人的需要、兴趣、志向及价值观的第二层过滤，再经过心理上的交流和沟通、相互适应和磨合的第三层过滤，恋爱的朦胧感才被清晰感所替代，感情的冲动被情感和理智的平衡所替代。

（六）常见的恋爱心理分析

在恋爱过程中，恋爱双方有着特殊的认识、情感、意志及行为方式。

1）恋爱过程中的不等距

恋爱是男女之间感情交流、心与心逐渐融合的过程。两个人的关系越密切，彼此的心理距离就越近；反之，两个人的关系越疏远，相互之间的心理距离就越远。心理距离存在3个不等距原则。

（1）空间距离与心理距离的不等距。有时两个人远隔万里，也会心心相印；有时两个人同处一室，也形同陌路。

（2）表面距离与心理距离的不等距。在异性交往中，人们有时由于羞怯，会出现心如烈火、面如冰霜、不知如何表达的尴尬局面；虽然心仪对方已久，却表现出退避三舍的反向行为。

（3）即时距离与平时距离的不等距。由于偶然因素，异性之间一起活动，会发生比平时亲密的行为举止，这种即时的人际接近具有不稳定性，如果趁热打铁，可以推进人际关系，但是心理距离的缩短是一个渐进的过程，过激行为可能会弄巧成拙。

2）恋爱过程中的心理效应

恋爱过程中的心理效应主要表现为结晶效应、徘徊心理、专一心理和陶醉心理。

（1）结晶效应。它是指"情人眼里出西施"的"晕轮效应"。伏尔泰曾说："恋爱是由自然赋予、用想象描绘的一张画布。"不论是容貌还是才情，情人眼里总会找出恋人最好的地方。个体在坠入情网的那一刻，被对方深深吸引，对方那些颇具吸引力的特点无疑是自己最为欣赏、最为看中的。最初，具有吸引力的特点是恋人爱慕的焦点，而后由此挖掘出对方的更多优点。个体往往靠"第六感觉"来判断对方是否适合自己，进而产生"一见钟情"的情感体验。正如莎士比亚所说："一个恋爱中的人，可以踏在随风飘荡的网上而感觉不到危险，幻想的幸福使他灵魂飘然轻举。"

（2）徘徊心理。它是指总是难以做出最后抉择的一种心理。比如，古希腊时期的一位青年去拾麦穗，导师告诉他，只许往前走，不能走回头路，拿回一个大麦穗。青年看见地里一个较大的麦穗，本想拾取，但心想前面可能还有更大的，就继续往前走。又看见一个大麦穗，心想前面还有更大的，于是继续往前走，最后他没有拾到最满意的大麦穗，只得空手而归。处于恋爱期的男女往往就是因为这种寻寻觅觅，总是不能决定哪个"麦穗"更大，结果在犹豫中错过了大好时机。

（3）专一心理。真正的爱情应该是专一的，而不是多向的。当你爱上一个人之后，你

可能还会对别人产生好感,别人对你还有吸引力,这是完全可能的。你们两个人是相爱的,如果你的恋人对别的男生或者女生产生感情,你不会允许,这说明什么呢?这说明你要求对方必须专一,如果对方不专一,你就会觉得对方不爱你了。

(4)陶醉心理。爱一经燃烧,就像火一样,在心头形成燎原之势,越来越旺,好像偌大的世界只有你们两个人,这就是陶醉心理的效应。在与恋人接触时,个体想获得的是对方的赞美及对方对自己的正面回应,前者是自我的提升,后者是自我的验证。所以,对于热恋中的人而言,恋人就是自己的全部世界,为了爱甘愿奉献一切。

第二节 走出恋爱困境

 名人名言

如果一个姑娘想嫁给富翁,那就不是爱情。财产是最无足轻重的东西,只有经得起别离的痛苦才是真正的爱情。

——列夫·托尔斯泰

 案例分析

苏格拉底和失恋者的经典对话

苏格拉底:孩子,你为什么悲伤?

失恋者:我失恋了。

苏格拉底:哦,这很正常。如果失恋后没有悲伤,恋爱大概也就没有什么感觉。可是,年轻人,我怎么发现你对失恋的投入甚至比对恋爱的投入还要多呢?

失恋者:到手的葡萄丢了,这份遗憾,这份失落,您非其中人,怎知其中的酸楚啊。

苏格拉底:丢了就丢了,何不继续向前走,鲜美的葡萄还有很多。

失恋者:我要等到海枯石烂,直到她回心转意向我走来。

苏格拉底:但这一天也许永远不会到来。

失恋者:踩上她一脚如何?我得不到的,别人也别想得到。

苏格拉底:这只能使你离她更远,而你本来是想与她更接近的。

失恋者:您说我该怎么办?我是真的很爱她。

苏格拉底:真的很爱她吗?那你希望你所爱的人幸福吗?

失恋者:那是当然。

苏格拉底:如果她认为离开你是一种幸福呢?

失恋者:不会的!她曾经跟我说过,只有跟我在一起的时候她才感到幸福!

苏格拉底:那是曾经,是过去,可她现在并不这么认为。

失恋者:就是说,她一直在骗我吗?

苏格拉底:不,她一直对你很忠诚。当她爱你的时候,她和你在一起,现在她不爱你,

第七章 培育与经营爱情

她就离开了,世界上再也没有比这更大的忠诚了。如果她不再爱你,却还装得对你很有情意,甚至跟你结婚、生子,那才是真正的欺骗呢。

失恋者:可我为她投入的感情不是白白浪费了吗?谁来补偿我?

苏格拉底:不,你的感情从来没有浪费。因为你在付出感情的同时,她也对你付出了感情,在你给她快乐的时候,她也给了你快乐。

失恋者:可是她现在不爱我了,我却还苦苦地爱着她,这多不公平啊!

苏格拉底:的确不公平,我是说对你所爱的那个人不公平。本来,爱她是你的权利,但爱不爱你是她的权利,而你却想在自己行使权利的时候剥夺别人行使权利的自由。这是何等的不公平啊!

失恋者:可是您看得明白,现在痛苦的是我而不是她,是我在为她而痛苦!

苏格拉底:为她而痛苦?她的日子可能过得很好,不如说你为自己而痛苦吧。明明是为自己,却还打着为别人的旗号。

失恋者:依你的说法,这一切倒成了我的错?

苏格拉底:是的,从一开始你就犯了错。如果你能给她带来幸福,她是不会从你的生活中离开的,要知道,没有人会逃离幸福。

失恋者:可她连机会都不给我,您说可不可恶?

苏格拉底:当然可恶。还好,你现在已经摆脱了这个可恶的人,你应该感到高兴,孩子。

失恋者:高兴?怎么可能呢?不管怎么说我是被抛弃的。

苏格拉底:被抛弃的并不就是不好的。

失恋者:此话怎讲?

苏格拉底:有一次,我在商店看中一套价格昂贵的衣服,爱不释手,营业员问我要不要。你猜我怎么说,我说质地太差,不要。其实,我口袋里没有钱。年轻人,也许你就是这件被遗弃的衣服。

失恋者:您真会安慰人,可惜您不能把我从失恋的痛苦中拉出来。

苏格拉底:时间会抚平你心灵的创伤。

失恋者:但愿我也有这一天,可我的第一步该从哪儿做起呢?

苏格拉底:去感谢那个抛弃你的人,为她祝福。

失恋者:为什么?

苏格拉底:因为她给了你忠诚,给了你寻找幸福的新机会。

心理学家契可尼通过实验证明,一个人的记忆有奇特的功效,它对已完成的事情极易忘却,而对中断了的、未完成的事情却总是记忆犹新,这种现象被称为"契可尼效应"。没有结果的初恋让人回味无穷,刻骨铭心,从心理学上解释,是因为它是未完成的、不成功的。如果懂得这一心理学常识,也许就不会那么执着于没有结果的初恋,也就不会有那么多失恋的痛苦乃至悲剧故事了。失恋缘于爱的能量失去了释放的对象,让失恋者感到失去了方向。难以排遣的爱的能量在内心不断积累,必然要寻找"喷射口"。一旦

这种力量以严重的程度喷向对方，就会导致灾难性的后果。也有一些失恋者无意攻击对方，却把失恋的破坏性能量朝自己喷射。想避免失恋造成的困扰，就要寻找合理的释放对象和途径。

一、失恋者的心理表现

（一）自卑心理

当失恋者感到羞愧难当，陷入自卑、心灰意冷中时，很容易走上绝路。其实，失恋是恋爱生活中的正常现象，并不是一种错误。

（二）报复心理

有的失恋者失去理智，产生报复心理，结果可能造成毁灭性的结果。特别是因为一方不道德而导致失恋时，更容易出现报复心理。其实，如果对方人品不好，你应该为分手而庆幸，切不可降低自己的人格，以图一时的泄愤。

（三）渺茫心理

有的人把恋爱看得至高无上，一旦失恋了，学业、事业、前途也不顾了。其实，这样做不但于事无补，而且可能使个体在恋爱问题上更草率。

失恋的痛苦是可以理解的，要尽快摆脱精神痛苦，实现心理平衡，克服不良心理。

二、走出失恋阴影的方法

 案例分析

失恋的小雯

小雯是一所高职院校的学生，性格内向。不久前她恋爱了，第一次感受到了爱情的甜蜜。但是，当她沉浸在甜蜜的爱情中，爱得刻骨铭心时，她却突然失恋了。男朋友认为他们之间缺少共同语言，价值观不同，如果长此下去双方会争吵不止，影响感情，不会幸福。小雯彷徨、失望、痛苦，为什么昨天还是花前月下，今天却分手了？她的理智和情感无法平衡，她感觉整个世界好像倒塌了一样，仿佛跌进了万丈深渊，没有人能救她，虽然父母、朋友一直在安慰她，可是她无法不让自己想对方。

失恋是痛苦的，那么如何度过这段痛苦的时期呢？有什么具体的办法吗？

（一）冷静分析失恋的原因，树立正确的爱情观

冷静分析一下失恋的原因，可以帮助我们摆脱失恋的痛苦。绝大多数大学生因为盲目恋爱而导致失恋后无法走出阴霾。不要因从众心理而去恋爱，不要为了恋爱而去恋爱。恋爱要严肃认真、感情专一，在恋爱过程中要相互理解、信任、包容，相互尊重，共同进步。要追求高尚的爱情，摒弃庸俗的爱情。所谓高尚的爱情更多地是精神层面上的，大学阶段是个体不断自我完善与提高的时期，大学生在体验美好爱情的同时，应该不断充实自我，只有这样，才能在社会中更好地生存和发展。

（二）学会自我调节，及时疏导心中的郁闷

人的理智可以战胜情感。失恋者可以采用疏放法，即对亲人或知心好友倾诉心中的烦恼；也可以奋笔疾书；甚至可以痛哭一场。这样有助于缓解因失恋带来的心理压力，及时恢复心理平衡。也可以采用转移法，主动到开阔的环境中放松自己。

（三）努力把精力投入到事业、工作和学习中去

很多历史名人都曾经历过失恋的痛苦，他们的经历可以作为积极转移失恋痛苦的例子。"天涯何处无芳草""莫愁前路无知己"，一扇幸福之门对你关闭的同时，另一扇幸福之门会为你打开。

训练活动 7-3　我失恋了，我成长了

【目的】提高成员表达观点、看法及"做决定"的能力，学习正确对待失恋的方法。

【步骤】

时间：15 分钟。

操作：4 人一组，讨论并分析因失恋而有过激反应的案例。接下来，选两位同学上台，让两位同学表演一个人劝慰一位失恋者的经过。最后寻找失恋的好处。

因为我失恋了，所以我获得了＿＿＿＿＿＿＿＿＿＿＿＿＿＿＿＿＿＿＿＿＿＿＿＿。

因为我失恋了，所以我获得了＿＿＿＿＿＿＿＿＿＿＿＿＿＿＿＿＿＿＿＿＿＿＿＿。

因为我失恋了，所以我获得了＿＿＿＿＿＿＿＿＿＿＿＿＿＿＿＿＿＿＿＿＿＿＿＿。

因为我失恋了，所以我获得了＿＿＿＿＿＿＿＿＿＿＿＿＿＿＿＿＿＿＿＿＿＿＿＿。

因为我失恋了，所以我获得了＿＿＿＿＿＿＿＿＿＿＿＿＿＿＿＿＿＿＿＿＿＿＿＿。

这一次我在＿＿＿＿＿＿方面没有做好，以后我将＿＿＿＿＿＿＿＿＿＿＿＿＿＿去改进。

拓展阅读

蜜蜂与鲜花

玫瑰花枯萎了，蜜蜂仍拼命吮吸，因为它以前从这朵花上吮吸过蜜汁。但是，现在蜜蜂在这朵花上吮吸的是毒汁。蜜蜂知道吮吸的是毒汁，因为毒汁苦涩，与以前的味道有着天壤之别。可是，蜜蜂愤不过，吸一口就抬起头来向整个世界抱怨，为什么味道变了？终于有一天，不知道是什么原因，蜜蜂振动翅膀，飞高了一点。这时，它才发现枯萎的玫瑰花周围都是鲜花。

第三节　培养爱的能力

名人名言

爱，绝不是两个人独立成一个世界；爱，是两个人共同去欣赏这个世界。

——艾里希·弗洛姆

> **案例分析**
>
> 钱钟书与杨绛的爱情故事
>
> 　　1932年春，在清华大学古月堂门口，钱钟书与杨绛初次偶遇，杨绛觉得钱钟书眉宇间"蔚然而深秀"，钱钟书被杨绛"颉眼容光忆见初，蔷薇新瓣浸醍醐"的清新脱俗吸引，两人一见如故，侃侃而谈。钱钟书急切地澄清："外界传说我已经订婚，这不是事实，请你不要相信。"杨绛也趁机说："坊间传闻追求我的男孩子有孔门弟子'七十二人'之多，也有人说费孝通是我的男朋友，这也不是事实。"恰巧两个人在文学上有共同的爱好和追求，这一切使他们怦然心动，一见钟情。
>
> 　　爱，是艺术，亦是能力。当我们遇见爱情时，如何才能像钱钟书和杨绛那样互倾爱慕呢？当两个人喜结连理后，如何才能鸾凤和鸣，扶持一生呢？这需要培养爱的能力。
>
> 　　恋爱是人生中最美好的事情之一，但也是最难以把握的情感交流过程。许多人认为自己为爱情付出了很多，最终得到的却是伤心和失落，是爱错了人，还是不懂得爱情的真谛呢？其实，爱是一条充满曲折的道路，其中有甜蜜，亦有艰辛。正如一枚硬币的两面，二者合一才是爱情的全部。我们能在这条道路上走多远、收获多少，不仅取决于我们爱了谁，还取决于我们是否有能力面对困难和冲突。

一、爱的能力的概念

爱的能力是指与他人建立亲密关系的能力。人只有具有爱的能力，才能准确地了解、感悟、体会对方对自己的爱意，进而很好地回应对方的爱。

二、爱的能力的范畴及培养

爱的能力包括对爱的认知、表达、共情、回应及影响。

（一）爱的能力之一：认知

爱的第一种能力是认知，包括对爱的认知、对自我的认知、对爱的对象的认知。爱的前提是知道爱情是什么、自己的爱情观是什么、想要和什么样的人经营爱情。反之，爱情又会促进人认知爱、认知自我、认知爱的对象。弗洛姆曾说："我们觉得自己是一个谜，别人对我们来说也永远是一个谜。全面了解的唯一办法是爱，在爱中了解、认识。"因此，在爱情中对爱的认知、对自我的认知、对爱的对象的认知既是爱的前提，也是爱的功能。爱情与这三方面相互作用，同时，这三方面也彼此促进。

1）对爱的认知

对爱的认知，包括对爱情的本质和特征、爱情的构成等基本理论的认知。个体只有具备了对爱的认知能力，充分认识了什么是爱，才能准确地感知爱、表达爱、回应爱。

2）对自我的认知

对自我的认知是指个体对自己的洞察和理解，包括自我观察和自我评价。自我观察是指个体对自己的感知、思维和意向等方面的觉察；自我评价是指个体对自己的想法、期望、行为及人格特征的判断与评估，这是自我调节的重要条件。基因、环境及教育等因素会使个体的发展有所侧重，从而形成不同的人格。人格具有独特性，因此个体在爱情中要时常自我观察、自我评价。面对问题，要进行内归因。正确的归因有助于个体认识、接受并改进自己的不足。自我认知反映到爱情中体现为个体易于认清自己的问题，从自身出发进行改变。此外，个体还要明确自己的爱情底线和原则，在底线和原则被突破时，要提醒自己：爱人先爱己，不要爱得卑微。如果一个人在爱情中放弃了对自己的爱、对自己的尊重，就会感觉委屈。一方幸福感缺失的爱情既不是高质量的爱情，也不会长远。

3）对爱的对象的认知

个体具有独特性，爱情中的两个人必然有差异，然而有些人在相处中不允许差异存在，这也是许多爱情走向尽头的缘故。婚恋心理学专家张怡筠教授曾说："许多婚姻结束的原因正是他们爱情开始的原因。"两个人在恋爱时觉得对方有安全感，婚后却觉得对方非常霸道，控制欲强；恋爱时觉得对方比较孝顺，有感恩之心，婚后却觉得对方过于孝顺，有偏颇之心。解决这类问题的方法是从根本上改变对爱的对象的认知，不要用完美来衡量爱的对象。每个人都有自己的特点，如果决定和某个人共同经营爱情，就要允许对方以其本来的面目存在。

爱能够使人克服孤独感，但同时又允许人保持独立性和完整性。在成熟的爱中，爱的双方既彼此独立又相互融合。允许是解决恋爱中的诸多问题的一条捷径，也是一种能力。不管是对方与你的差异，还是对方身上的缺点，只要提升自己内心允许的能力，就能得以解决。

（二）爱的能力之二：表达

表达是爱的第二种能力，是一种沟通能力，是指在爱情中个体向爱的对象表达自己的情绪、需求、感受、想法等状态的能力及关爱对方的能力。它不同于指责、抱怨、冷暴力等方式，不仅有助于对方了解自己、感知自己，还有利于感情关系的维护。它包括两个层面的内容：一是自我状态的表达；二是关爱对方的表达。

1）自我状态的表达

在爱情中，自我状态的表达至关重要。个体只有将自己的情绪、感受、需求、想法等状态客观、准确、及时地告诉对方，自己的状态才能被对方准确地感知到。

情绪的存在是正常且必需的，每种情绪都有其独特的作用，即使是负性情绪在一定的情境之中，也同样具有重要作用。当情绪出现时，我们应该察觉并疏导情绪，实现合理的情绪表达。我们可以直接将引发情绪的事实及情绪一起描述出来告知对方，例如，"你说了这样的话，我感觉很难过""你做了我最喜欢吃的饭菜，我真是太幸福了"等。

需求是指个体生理或心理上的某种不满足感，它可以使人产生行为动机。马斯洛将人类的需求分为5类，分别是生理需求、安全需求、社交需求、尊重需求和自我实现需求。在爱情中，个体要学会将自己的需求表达出来，征询对方的建议，而不是抑制需求，更不是略过需求直接自行给出解决方案。具体方法是：向对方表达自己的需求，可附带解决方案，例如，"我希望你陪我晨练，未来的日子我们早点起吧""明天我的一位朋友来家里做客，你下班买些菜好吗"。

2）关爱对方的表达

爱的表达是指向爱的对象表达关爱，让所爱的人真切地感觉到被爱。爱不需要猜测，也不需要产生心电感应，爱要用对方看得见、感受得到并能够理解的方式表达。具体方法是：让对方感受到爱情中存在着爱的几个要素，如关心、牵挂、排他等。

拓展阅读

烦忧

戴望舒

说是寂寞的秋的清愁，
说是辽远的海的相思。
假如有人问我的烦忧，
我不敢说出你的名字。
我不敢说出你的名字，
假如有人问我的烦忧。
说是辽远的海的相思，
说是寂寞的秋的清愁。

（三）爱的能力之三：共情

共情是爱的第三种能力，共情又叫移情、同感、同理心、投情等，是指个体能设身处地体验他人的处境，对他人的情绪、情感具备感受力和理解力。这一概念最初是由人本主义理论创始人罗杰斯针对医患关系提出的。在爱情中，共情的能力表现为两个方面：一是理解对方的感受；二是体会对方的爱意。

1）理解对方的感受

理解对方的感受，需要共情者抛开自我的价值体系，进入另一个人的世界，揣测对方的感受。首先，共情者要学会尊重别人的价值体系，当双方价值体系出现矛盾时，要以对方的价值体系为准；其次，要及时觉察对方的情绪变化；最后，要准确地描述出对方的内心感受。当不确定对方的感受时，我们要通过复述、反问进行确定。这样做是为了让对方知道你理解了他，只有对方感觉自己被理解了，共情才是有效的。

2）体会对方的爱意

当对方向我们表达爱意时，要准确地感知到，并通过赞美、奖励等方式及时强化对方的爱。感知对方爱意的具体方法包括察言观色、倾听等。

（四）爱的能力之四：回应

回应是爱的第四种能力，回应是指个体在感受到对方的爱意时，积极做出反应。它包括两层含义：一是悦纳并回应契合之爱，二是婉拒并尊重无缘之爱。

1）悦纳并回应契合之爱

当契合的爱情来临时，接受对方的爱意并积极回应对方；当身处爱恋中时，细心体会对方的爱意并积极回应。这些都是爱的能力的体现。

2）婉拒并尊重无缘之爱

面对向自己表达爱慕之情的人，如果无意与其共同经营爱情，应该明确、果断、委婉地表示拒绝。要以不伤害他人自尊、不违背自己意愿为原则，妥善回应无缘之爱。

培养爱的回应能力的方法：注意有效沟通；运用身体语言，如拥抱、牵手等。

（五）爱的能力之五：影响

影响是爱的第五种能力。相爱的两个人的言行举止具有一定的相似性，这是双方潜移默化、互相影响的缘故。影响作为一种促进对方成长的方式，具有以下特点：一是潜移默化发生的；二是不以直接改变对方为目的；三是不以否定对方为方式。

培养爱情的影响能力的方法：一是学会等待，允许对方慢慢成长；在影响的过程中，要学会不作为，抛下代作为。二是及时强化，鼓励对方好的行为；强化要及时，并且让对方感觉是自然发生的，不是刻意的。

训练活动 7-4　爱的地图

【目的】培养学生爱的表达能力、回应能力。

【步骤】

（1）请画出一张"爱的地图"，其中包括生命中最重要的关系。（至少 5 种）

（2）请完成以下问题。请评估一段关系中有多少爱？先写下你对这段关系目前状况的评分（0~10 分），然后猜想对方会打多少分，最好能直接问对方。"0"代表没有爱，"5"代表普通，"10"代表无条件的爱。

① 你以何种方式向对方表达爱？请列出你的方式。（至少 10 种）

② 对方如何向你表达爱？请列出对方的方式。（至少 10 种）

③ 你何时最能感觉到对方的爱？请回想一下什么事情能够感动你，比如某些善举、温柔的话语、身体的碰触、被欣赏、高质量的相处、沟通情感、被关注、一起享乐等。

④ 对方何时最能感觉到你的爱？请注意对方喜欢的表达方式，比如语言、肢体等。

⑤ 我们怎么才能更好地对待对方，给对方更多的爱？这是在让你深度审视自己表达爱的方式，也是在让你们展开相关对话。

（3）教师总结。爱的表达能力、回应能力在很大程度上决定了爱情的质量，大学生在经营爱情时要学会有效表达、积极回应爱，这有助于爱情的保鲜。

训练活动 7-5　透视爱侣的优势

【目的】学会对爱的对象的认知。

【步骤】

```
□ 智慧与知识
    ① 好奇心          ② 热爱学习        ③ 判断力
    ④ 创造性          ⑤ 社会智慧        ⑥ 洞察力
□ 勇气
    ⑦ 勇气            ⑧ 毅力            ⑨ 正直
□ 仁爱
    ⑩ 仁慈            ⑪ 爱
□ 正义
    ⑫ 公民精神        ⑬ 公平            ⑭ 领导力
□ 节制
    ⑮ 自我控制        ⑯ 谨慎            ⑰ 谦虚
□ 精神卓越
    ⑱ 美感            ⑲ 感恩            ⑳ 希望
    ㉑ 灵性            ㉒ 宽恕            ㉓ 幽默
    ㉔ 热忱
```

（1）根据你挑选出来的 3 个优势，请写出最近发生在你爱的对象身上，使你觉得值得赞美的事情，让你爱的对象读你写的句子，也请对方做这个练习。

优势：_____

事件：_____

_____

优势：_____

事件：_____

_____

优势：_____

事件：_____

_____

（2）教师总结。每个人都希望别人能够看到自己的优势，进而认可自己，你的爱侣也不例外。从现在起，我们逐渐养成关注爱侣优势的习惯，幸福就会随之而来。

 案例分析

手中的沙子

在一个很古老的村落，一位美丽的女孩即将出嫁，高兴、激动、担忧……心情很是复杂。于是，她就问母亲："妈妈，我要出嫁了，我以后应该怎么对待我的丈夫呢？该如何维持我们的爱情呢？"母亲没说话，弯下腰用双手捧起一把沙子，满满的一把沙子。这个时候女孩很疑惑："这个……"母亲说："这个就代表你们的爱情。"然后母亲的手开始用力握紧……沙子飞快地往外溢出，等手攥成了拳头，张开手掌时，手心里已经没有沙子了，女儿很聪明，很快就理解了。

　　沙子握在手中，你越用力握紧，沙子从指缝里漏得越多、越快。爱情和沙子一样，握得越紧，就越容易失去。不妨轻轻松开手，给对方一定的自由，松绑爱情，爱情才会是美好的。

　　弗洛姆在论述爱情时有一句非常深刻而精彩的论断："爱，是生产爱的能力。"平时我们讲"找对象"是不恰当的，事实上你的"另一半"并不是早就在某个地方等着你去寻找，爱是通过交往，彼此生产出来的。那些深受人们喜爱的人，是因为他们有较强的生产爱的能力，而且想让彼此的爱长久保持，就要不停地生产爱。如果某一天，其中一方不愿意为对方生产爱了，那么他们之间的爱就没有了。生产爱的过程就是创造的过程，完善的人格是爱情创造的基础。所以弗洛姆说："人必须竭尽全力促成自己完善的人格，形成创造性的心理倾向，否则，他追求爱的种种努力就会付之东流。"如果你想被人爱，那么你就必须使自己值得被爱。爱的实践不仅检验了人格，还促进了理想伴侣的产生。在与自己所爱的人交往时，人们总是积极地去完善自己、丰富自己、升华自己，发掘自己的潜能。

　　爱的能力首先表现为爱自己的能力，看内心储存了多少爱可以给予对方，如果一个人内心是干枯的，没有爱可以付出，也就缺乏爱的能力。一个人在爱他人之前，首先要学会的是爱自己——自爱。这种对自己的爱绝非自私自利、顾影自怜、以自我为中心，而是对自己由衷的喜爱、关怀和尊重。当一个人能够正确认识自己并真正欣赏自己时，他便拥有了一颗自爱的心。一个人只有先有能力做到爱自己，才有可能去爱他人。爱自己首先需要正确地认识自我；爱自己要学会珍惜自己的感情，尊重自己的感情；爱自己要学会说"不"；爱自己包含对自己负责。爱情是给予而不是得到，爱是责任，是尊重，是能力。

训练活动7-6　组装自己爱的能力

【目的】更深入地认识到爱是一种能力。

【步骤】

时间：5分钟。

操作：爱的能力是一种综合素质的融合，是个体在爱的过程中一系列能力的组合。具体来说，爱的能力应该至少包括以下几个方面。请发挥你的思维能力和想象能力写出来。

（1）爱的能力包括_____的能力。

（2）爱的能力包括_____的能力。

（3）爱的能力包括_____的能力。

（4）爱的能力包括_____的能力。

（5）爱的能力包括_____

的能力。

（6）爱的能力包括＿＿＿＿＿＿＿＿＿＿＿＿＿＿＿＿＿＿＿＿＿＿＿＿＿＿＿
的能力。

小　结

本章从本质、构成要素和特征等方面详细介绍了爱情，探讨了大学生的恋爱心理特点，可能面对的恋爱困惑及调适方法，在明确爱的能力的概念之后，提出了爱的能力的范畴及培养方法。通过案例分析和训练活动，在实践中端正学生的爱情观，从爱的视角出发促进学生的自我发展与完善，为培养完满的人而努力。

实践与应用

张某，男，20岁，某大学二年级学生，因失恋感到非常痛苦。他与女朋友是同班同学，一年前他们相恋，但不久前女朋友与他中断了爱情关系，这对他来说是一个沉重的打击。多日来，他借酒浇愁，情绪低落，心烦意乱，不思学业，对新生活的所有期待与憧憬也顷刻之间化为乌有。这是他第一次谈恋爱，感情曾经一直很稳定，但因个性不合、常存在观点分歧，又因几件小事而发生几次争吵，对方感到越来越烦，对他失去耐心，最后与其分手。他说无论如何也忘不了她，很想去挽回恋人的心，每次想起两个人曾经在一起的美好时光就让他泪流满面，失恋的痛苦就像恶魔一样，无情地折磨着他的心。

点评：该男生失恋后表现的症状是悲伤、失落和抑郁，从失恋的原因上看是由个体心理因素造成的，由于双方个性不合、常存在观点分歧而导致分手。根据本章所介绍的走出恋爱困惑的方法，该大学生可以从以下几个方面调适自己。

（1）勇敢面对，正确认知。要摆脱失恋的痛苦，防止心理和行为失常，必须认识到爱情虽然重要，但不是生活的全部，大学生更需要关注的是理想和学业，应重新认识爱情在生活中的位置。此外，冷静地分析失恋的原因也是有效消除失恋痛苦的途径之一。

（2）学会转移，升华痛苦。失恋是痛苦的，它在人们心中的印记常具有触发性，因此失恋后可以立即换个环境，暂时与会触动自己恋爱痛苦回忆的景、物、人隔离，并主动置身于新的欢乐的、开阔的人际交往与自然环境中。也可以将自己的注意力集中在自己感兴趣的事物中，如专心学习等，将失恋的痛苦转化为动力，去体会人生真正的意义。

（3）合理宣泄，减轻痛苦。失恋后过分压抑自己的痛苦、烦恼、怨恨，易使自己更加苦闷、孤独和惆怅。应当把心中的情绪向亲朋好友诉说，这样会得到他们的安慰和鼓励，也会得到他们客观的分析和中肯的建议，这有利于失恋者冷静地对待失恋，达到心理的平衡。如果无合适的对象倾诉，可以把自己的苦处写出来，还可以关起门来大哭一场，也可以到无人的地方大叫一通，从而达到发泄情绪、疏解心情、调节心理的作用。

思考与解答

1. 尽管学习了培养爱的能力的方法，但是和爱的对象相处时还是会有磕磕碰碰，这该怎么办？

答：爱是一种能力，也是一门艺术，没有一种能力或一门艺术是脱离实践而存在的。爱的能力不是知道了相关理论后就可以练就的。因此，在爱情中，要时刻提醒自己用爱的理论指导爱的实践。爱，是绽放的时刻，也是成长的过程。我们要允许爱情中存在问题，然后分析问题产生的原因，最后从所学的理论中找出最合适的解决方法。"爱，绝不是两个人独立成一个世界；爱，是两个人共同去欣赏这个世界。"弗洛姆的话告诉我们应将爱的格局扩大，爱情最好的状态是两个人在相互扶持中成长，共同欣赏世界的美好，这是两情相悦之爱，更是博爱。

2．知识问答

（1）什么是爱情？爱情的构成要素是什么？

（2）结合自己的实际情况，谈谈大学生应该如何培养自己爱的能力。

（3）请举例分析大学生应如何走出恋爱困境。

推荐欣赏

电影推荐

《八月迷情》《情书》《山楂树之恋》

书籍推荐

[1] 赵永久. 爱的五种能力[M]. 北京：作家出版社，2014.

[2] 张羽. 只有医生知道[M]. 南京：江苏文艺出版社，2016.

第八章 应对与战胜挫折

气候有冷暖,一年有四季。光明和黑暗共存,欢乐和悲伤与人生相伴。人生旅途中难免会遇到挫折、坎坷。由于自身、环境、机遇等原因,大学生可能会遭遇家庭变故、蒙冤受屈、考试落榜、应聘失败等事情,也可能遇到"坏者不能避、好者不能取、恨者不能除、爱者不能得"等困境,从而引发心理问题。在面对挫折时,大学生要学会正视挫折并战胜挫折。

第一节 挫折概述

 名人名言

人的生命似洪水在奔流,不遇到岛屿、暗礁,难以激起美丽的浪花。

——奥斯特洛夫斯基

"人民英雄"张定宇

"武汉市金银潭医院院长张定宇,一个战斗者,一个指挥者,也是一颗定心丸。我们在第一时间知道了金银潭医院,却在一个月以后才知道他。他知道自己患上了绝症,却要为患者、社会燃起希望之光;他阻挡不了自己的病情,却用尽全力去把危重患者拉回来。他的双腿已经开始萎缩,但他站立的地方,是最坚实的阵地。"《湖北日报》曾这样评价张定宇。

小时候,张定宇跟着哥哥跑遍武汉市的每一条街巷,感受着老汉口的繁华。1981年,他考入华中科技大学同济医学院医疗系。大学期间,他最亲爱的哥哥患病而亡。凶手,是一种名叫流行性出血热的传染病。这,是他生命中永远的痛。

从医学院毕业后,张定宇进入武汉市第四医院,成为麻醉科的一名医生。2013年12月,张定宇调任金银潭医院院长。针对医院的不景气状况,他开始尝试各种探索、多方突破,在原有基础上加强管理，全面提升，重点突破。把艾滋病防控工作争取回来；针对传染病治疗的关键难点，引进一系列先进设备，全面提高治疗水平；费尽千辛万苦，建立 GCP（药物临床试验质量管理规范）平台，在国家政策的支持下，对所有预上市新药进行系统的、缜密的试验确证。

突如其来的疫情将张定宇推到了"战场"中心。金银潭医院的空气中充满了浓浓的消毒水味道，像硝烟，似雾霾。但是张定宇带领团队日夜兼程，救治病人。在一次会议上，张定宇平静地说："我是……渐冻症！""是的，渐冻症，已确诊。""医生告诉我，或许还有六七年的寿命。现在，我的双腿已经开始萎缩……"他沉默少许，接着说："我向各位兄弟姐妹道歉啊。这两年，我脾气不好，批评你们太多，你们都受委屈了！现在，我的时间不多了。在这最后的日子里，我必须跑得更快，才能跑赢时间；我必须跑得更快，才能抢回更多患者；我必须跑得更快，才能和大家一起跑出病毒的魔掌。现在，形势万分危急。我们要用自己的生命，保卫武汉！"说完，他用尽全身力气站起来，一跛一拐地走向前台，双手抱拳，深鞠一躬："拜托大家了！"泪水模糊了大家的眼睛。

在张定宇的带领下，金银潭医院采取了多种治疗方法，用最大努力和最小牺牲，为保护武汉这座城市尽了全力！他和他的团队为人民创造了幸福、康宁！

"人生不如意事十有八九"，没有人的一生是一帆风顺的，大学生也是如此。在生活、学习、成长的过程中，难免有这样那样的困难与挫折。面对不可避免的压力与挫折，大学生应当积极克服并勇于战胜它们，从中吸取教训，增长经验，锻炼意志，把挫折当作成功与胜利的前奏曲，在跌倒之后爬起来继续前进。

一、挫折的概念

在心理学领域中，挫折是指人们在从事有目的的活动过程中，遇到难以克服或自以为难以克服的障碍或干扰，致使其动机不能被满足或目标无法实现时产生的情绪状态和情绪反应。

挫折通常包含以下 3 种要素。

（1）挫折情境。挫折情境也被称为挫折源，是指对个体动机行为造成障碍或干扰的内部、外部刺激情境。在挫折情境中，对个体行为发生阻碍作用的可能是人或物，也可能是社会环境或者自然环境。

（2）挫折认知。挫折认知是指个体对挫折情境的感知、认识和评价。挫折情境能否构成挫折，取决于个体对挫折情境的认知，不同个体的认知产生不同的体验和感受，个体之间也存在差异。挫折认知既可能是个体对实际遭遇的挫折情境的感知，如升学失利；也可能是个体对想象中可能出现的挫折情境的感知，如怀疑别人背后说自己坏话。

（3）挫折反应。挫折反应是指个体有目的的活动受到阻碍，伴随着挫折认知产生的诸如烦躁、焦虑、困惑、愤怒等情绪，或攻击、退缩、逃避等行为反应。

通常，挫折情境越严重，挫折反应就越强烈；反之挫折情境越轻微，挫折反应就越平淡。只有在挫折情境被个体认知，并对个体目标造成阻碍时，才会产生挫折反应。如果挫折情境没有被个体认知，或个体认知到挫折情境但认为不严重，就不会产生挫折反应或仅产生轻微的反应。因此，挫折认知是挫折形成的核心要素。同样的挫折情境，可能会对有

些人形成挫折认知，产生挫折反应，但对另外一些人来说则不会形成挫折认知。

二、挫折产生的原因

一般来说，挫折产生的原因有以下几个方面。

（一）客观因素

1）自然因素

自然因素是指个体无法预料的非人力所能抗拒的自然灾害，如洪水、台风、地震、火灾、车祸等。

2）社会因素

社会因素主要指社会生活中的政治、经济、法律、道德、教育、家庭、宗教、文化、风俗等因素，如流离失所、个人破产、求职失败等。家庭和学校是社会因素的重要组成部分，也是大学生产生挫折的主要外部因素。

（1）家庭因素。家庭是个体成长发展的第一场所，深深影响着个体的发展。家庭因素主要包括以下几个方面。

一是家庭经济水平。大学生的家庭背景存在差异，一些大学生的家庭经济条件比较差，大学生之间的生活水平存在"两极分化"现象，家庭经济条件不好的大学生可能会产生失衡心理，容易出现挫折感。

二是家庭教育。现在的大学生多是 2000 年后出生的，现在的家庭经济条件比过去好很多，大学生的成长比较顺利，缺乏挫折教育，缺少社会和生活的磨炼，一旦遇到困难就垂头丧气、萎靡不振，耐挫能力差。

三是家庭结构。家庭结构一般分为健全家庭和残缺家庭，健全家庭是指家庭内父母和子女等家庭成员结构完整的家庭，包括大家庭和核心家庭两类。残缺家庭是指父母离异、离世或因长期不在家庭中生活而无法尽到养育责任，从而导致家庭成员缺失的家庭。相比健全家庭的孩子，在残缺家庭中长大的孩子的心理比较脆弱，容易出现挫折心理。

（2）学校因素。学校是大学生除家庭外主要的学习、生活场所，也是其接受系统教育的主要场所。通常来说，学校因素有以下几个方面。

一是学校的硬件建设。学校的硬件建设包括校园环境、学习条件、生活设施等，比如校园环境简陋、缺少学习设施、图书陈旧、餐厅饭菜不好、住宿条件差等，这些都可能对大学生的心理产生影响，特别是新入校的大学生从优越的家庭生活进入校园生活，容易产生对比心理，出现挫折感。

二是学校的校风、学风。校风和学风包括学校的教育理念、管理方式、学习氛围等，比如学校对大学生的素质教育不够重视，缺乏对大学生的人生观、价值观教育和耐挫力教育，学校的心理健康教育活动不到位，学校管理不规范、不科学，专业发展引导不够，学校校风不佳，学风不浓等，容易让大学生产生挫败感，从而引起挫折反应。

（二）个体特点

一般情况下，个体自身引起挫折的因素有以下几个方面。

1) 生理特征

现实生活中，个体的身高、体重、长相、健康等会影响个体人生目标的实现，比如身高不高、体重超标、长相不好看等，容易形成挫折情境，让学生产生挫折感。

2) 心理特征

心理特征主要包括自我期望值、抱负水平、容忍力、认知偏差等方面，大学生的心理正处于从不成熟向成熟发展的过程，因此，大学生往往会出现不平衡性、两面性、两极性等心理特征。在面对困难和阻碍的时候，大学生很容易产生不平衡心理，加之他们初涉人世、缺乏社会阅历，很容易出现挫折感。

3) 个性特征

一个人的气质、性格、兴趣、爱好、能力等都会对自己遇到的挫折产生重要影响。不同气质类型的人对待挫折的处理方式不同，性格开朗、乐观、自信的人的挫折承受能力强，挫折承受能力强的人面对挫折情境能够轻松应对。

挫折产生的理论

1) 挫折的本能学说

美国心理学家麦独孤于20世纪初提出，个体受挫折而产生的种种行为均源于本能。人在活动中遭受挫折而产生的情绪及由此而引发的各种挫折行为反应都是本能冲动的结果。

2) 挫折—攻击理论

美国心理学家多德拉和米勒等人指出，挫折是一种目的性行为遭受阻碍时的伴随状态，当个体的目的性行为受到阻碍时，就会引起挫折感，挫折感导致个体产生对阻碍目标实现的人或其他对象的攻击行为，也就是说，攻击行为往往是挫折的结果。

3) 需要和紧张的心理系统理论

需要和紧张的心理系统理论的代表人物是心理学家库尔特·勒温，他认为个体在其需要压力时，会产生一种紧张的心理状态，激发起一种要求，满足需要的动机，以求得心理平衡，当个体的需要得到满足时，个体的心理紧张就随之消除；否则个体就会产生挫折体验。因此，勒温认为个体需要的满足是避免挫折的重要条件。

4) 社会文化理论

社会文化理论的代表人物是新精神分析学派的沙利文和人本主义心理学派的卡尔·罗杰斯，这一理论认为挫折的产生是个体的"向上意向""自我实现"受到压抑的缘故，这一理论强调文化和社会条件对挫折的产生及个体反应的影响。

5) 精神分析学派的挫折理论

精神分析学派创始人弗洛伊德认为，人的一切行为都是以性力为动力的，如果心理性欲的发展过程不能顺利进行，就可能导致人的行为异常，一切精神疾病的根源也就在于这种心理性欲受到压抑或阻碍，即挫折。

三、大学生中常见的挫折种类

在个人交往、学习、生活、情感、择业等方面，在大学生中常见的挫折有以下几种。

（一）人际交往挫折

大学生人际交往的需求比较强烈，一方面想通过人际交往度过孤独的时期，一方面通过人际交往认识世界，获得支持和信赖感。但是，由于性格或成长经历的影响，有些大学生的人际交往满意程度难以达到理想状态，要么是难以抛开自尊、自傲或矜持，要么是掌握不好人际交往的界限，或掌握不准人际交往技巧，引起误解，导致人际交往受挫。

 案例分析

小明的遭遇

小明以第一名的好成绩考入一所高职院校，入学后，他受到了老师和同学们的关注，在近一年的大学生活中，掌声和荣誉一直伴随着他，他的房间里也摆满了奖状和证书。

可是，从大学二年级开始，平时和他关系不错的同学或玩伴都渐渐疏远他，不再和他交往，同学们看他的目光也越来越奇怪。有时候，几个同学在那里有说有笑，当他走过去想和大家聊天的时候，大家却一个个地走开了。小明很失落，但又不知道为什么，最好的朋友也对他疏远了。

一天，小明上厕所回来发现书本里夹着一张小纸条，上面写着："真看不出来，你是个道貌岸然的小人，有什么了不起，总是往老师家里跑，还没见过这么爱阿谀奉承、爱打小报告的人。原来表面上都是装的，学习成绩是不是也有水分，老师给你开后门了吧！"小明看完之后，差点气疯了，不明白是谁无中生有。他感觉大家的眼睛都在看自己，不敢追问是谁写的纸条，更不敢找老师。但是小明内心感到非常委屈，整天沉默寡言、闷闷不乐，再也不像以前那样热情开朗了。上课时注意力也难以集中，学习效率低下，成绩也因此一落千丈。身体日渐消瘦，内心的委屈、苦闷、愤怒越积越深，后来竟然有了退学的念头。

案例点评：小明在人际交往方面遇到了挫折，遭受别人的怀疑，从而产生误解。这种人际交往挫折可能与缺乏沟通有关。面对挫折，要寻找办法，积极应对，方法总比困难多。

（二）学习挫折

对大学生来说，学习是主要任务，学习的适应问题是主要的也是比较让人苦恼的事情，更是产生挫折的重要因素。大学生在遭遇学习挫折时的具体表现是：无法及时有效地适应学习环境，学习目标不明确，学习方法不当，学习效率低；对所学专业缺乏学习兴趣，学习动力不足，产生厌学情绪；不能合理安排学习时间，未形成良好的学习习惯；因忙于社会工作或沉迷网络，使学习成绩不理想。

（三）情感挫折

大学生的情感挫折主要有两个方面：一是亲情挫折；二是恋爱挫折。父母用自己的成长经验和受挫的经历来教育子女，让子女少走弯路、少受挫折。父母的这种做法在大学生看来，自己是被管束、不自由的。许多大学生认为父母不了解自己，不知道自己需要什么，无法和父母进行有效沟通。大学生感受着父母给的压力，承受着不能达到父母期望的挫折。有的大学生面临家庭变故，遭受父母去世或父母离异的影响，形成心理创伤，很容易产生内心孤独、渴求温暖等心理。恋爱挫折主要有失恋、单恋、多角恋等。大学生生理上已经发育成熟，心理上渴望爱情，对爱情充满憧憬，但受社会经验不足、人际交往困难、缺乏经济收入、毕业后发展方向不明确等因素的影响，大学生的恋爱经常遇到挫折。恋爱挫折对大学生的心灵伤害很深，它会使大学生对自我价值的实现产生幻灭感或使其自尊心受到伤害而产生自卑感、屈辱感，以至于一些大学生因为失恋导致情绪失控，做出伤害自己和他人的事情。

（四）生活挫折

大学生在生活中总会遇到一些困难、不适和阻碍，生活环境不适应、经济困难、意外事故、身体疾病等。大学生来自全国各地，对校园生活、学习环境有一个适应的过程，在完全适应之前，难免受挫或情绪低落。大学生没有收入来源，其经济保障来自父母。若家庭经济状况不能给大学生提供经济保障，就会给其带来生活压力和挫折。大学阶段是大学生的身体和精力的最佳发展时期，一旦有了较重大的身心疾病，易产生失落情绪，形成挫折心理，自怨自艾、消极被动、痛苦不已。另外，生活中的意外事故也会对大学生产生影响，使大学生产生挫折感。

（五）就业挫折

当前，我国社会发展日新月异、突飞猛进，社会竞争日益激烈，高校扩招后大学生数量猛增，每年都有许多高校毕业生面临就业，各种内在因素、外在因素给大学生造成了巨大的心理压力。双向选择、自主择业在给大学生带来机遇的同时，也带来了巨大的挑战。专科生、本科生与研究生之间，普通高校大学生和名校大学生之间，存在学历方面的差距，导致一些大学生不能正确地评价自我，缺乏自信，不敢竞争，从而错失良机；还有一些大学生盲目自信，高不成，低不就；也有大学生片面追求高薪，导致求职失败。

四、大学生中常见的挫折反应

大学生在成长过程中受到家庭、社会和学校等环境因素的影响，加上其生理、心理和个性等方面的自身特点，在遭遇挫折后，往往会产生一系列的生理、心理和行为反应。大学生的挫折反应既有积极反应，也有消极反应。无论积极反应还是消极反应，都是大学生在生活经验中习得的结果，无所谓对错。认识并了解这些反应，对帮助大学生掌握应对挫折的方法，增强自身挫折承受能力和调控力，是十分有益的。

（一）生理反应

大学生在受到挫折后，机体内部的自我调节机制将会最大限度地调动机体的潜力，维持超常状态下的正常生命活动，以有效地应对外界环境的变化。突然消耗大量的能量会导致神经末梢释放生物信息，刺激心肌的收缩力，血液循环加快，使血压升高、呼吸加快，以保证氧气供应；刺激各种激素分泌增加，促进蛋白质、脂肪、糖原分解。在体内能量被大量消耗的同时，机体内部那些与情绪反应无直接联系的器官或系统因得不到必要的能量而不能维持正常功能，比如消化道的蠕动减慢、胃液分泌减少等。如果大学生长期处于挫折情境中而不得到改变，上述生理变化就会进一步增强，出现面色苍白、四肢发冷、心悸、气急、腹胀、尿少等一系列症状，使有关器官功能出现衰竭的趋向，从而发生病变。医学研究表明，心律失常、支气管哮喘、消化性溃疡、偏头痛、失眠等疾病多与受挫后的生理

反应有关。

(二) 心理行为反应

有的大学生面对挫折呈现积极的心理行为反应，表现为积极调整自己的目标，采取切实可行的措施摆脱挫折情景，从挫折的不良体验中走出来；有的大学生面对挫折则呈现消极的心理行为反应，表现为失态的、没有目的的、恐慌的态度甚至表现出轻生等极端的心理行为倾向。

1) 积极的心理行为反应

（1）升华。当个体因种种原因无法实现原定目标，或者个人的动机与行为不为社会所认可和接受时，可以用另一种比较崇高的、具有创造性和建设性的、有社会价值的目标来代替。借此弥补因受到挫折而丧失的自尊与自信，减轻挫折造成的痛苦，保持内心的安静和心理的平衡。升华一方面转移并实现了个体原有的情感，使个体实现内心平衡，同时又创造了积极的价值。比如一位大学生在大一时因计算机考试不及格，心里很不服气，这种不甘心、不服气驱使他把计算机学科学好。于是，他立志要在大二时通过全国计算机等级考试，最后，经过不懈努力他终于通过了全国计算机等级考试。

（2）补偿。一个人由于生理或心理上的某种缺陷，或外界客观条件的限制和障碍，在自己的某个目标无法实现时，往往会以新的目标代替原有目标，从而用在现实生活中感悟的成功体验去弥补原有失败的痛苦，这就是个体受挫后的补偿行为反应。古人说："失之东隅，收之桑榆"，就是这个道理。例如，某大学生恋爱失败后，积极参加文体活动，用快乐来补偿失恋的痛苦。

（3）认同。认同是指一个人以多种方式去建立与另一个人或者群体的统一性，把他所钦佩或崇拜的人的特点当作自己的特点，或者自认为是某个群体的一员，用以掩盖自己的短处，提高自己的信心、声望、地位，从而减轻挫折感。大学生在学习、生活中常常把一些历史名人、科学家、成功人士，甚至身边的教师、同学作为自己认同的对象。那些与自己的家境、经济状况、社会经历极为相似或相近的专家、学者，特别是已经取得成功的校友更容易成为他们认同的对象。这种心理行为反应在大学生中比较常见，可以激励他们积极进取。

（4）幽默。幽默是一种对抗挫折的积极的心理行为反应，是高级的适应环境的方法。当一个人遇到挫折时，可以用幽默来化解困境以维持自己心理的平衡。幽默可以把原本非常棘手或难办的事情小而化之，把损失降到最低。幽默是个体明显地表达观念和感情但并不会使自己感到不舒服，也不会对别人产生不愉快影响的心理行为反应。当处境困难或尴尬时，人格比较成熟、心理修养较高的大学生常以幽默来化险为夷。幽默作用的发挥能体现出一个人的生存智慧、思想境界及人格完善程度。

 案例分析

第一个返回地球的人

美国宇航员阿姆斯特朗是第一个登上月球的人，他曾说了一段闻名于世的话："这对我来讲，只是迈出了一小步，而对整个人类来说却是迈出了一大步。"他返回地球后，很多记者采访他而冷落了同他一起登上月球的另一位宇航员。当一位记者问另一位宇航员是否感到不公时,那位宇航员非常轻松地回答:"不会啊,阿姆斯特朗虽然是第一个登上月球的人,可返回时是我先出舱门的,我是第一个从月球返回地球的人啊!"这位优秀的宇航员不仅用他的幽默缓解了当时场面的尴尬,而且充分展示了他宽阔的胸怀、崇高的境界和完美的人格。

2)消极的心理行为反应

(1)退化。退化是指个体在受到挫折时表现出的与自己年龄和身份不相符的幼稚行为。当个体遇到挫折时,有时会放弃已经学到的比较成熟的适应技巧或方式,而恢复使用原先比较幼稚的方式去应对挫折,或满足自己的欲望,从而减轻内心的压力。比如,一位学生会干部在受到老师批评后,感到很"委屈",无法理智地分析问题,一连三天不吃不喝。

(2)投射。投射是指受挫者把自己内心不被允许的冲动、意念和行为加诸他人或事物,以缓解自己内心的紧张心理,从而保护自己并为自己的行为辩护。"借题发挥""怨天尤人""以己之心,度他人之腹"等,都属于这类心理反应的表现形式。比如,某大学生上课迟到了,老师批评他。可是这位学生却回复老师:"我们的班长还在后面!"以此减轻内心的紧张和压力。

(3)文饰。文饰是指个体在自己的目标或行为表现不符合社会常规时,为避免或减少因挫折而产生的焦虑,为维护自尊起见,而给自己的行为一种"合理化"的解释。文饰在大学生的学习与生活中时常发生,比如某学生本来下决心要在期末考试中取得第一名,却只考了第十名,为了维护自尊,便用不屑的口吻说:"为分数而死读书有什么意义,我可不想死读书。"文饰虽然能暂时缓解个体的内心冲突,保持暂时的心理平衡,但长期使用这种方式对个体的心理发展会产生消极作用。

(4)压抑。压抑是指个体把不能被意识所接受的念头、情感、欲望、行为及痛苦经验等在不知不觉中抑制到潜意识里。有些大学生在学习与生活中,常把不愉快的经历不知不觉地压抑在潜意识里,不去想,更不愿谈起。那些被压抑的痛苦经历似乎是被遗忘了,使人在现实生活中感受不到焦虑和恐惧,但它只不过是在意识的监视下暂时潜伏。比如一位大学生曾偷看了好朋友的日记,事后他非常后悔,觉得自己没有礼貌,内疚不已,心理冲突带来的痛苦时时折磨着他。可他又不敢向朋友道歉,怕失去好友的信任,就一直将这种情绪埋在心底。过了一段时间,他似乎把这件事忘了,内心恢复了平静,可这并不是真正的遗忘,而是压抑起了作用,以后每次看到笔记本,他就总觉得心里不踏实。

(5)攻击。攻击是指个体在遭受挫折后,有时为了将愤怒的情绪发泄出去,或对引起挫折的对象进行报复而产生的反应。攻击是个体受挫折后通常会产生的最直接、最简单的反应方式之一。攻击可分为直接攻击和转向攻击两种类型。

直接攻击是指攻击行为直接指向引起挫折的对象,以动作、表情、言语、文字等形式表达出来。比如个体对引起挫折的人采取打斗、辱骂、讽刺、嘲笑等行为,发泄自己内心的不满,侮辱对方人格等。直接攻击多发生在那些缺乏生活经验、比较鲁莽、易冲动的学生身上,由于这种行为多为情绪影响所致,缺乏理性,往往会造成极为严重的后果。比如,某高校的一名学生因一名女同学在课堂讨论时对其观点进行反驳,于是,他在课后对女同学进行尾随报复,实施暴打。学校里发生的打架斗殴、损坏公物等大部分情况都与大学生

受挫后的攻击行为有关。

转向攻击是指个体在受挫后由于种种原因不能攻击使其受挫的对象，于是便把愤怒的情绪指向自己或与其挫折情境无关的对象，比如自我折磨、自我虐待、发牢骚、摔东西、向别人发泄怒气等。再比如某大学生对某任课教师不满，但碍于老师的身份、地位没有发火，于是便把怨气发泄到老师最喜欢的学生身上，经常故意找事，甚至辱骂对方，侮辱对方的人格。由于这种无名之火缺乏具体的攻击目标，于是就出现了谁碰上谁倒霉的情况。许多情况下，那些成为转向攻击目标的对象是无辜的。

大学生的直接攻击行为与转向攻击行为在学校中都是存在的，受挫的大学生通过攻击行为，虽然可以暂时发泄心中的愤懑与不快，但并不能消除原有的挫折感，还会引起新的挫折，同时危害他人与社会。

挫折反应并不仅仅只有以上这些，面对挫折，要选择不同的反应，构成应对挫折的模式，使其成为个体人格的有机组成部分。积极的挫折反应有利于大学生化解危机，获得成长。消极的挫折反应虽然能起到暂时平衡心理的作用，但不能解决根本问题，有时还会使当事人在一种自我欺骗中与现实环境脱节，生活在幻觉之中，降低了适应能力，形成一些恶习，为心理疾患埋下种子，从而影响身心健康和自己的全面发展。

五、挫折的影响

大学生在面对挫折时，通常有两种态度：一种是向挫折屈服，采取逃避、掩饰的态度，为自己的失误寻找借口，神情沮丧，甚至万念俱灰，完全向挫折屈服；一种是勇敢地面对挫折，无所畏惧，积极进取，认真寻找摆脱困境的途径，千方百计地去克服困难，使希望得以实现。

感动中国 2020 年度人物——张桂梅

一场家庭变故让张桂梅从大理来到丽江山区，原本只想忘记爱人过世的悲伤，她却看到了山区中贫困孩子一张张渴望知识的纯真面庞。爱的本能让这位女教师在山区扎下了根。

2000 年，在云南儿童之家工作的张桂梅看到了很多农村贫困家庭的不幸，她希望创办一所免费的女子高中，彻底解决山区贫困家庭的教育问题。为了改善孩子们的生活、学习状况，她节衣缩食，每天的生活费不超过 3 元，省下的每一分钱都用在学生身上。日积月累，张桂梅先后捐出了 40 多万元。令她引以为豪的是，她的任何一个学生没有因贫穷而辍学。2006 年，云南省政府奖励她 30 万元，她全部捐献给了一座山区小学用来改建校舍。2001 年起，她义务担任丽江市华坪县"儿童之家"的院长，成为 54 名孤儿的母亲。

为了孩子们，她全身心投入教学，将病痛置之度外；她把学生送进中考考场后才去医院，医生从她的腹腔中取出一个重两公斤的肿瘤。她把生命献给了这片贫瘠的土地，除了孩子们，她别无所求。

作为全国唯一一所专门让贫困家庭的女孩免费读书的学校，华坪女子高级中学自

2008年建校以来，已有上千名大山里的女孩从这里走进大学完成学业，在各行各业为社会做贡献。当华坪女子高级中学佳绩频出之时，张桂梅的身体却每况愈下，她患上了多种疾病。张桂梅说："当听到学生大学毕业后能为社会做贡献时，我觉得值了。她们过得比我好，比我幸福，就足够了，这是对我最大的安慰。"

《感动中国》节目对张桂梅的颁奖词是：烂漫的山花中，我们发现你。自然击你以风雪，你报之以歌唱。命运置你于危崖，你馈人间以芬芳。不惧碾作尘，无意苦争春，以怒放的生命，向世界表达倔强。你是崖畔的桂，雪中的梅。

个体面对挫折的两种态度实际上也体现为挫折影响的两重性。这种两重性体现在两方面：一方面，挫折对个体来说是不好的事情，给个体以身体、心理上的打击和压力，造成精神烦恼和痛苦，给生活的道路带来坎坷。另一方面，换个角度看，挫折在一定条件下也可以变成好事，它使个体经受考验，得到锻炼，让个体积累经验教训，振奋精神，重新鼓起勇气再接再厉，变困难为顺利，变挫折为成功。大学生要学会用积极的思维方式面对挫折，挫折也许会成为战胜困难的动力，大学生要积极地战胜挫折，勇敢地面对生活中的困境。

训练活动 8-1　压力生命线

【目的】

（1）人们往往不知道什么事情会使自己烦恼，经过仔细分析才知道原来是生活和学习中的某些压力所致。本活动旨在帮助学生了解自己的压力源，以便更好地加以应对。

（2）本活动让每个人找出自己过去应对压力的经验，学会用"确立目标""找寻例外经验""假设成功"的方式找出应对压力的可行策略。

（3）让学生了解自己应对挫折的方式，并掌握自己熟悉且有效的应对挫折的方式。

【步骤】

（1）在纸上画一条线，这条线代表自己的生命线，起点是0，终点为自己生命的终点，并在生命线上方用点标出不同年龄阶段的重要压力事件。压力大的事件标注的点较高，压力小的事件标注的点较低。将这些点连接成一条与自己生命历程相关的压力曲线。

（2）挑选一两件压力事件及自己曾运用的应对方式，与小组成员分享。

（3）思考：过去压力的来源与现在压力的来源是否有相似性？主要集中在哪些方面？如果你遇到压力，会采取哪些应对方式？你觉得哪种缓解压力的方式更适合你？

训练活动 8-2　有胆你就来

【目的】培养学生坚强的意志，让学生顺利走过漫长的学习和生活历程，形成健康心理。

【步骤】

（1）游戏引入：掰手腕。请胜利的学生做一个表情动作，失败的学生也做一个表情动作，以此来表达自己此刻的心情。

采访获得胜利的学生：你获得了游戏的胜利，你现在的心情怎么样？

采访失败的学生：此时，你的心情如何？看着胜利者开心的样子，你的心里是什么感受？

（2）普通人会遇到挫折，那么名人呢？请看一位名人的"挫折档案"。

美国总统林肯的简历：22岁时生意失败；23岁时竞选州议员失败；24岁时做生意再次失败；27岁时精神崩溃；29岁时竞选州议长失败；34岁时竞选国会议员失败；39岁时竞选国会议员再次失败；46岁时竞选参议员失败；47岁时竞选总统失败；49岁时竞选参议员再次失败；51岁时当上美国总统。

讨论：从林肯的简历中你明白了什么？

（3）活动总结。人生的道路不可能一帆风顺，每个人在生活、学习、工作中都会遇到挫折，挫折并不可怕，要学会勇敢地面对它。

第二节　增强心理韧性

名人名言

困难与折磨对于人来说，是一把打向坯料的锤，打掉的应是脆弱的铁屑，锻成的将是锋利的钢刀。

——契诃夫

俞敏洪的求学之路

1978年，俞敏洪参加了人生的第一次高考，却失利了，英语得了33分。第二年又考了一次，英语得了55分，依然是名落孙山。高考失利的俞敏洪回到农村喂猪、种地。尽管生活条件比较艰苦，俞敏洪仍在微弱的煤油灯下坚持学习。

1979年，县里办了一个英语补习班，俞敏洪挤了进去，这是他第一次系统地学习英语。经过一番努力，到了第二年春节，俞敏洪在班里的名次已经是前几名了。功夫不负有心人，1980年，俞敏洪参加了第三次高考，一举考进了北京大学西语系。

进入北京大学后，俞敏洪注意到了他与其他同学的差距，但他没有被吓倒，而是慢慢调整好自己的心态。普通话不好，他就跟着收音机里的播音员学普通话；英语不好，他就天天坐在未名湖畔背单词。渐渐地，他的英语水平有了大幅度提高。毕业时，他凭借着扎实的英语功底留在了北京大学，成为一名英语教师。

从俞敏洪求学的故事中，我们读出了一个人的痛苦、挣扎、不屈、顽强、辉煌；从痛苦中读出了快乐，从绝望中读出了希望，从黑暗中读出了光明，从迷雾中读出了方向。这就是心理韧性带给我们的力量。

一、心理韧性的概念

韧性原本是物理学的概念，是指物体受到外力挤压时回弹。虽然对心理韧性的研究始于美国，但各国研究者对科学意义上的心理韧性的概念还未取得共识。

目前，主要存在 4 种定义：结果性定义、过程性定义、品质性定义和潜能性定义。

1）结果性定义

结果性定义主要从发展结果上定义心理韧性，比如，心理韧性是一类现象，这类现象的特点是个体在面对严重威胁时，个体的适应与发展仍然良好。

2）过程性定义

过程性定义将心理韧性看成一种动态的发展变化过程，比如，心理韧性是个体在危险环境中良好适应的动态过程；心理韧性表示一系列能力和特征通过动态交互作用而使个体在遭受重大压力和危险时能迅速恢复并成功应对的过程。

3）品质性定义

品质性定义将心理韧性看成个体的一种能力或品质，是个体所具有的特征，比如，心理韧性是个体能够承受高水平的破坏性变化并表现出尽可能少的不良行为的能力；心理韧性是个体从消极经历中恢复过来，并且灵活地适应外界多变环境的能力。

4）潜能性定义

心理韧性是个体在遭遇挫折情境下追求自身的和谐发展，并调动一切保护性资源实现良好适应的一种内在的心理潜能。

从结果性定义、过程性定义、品质性定义到潜能性定义，逐步体现出一种融合的思想。过程性定义本身就包含了品质性定义和结果性定义的内涵，心理韧性的形成过程就是积极品质与环境相互作用而使个体对不利情境实现良好适应的过程。潜能性定义则深入挖掘了心理韧性形成过程的能量来源。

二、心理韧性的因素

一般来说，心理韧性的因素大致由两大类组成：一类是个体内部保护因素，一类是个体外部保护因素。

个体内部保护因素由两大因素组成：一是心理因素，主要有高自尊、自控力、乐观态度等；二是生理因素，比如身体的吸引力也能增强心理韧性。

个体外部保护因素可以分为家庭因素、学校因素、社区因素和文化社会因素。家庭凝聚力、期望的态度、父母的指导与关怀等都对个体的成长起着保护作用。学校教师的信息性支持和动机性支持、与同学和睦友好的关系、在学校活动中获得的成功经验等都是个体外部保护因素。当个体生活的社区安全、暴力事件少、有应急服务和良好的公共医疗保健服务时，个体才能更好地适应并应对逆境和压力。社会对教育的重视、对全体成员享有公平受教育机会的保障、对暴力冲突事件的有效防治及完备的儿童保护政策等都有利于个体心理韧性的发展。

三、心理韧性的模型

在研究心理韧性的内部、外部保护因素的同时，研究者也研究了它们在应对逆境时的模式。以下的几个模型比较典型。

Kumpfer 于 1999 年提出了"个人—过程—环境"的心理韧性理论模型。该模型包括外在环境的危险因素和外在保护因素、个体内部心理韧性特质因子及个体的适应结果三方面，并且揭示了个体、环境和适应结果三者间起中介作用的动态机制。图 8-1 所示为心理韧性理论模型。

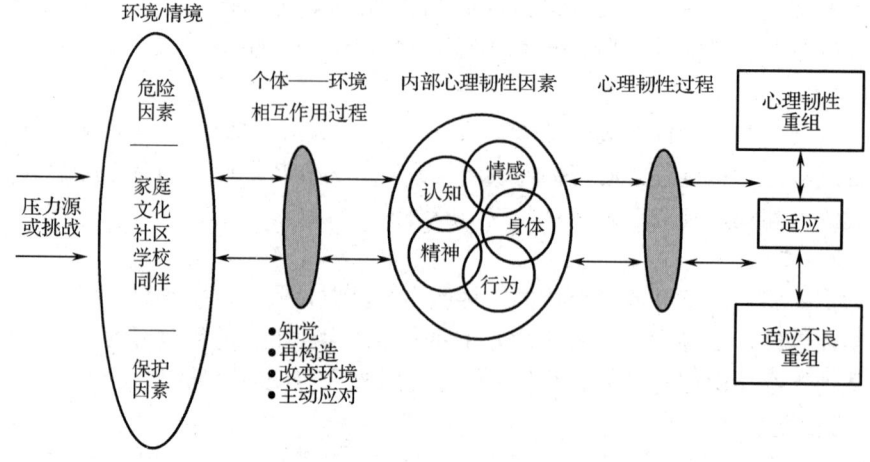

图 8-1　心理韧性理论模型

Richardson 于 2002 年提出了心理韧性的过程模型，该模型包括生理、心理、精神 3 个层面，其核心是动态平衡。当个体面临压力生活事件或多变情境时，会利用身边的各种资源来应对，它们以保持生理、心理和精神的平衡状态，在应对不平衡状态的有效过程中获得心理韧性并将其提升，最终达到新的平衡。图 8-2 所示为心理韧性过程模型。

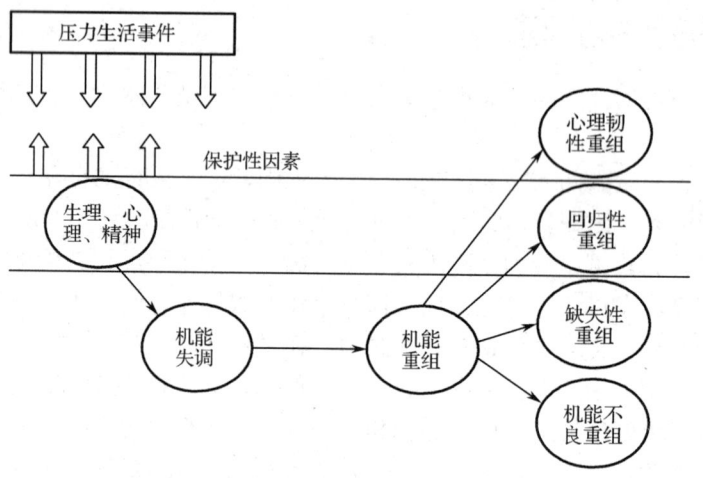

图 8-2　心理韧性过程模型

进入 21 世纪以来，积极心理学在西方心理学界兴起，对心理韧性研究的关注点正逐步转向人性的积极面，试图用人类的天赋、潜能、积极力量来解释心理韧性重组的心理能量。研究者们构建并提出了心理韧性动态模型，如图 8-3 所示，该模型认为心理韧性是个体的天生潜能。青少年在发展过程中有安全、爱、归属、尊敬、掌控、挑战、才能、价值等方面的需要，学校、家庭、社会和同伴群体，以及亲密关系、高期望值和积极参与等外部保护因素能满足青少年的需要，进而使青少年发展出一些个体特征，也就是心理韧性特质。心理韧性特质会保护青少年免受危险因素的影响，促使他们健康发展。

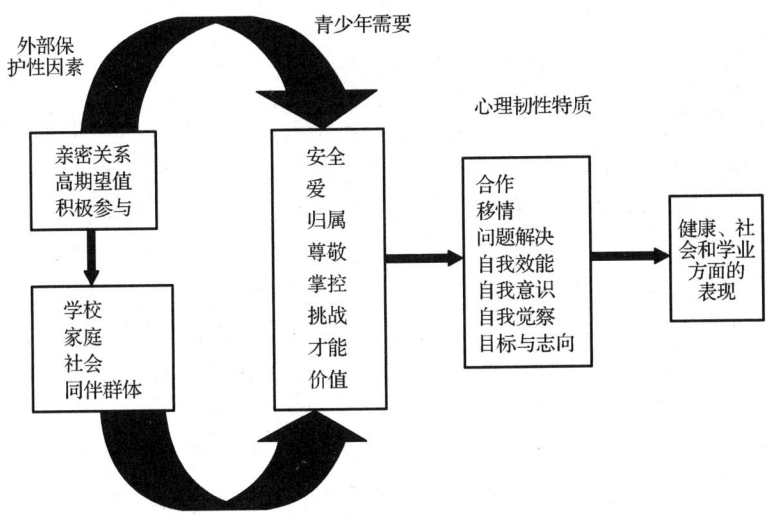

图 8-3　心理韧性动态模型

四、提升心理韧性的策略和方法

1）提升心理韧性的策略

（1）当事态向不好的方向发展时，尽量避免用负向思维引导行动。

（2）重新检验目标的精确性和可行性，尽量寻找解决问题的办法。

（3）当发现负面情绪无法抵抗，且感受到压力时，我们要学会保持平静。

2）提升心理韧性的方法

（1）建立积极的自我形象。坚韧的人积极地认识自己，看待自己。

（2）注重构建和维护人际关系。坚韧的人往往有强大的社会网，当危机来临时，家人、朋友和同事们是巨大的支撑源泉。

（3）表示感谢。专注于生活中美好的东西，而不纠缠问题，这将使我们保持积极的心态。

（4）往好的一面看。我们都知道"半杯满"的心态，坚韧的人往往认为压力事件或危机是暂时的，甚至是学习和成长的机会，而不是无法承受的问题。

（5）积极主动。坚韧的人会积极承担责任，并采取有效的措施来改变状况。

（6）接受无法改变的事情。有些事情根本无法改变，坚韧的人会接受事实，不会浪费精力做无法改变的事情。

（7）制定目标，并采取适当的行动来实现目标。清楚自己的目标，这很重要。失败和挫折是难免的，但坚韧的人会把目标牢记于心。

（8）心中要有一个长远的广阔的蓝图。当我们全面地看问题时，问题往往变得不那么重要。

（9）保持乐观的态度。坚韧的人对未来充满希望，期待着取得积极成果。

（10）要不断地学习。坚韧的人有决心从挫折和困难中吸取经验教训，在困难的条件下学到有用的东西。

一张纸的命运

在一所大学里,一堂哲学课给学生们留下了深刻的印象。那是期中考试结束后的一天,班里的一位同学考得一塌糊涂,心情郁闷,在哲学课上无精打采。他的异常表现引起了教授的注意。教授把他叫了起来,请他回答问题。教授拿起一张纸扔到地上,请他回答:这张纸有几种命运?那位同学一时愣住了,过了一会儿,他才回答:"扔到地上就变成了一张废纸,这就是它的命运。"显然教授并不满意他的回答。教授又当着大家的面在那张纸上踩了几脚,纸上面印上了沾满灰尘和污垢的脚印,"这下这张纸真的变成废纸了,还能有什么用呢?"那位同学垂头丧气地说。教授没有说话,捡起那张纸,把它撕成两半扔在地上,然后,心平气和地请那位同学再一次回答同样的问题。那位同学被弄糊涂了,他红着脸回答:"这下纯粹变成了一张废纸。"教授在上面画了一匹奔腾的骏马,而刚才踩下的脚印恰到好处地变成骏马脚下的原野。骏马既刚毅、坚定又充满张力,让人充满遐想。最后,教授拿起纸问那位同学:"现在请你回答,这张纸的命运是什么?"那位同学干脆利落地回答:"您为一张废纸赋予了希望,使它有了价值。"教授脸上露出一丝笑容。在这堂哲学课上,一张纸尚且有多种命运,更何况人呢?命运如同掌纹,无论它怎样变化,永远都掌握在我们自己的手中。

遇挫多正向思维

正向思维是指个体在遇到困难或挫折时,将问题向积极方向引导的思维。这种思维可以为我们带来强大的积极力量,帮助我们保持平和、积极的心态,使我们的心灵变得坚韧,让我们不断地寻找方法改变现状。

负向思维是指个体一遇到挫折,就被负面情绪影响,从而责怪自己、责怪环境,最后选择退缩、放弃或报复。

大学生如何培养自己的正向思维呢?具体来说,有以下3个方面。

(1)要善于发挥自己的长处。认识自己的长处,了解自己的优点,选择适合自己能力发挥的领域,为自己做好定位,将自己的长处与达成目标的需求结合起来。

(2)要提高自己的"抗挫折力"。在遇到挫折时,首先应该思考这是客观原因造成的,还是主观原因造成的。如果是客观原因造成的,就应该尽量去克服;如果是主观原因造成的,就应该力求避免。

(3)要保持心态的平和,给挫折一个微笑。了解自我,接纳自我。只有自信,才能从根本上战胜挫折。要正视现实,适应环境,坚信办法总比困难多。

司马迁曾说:"盖文王拘而演《周易》,仲尼厄而作《春秋》;屈原放逐,乃赋《离骚》;左丘失明,厥有《国语》;孙子《膑脚》,《兵法》修列。"遍阅古今中外科学家、政治家、文学家、军事家的传记,不难总结出这样一个规律:一帆风顺而又成就卓著的人凤毛麟角,历经坎坷艰辛而出类拔萃的人众多。在清华大学 2021 级本科生的开学典礼上，清华大学公共管理学院副教授梅赐琪做了关于"失败在大学生活中的 3 种功能"的演讲，他认为"真正伴随着我们成长的，一直都是对于失败的恐惧或者失败本身"。一句话点透了很多大学生，一句话给予大学生面对失败的力量。大学生要学会克服挫折，磨炼意志，提高心理韧性，最终实现人生的自我价值。

训练活动 8-3　准备"应变"

【目的】树立变通的意识，积极适应环境变化。

【步骤】

（1）想一想：如何将吹起的气球放入小口瓶中？又如何将小口瓶中的气球取出？然后想想自己从中悟出了什么道理。

（2）做一做：思"变"。

首先，写出关于"变"的词语；其次，回忆自己曾经走过的生活道路，想想自己是如何应"变"的？比如，你在遇到困难时是如何应变的；在一种办法不能解决问题时，你又是如何变通的；在他人面前遭遇尴尬时，你是如何应变的；最后，请写出你对"应变"的思考。

提示：要适应环境，就要变通，有时甚至要放弃自己原有的东西，才能适应环境转变的需求，才能获得更大的发展。有人认为大学新生至少应该有"四变"："心变"，改变对人对事主观的、天真的心态；"脸变"，担任多种角色，少点娃娃脸，多点成人脸；"向变"，调整或改变原来的奋斗目标；"法变"，改变自己在学习、生活、与人交往方面的方法。

还有哪些方面需要"变"呢？请补充出来。

_____

_____

为此，建议大家做好以下 3 个方面的改变。

第一，改变自己的学习目的、学习方法。

第二，转变自己的人际关系观念。不能根据个人的喜好去交往，要学会与自己不喜欢的人和平共处，不能将自己的标准强加于人，应在与对方协调的过程中进行自我心理调适。

第三，改变对自己的认识与评价。根据自己存在的不足、自己与别人的差距对自己进行客观分析。差距分为两类：一类是必须想办法缩短的差距，比如学习方面、人际交往方面的问题，因为学习、掌握知识是将来开创事业的必备手段；而交往是重要的辅助手段，这些是个体今后安身立命的根本。另一类是正常的差距，这类差距能缩短会更好，不能缩短也无大碍，因为个体之间肯定存在差异，一个人不可能在所有方面都优秀。在了解自己的不足和差距的同时，还要肯定自己的优点，自尊、自爱、自信，保持平和的心态，这样才能客观面对"相对平凡"的现状。

训练活动 8-4　不做受害者

【目的】树立积极主动的责任心态。

【步骤】

1）快速回应

（1）当老师读出下面的词汇时，请在活动卡上写出你听到词汇后的第一反应。

（2）看一看你在每个词汇后面写的第一反应。你的反应是积极的还是消极的？为什么会这样？

（3）请写出你出现消极反应的理由。如果没有，请在活动卡上写出你最近遇到的难题或让你觉得郁闷的事情，可以写两三件。

"快速回应"活动卡

词 汇	第 一 反 应	积 极	消 极
学校			
老师			
父母			
朋友			
……	……	……	……

2）责怪游戏

（1）在游戏清单给出的立场A中，你认为这些立场各有什么利弊？想到多少就写多少。

（2）在你的生活中，你的老师、家人、朋友是怎样进入你的生活并引起一些相似的问题？

（3）请将你最近遇到的难题写下来，然后用权衡利弊的方式进行分析。

（4）教师提问：你真的相信自己对这些问题的看法吗？你的看法正确吗？

（5）教师澄清：持与立场A类似立场的人被叫作"责怪者"。他们对被受害者进行心理支配，不再对自己的行为负责，甚至还会在做了不恰当的决定后将责任推给他人。那你们在出现这种情况时会不会改变一下，从胜利者的立场看待问题呢？

（6）在"游戏清单"中使用胜利者的思维方式，完成"立场B"一栏。

游戏清单

立场A	利	弊	立场B
因为老师不公平，所以我才在考试中作弊			
我和我爸爸简直一模一样，他很胖，我也很胖			
不是我一个人这样做，也不是我的错，大家都这样			
……			

3）教师总结

要用胜利者的思维方式来思考问题，除了明白不同立场的利与弊，还要明白自己应当为自己的想法和感受负责任，一旦你能为自己的生活负起责任，就不会再埋怨别人。

小 结

本章讲述了挫折和心理韧性的概念，指出了挫折的产生原因、种类、影响及常见反应，以及心理韧性的模型、提升心理韧性的策略和方法，从而指导大学生积极应对挫折，提高心理韧性。通过拓展阅读和训练活动了解自己应对挫折的能力和心理韧性水平，带领学生学会正确面对挫折，提高心理韧性，保持积极心态。

实践与应用

挫折承受能力测试

1. 碰到令人担心的事：
   A．无法着手工作　　　　　B．照干不误　　　　　C．两者之间
2. 当你碰到讨厌的对手时：
   A．感情用事，无法应付　　B．能控制感情，应付自如　C．两者之间
3. 当你遭遇失败时：
   A．不想再干了　　　　　　B．努力寻找成功的机会　　C．两者之间
4. 当工作进展不顺利时：
   A．焦躁万分，无法思考　　B．可以冷静地想办法　　　C．两者之间
5. 当你工作感到疲劳时：
   A．脑子不好使了　　　　　B．耐住疲劳，继续工作　　C．两者之间
6. 当工作条件恶劣时：
   A．无法干好工作　　　　　B．克服困难，创造条件　　C．两者之间
7. 在绝望的情况下：
   A．听任命运摆布　　　　　B．力挽狂澜　　　　　　　C．两者之间
8. 当你遇到困难时：
   A．失去信心　　　　　　　B．开动脑筋　　　　　　　C．两者之间
9. 当你接到很难完成的任务或很难完成的工作时：
   A．顶回去　　　　　　　　B．千方百计干好它　　　　C．两者之间
10. 当困难落到你的头上时：
    A．厌恶之极　　　　　　　B．欣然接受，努力克服　　C．两者之间

【评分标准】

选 A 项计 0 分，选 B 项计 2 分，选 C 项计 1 分。

得分在 17 分以上，说明你的承受能力很强；得分在 10~16 分之间，说明你对某些特定挫折的承受能力比其他人强；得分在 9 分以下，说明你的承受能力较弱。

思考与解答

1. 本章深入学习了关于挫折的理论知识,知道了战胜挫折的策略,但当面对生活、学习中的挫折时,仍然出现情绪波动,应该怎么办呢?

2. 知识问答。

(1) 在大学生活中,挫折的种类有哪些?

(2) 大学生常见的挫折反应有哪些?

(3) 如何提升大学生的心理韧性?

推荐欣赏

电影推荐

《风雨哈佛路》

书籍推荐

[1] 格雷格·S. 里德. 恰到好处的挫折[M]. 王丽,译. 北京:北京时代华文书局,2015.

[2] 崔慈芬. 你的世界,不会一直与晴朗擦肩[M]. 北京:生活·读书·新知三联书店,2015.

第九章
敬畏与珍爱生命

人的生命不仅时间长短不同，还有质的差别。大自然只赋予我们一张空白的生命纸，需要我们自己为这张纸增添有意义的颜色，使其成为一幅独特的、有价值的画卷。作为新时代的大学生，当我们快乐时，要学会感受生命；当我们痛苦时，要学会感谢生命。只有拥有正确的生命观和心态，我们才会变得从容、平和，学会感恩，触摸幸福，体验生命的美好，诠释生命的意义。

第一节 生命与生命教育

 名人名言

生命如同寓言，其价值不在长短，而在内容。

—— 罗兰

生命就像一根火柴

"孩子，趁年轻，何不埋头苦干，成就一番事业呢？"老人劝告少年。少年满不在乎地说："何必那么急呢？我的青春年华刚刚开始，时间有的是。再说，我的美好蓝图还没规划好呢！"

"时间不等人啊！"老人说，并把少年带到一间伸手不见五指的地下室里。

"我什么也看不见！"少年说。

老人划亮一根火柴，对少年说："趁火柴未熄灭，你在地下室里随便选一样东西，然后出去吧！"

少年借助微弱的亮光，努力辨认地下室里的物品。还未找到一样东西，火柴就燃尽了，地下室顿时一片黑暗。

> "我什么也没拿到,火柴就灭了!"少年抱怨道。
> 老人说:"你的青春年华如同这燃烧的火柴,转瞬即逝。孩子,你要珍惜啊!"

人最宝贵的是生命,最脆弱的也是生命。近年来,漠视生命、践踏生命尊严和权利的事件频频发生,给家庭、学校和社会造成极大损失。因此,树立正确的生命观,感知生命的意义,拓展生命的宽度和深度,是当代高等教育的重要课题,也是当代大学生的人生"必修之课"。

一、生命和生命观的概念

(一)生命

何为"生命",不同学科、不同学派有不同的认识和见解。

从生物学的角度看,生命是由核酸和蛋白质等物质组成的多分子体系,它具有不断自我更新、繁殖后代及对外界环境产生反应的能力。

从医学的角度看,生命有三层含义:第一,活着的状态。由新陈代谢、生长、繁衍及对环境的适应所表现出来的特征,动植物的器官能完成其所有或部分功能的状态。第二,有机体的出生或发端到死亡之间的时期。从生物学上看,完整的生命起于胎儿,终结于死亡。第三,将生命物体(动物、植物)与无生命、无机的化学物或已死的有机物区别开来的特征的总和。

从哲学的角度看,针对"生命是什么"这个问题,主要还是讨论生命的功能或机能方面的特征。余源培主编的《哲学辞典》中指出,生命是一种特殊的、高级的、复杂的物质运动形式。这种复合体系及其组成部分,能不断通过自我调节控制,在与外部环境进行的物质、能量、信息的交换过程中,实现自我更新、自我保存、自我复制、自我组织。

心理学认为,生命即意识到的自我,从婴儿期开始缓慢发展。

法律学认为,生命是动植物或有机体的存在状态。

从以上各个学科的定义来看,我们可以从广义和狭义两方面理解生命的含义。广义上的生命,即一切有机体的存在,包括动植物、人、微生物等。狭义上的生命有3个特点:一是并非独立存在,而是与其他生命体存在着密切的联系;二是具有一个内在的完整结构,而且这个结构是一个有系统的整体;三是有自我意识。前两个特点是一切生命体普遍具有的,第三个特点是人类特有的特点。同时符合这3个特征的生物是人。

(二)生命观

生命观是人生观的一种具体表现和重要组成部分,是指在一定的社会历史条件下,拥有生命的个体对生命本身及自身以外的其他生命体、生命意义的认识。国内对于生命观的理解有以下两种观点。

一种观点认为生命观是人类如何对自然界生命体的一种态度,包括人类对自身生命的态度。这种观点是基于生命的自然属性而提出的,一般由存在观与死亡观构成。人的生命是以存在和消亡两种形式表现出来的,有"生"也有"死",两者之间是对立统一的。所以,不仅要对生命存在观进行研究,探讨人从出生、成长到衰老整个过程应该具备的思想意识和行为习惯,还要对死亡进行研究,探讨人应该如何面对自己或他人离世。唯有如此,才能整体认识和把握生命。但是，这种观点忽视人的生命的社会属性，缺乏对生命过程的详细探究。

另一种观点认为生命观是一种逐渐形成且不断发展变化的过程。生命观是由生命存在观、生命责任观、生命境遇观、生命品质观等构成的。这种观点认为人生是一个不断发展变化的过程，受社会实践、生活环境、文化素养等方面的影响而不断变化，不同阶段的人们面临的困难是不同的，所要承担的责任是不同的，制定的目标也是不同的。不同之处也有共性特点，共性特点是要求人们以积极向上的态度来面对。

生命之意义

我觉得没有哪位医生能够用概括性的语言来回答这个问题。因为生命的意义在每个人、每一天、每一刻都是不同的，所以重要的不是生命之意义的普遍性，而是在特定时刻每个人特殊的生命意义。这个问题就好比问一个棋手："世界上最佳的招法是什么？"离开特定的棋局和特定的对手，压根不存在最佳的招法，甚至连较好的招法也不存在，人的存在也是这样。你不应该追问抽象的生命意义。每个人都有自己独特的使命，这个使命是他人无法替代的，并且你的生命也不可能重来一次。这样，每个人的生命任务就是特定的，完成这些任务的机会也是特定的。

由于生命中的每一种情况对人来说都是一种挑战，都会提出需要你去解决的问题，所以生命之意义的问题实际上被颠倒了。人不应该问他的生命之意义是什么，而必须承认生命向他提出了问题。简单说，生命对每个人都提出了问题，他必须通过对自己生命的理解来回答生命的提问，对待生命，他只能担当起自己的责任。

节选自《活出生命的意义》（维克多·弗兰克尔著）

在人类历史发展的进程中，很多学者从不同视角对生命进行了阐述，为当代大学生的生命观教育留下了重要的思想观点。其中，马克思主义生命观是面向人的全面发展的价值观，是马克思主义哲学的重要组成部分。

1）生命的存在观

生与死的客观必然性和辩证统一性。马克思主义认为，生命发展变化的必然性过程是辩证唯物主义生命观的核心。人作为一种高级动物，必须遵循自然界新陈代谢的客观规律，每一个人都不可避免生老病死。人的生命发展变化是客观的和必然的，每一个生命体从产生到灭亡都不以人的意志为转移，都遵循自然规律。生与死是对立的，同时两者又是相互依存、相互统一的。马克思主义对这一客观规律的辩证认识，使其从不惧怕死亡，从不避讳谈论死亡，而是把死亡视为生命中的重要组成部分，坚持用积极向上的态度、革命的乐观主义精神对待生命。

2）生命的本质观

自然属性基础上的社会性本质。人的生命是一种自然存在，具有自然属性。人与其他生命有机体一样，都必须遵循自然的生命法则，都要经历生老病死。但是，人又与其他生命体有着本质区别，那就是生产劳动，这是唯有人才具有的主体活动。尽管马克思主义对人的生命的自然属性进行了肯定，但它是从社会实践的基础上认识人类生命的自然性的。人的本质属性是在社会实践中生成的，生命只有在社会劳动实践中才能得到自我肯定和发展,所以,人的本质是社会存在物,即生命是一种社会存在。

3) 生命的价值观

奉献社会和全面发展的高度统一。生命是人的存在形式。与动物相比,人不单单是为了活着而活着,更是为了活得有意义、有价值。人生的意义既要实现个人价值,还要实现和发挥人类的主体性价值作用,从而奉献社会,推动历史发展和社会进步。所以,评价一个人的价值尺度是其所带来的社会效益,而不是索取。

二、大学生的生命观

大学生是中国特色社会主义事业的合格建设者和可靠接班人,肩负着实现中华民族伟大复兴梦的历史重任。大学生对生命的认识和态度,不仅关系到自身生命的成长与发展,还影响着和谐社会的构建。

(一) 当代大学生生命观的现状及特点

从目前的大学生生命观现状来看,大部分大学生能够理性对待生命,尊重生命,重视生活质量,积极探索生命的意义。但是,仍有部分大学生对生命缺乏理性的认识,漠视生命;部分大学生生活满意度低,容易"郁闷""迷茫",生命活力压抑,认为生活前景黯淡,易陷入堕落、颓废的状态;极个别的学生对生命的认识存在偏差。

纵观大学生的生命观,主要包含以下6个特点。

第一,对生命的起源和个体生命诞生有一定的了解,但没有真正理解生命的本义。许多大学生缺乏系统的生命知识,缺乏对生命来之不易的理解;对个体的生命如何诞生、如何发展了解甚少;对于死亡,许多大学生只是认识到死亡是生命的结束这个层面。

第二,认识到生命的宝贵,但珍惜、尊重生命的意识不甚理想。部分大学生对于"珍爱生命"的认识,仅表现在珍爱自身生命上,而对他人、他物的生命表现出漠视与不尊重。另外,还有部分大学生不认为轻生是轻视生命的行为,也不认为轻生是一种不负责任的行为,不认为漠视生命会给亲人带来伤害。

第三,面对困难和挫折具有正确的态度和勇气,但应对挫折的能力比较差。部分大学生由于缺乏吃苦耐劳的精神,在遇到苦难和挫折时,容易逃避和退缩,不敢去面对,在挫折面前丧失了斗志,表现出较差的心理承受力。

第四,认识到生命个体存在的意义,但缺乏对生命价值的深刻理解。虽然大部分大学生能意识到个体生命存在的价值,能明确生活的目标,但是仍有部分大学生感到生活迷茫、空虚,找不到生活的意义,对生命价值持有怀疑的态度,表现出得过且过的生活态度。

第五,肯定生命的平等性,但缺乏对生命平等的真正理解。生命原本没有贵贱之分,但在现实生活中,因为个人身份、社会地位、家庭背景等原因,导致一些大学生觉得生命是不平等的,产生生命有贵贱之分的思想。

第六,生命责任感比较强,但呈现出物质化、自私化的倾向。在生命责任感方面,很多大学生意识到生命是一种责任与承诺,大多数大学生认为自己是一个很负责任的人。不过,由于一些大学生对生命缺乏应有的责任心,导致忽视了自我价值和社会价值的实现。

（二）对大学生进行生命观教育的途径

1）学校教育

我国对大学生的生命观教育还处于一般呼吁阶段，既没有设置专门的课程，也没有具体的课时安排。因此，开设专门的课程教育成为生命观教育的基础。高校应根据自身实际情况，同时借鉴国外生命观教育的优秀成果，以社会主义核心价值观为指导，与时俱进，创设我国特色的高校生命观教育课程。同时，可以把对大学生的生命观教育贯穿于大学公共课中，充分发挥公共课育人的作用，以此达到对大学生进行生命观教育的目的。

2）社会教育

社会教育对大学生的成长起着重要的作用，但国际形势的快速变化和国内社会情况的复杂多样，导致社会教育在发挥积极作用的同时也给大学生的发展带来负面影响。因此，要充分发挥社会教育功能的积极作用，合理利用社会环境中的积极因素，增强大学生的民族自豪感和民族凝聚力，坚持正确的舆论导向，不断优化社会环境，为大学生的成长营造良好的社会氛围。另外，结合大学生的生活特点，充分利用网络教育平台，引导网络的正面效能，增强生命观教育的实效性和感染力。

3）家庭教育

家庭孕育了人的生命，也是生命观教育的第一个课堂，父母是孩子生命观的启蒙老师。家庭教育最大的优势之一就是亲情，父母与孩子之间的天然亲情，是生命观教育最好的心理条件之一。因此，家长要为孩子创设温馨、和谐的家庭环境，形成良性互动的家庭氛围。通过言传身教，潜移默化地影响和培养孩子正确的生命观。

4）自我教育

大学生生命观教育的终极目标是实现学生的自我教育。大学生健康生命观的形成离不开教育的教化和引导，但人的主观能动性和主体性也显得极为重要，只有把受动过程和能动过程统一起来，才能实现人的全面发展。

训练活动 9-1　假如我只有一天生命

【目的】通过面对必然死亡时未竟的事情，体会到时光的珍贵与生命的意义，度过有意义的人生。

【步骤】

（1）准备一张白纸。

（2）思考：假如我只有一天生命，我想说……

> 假如我只有一天生命，我想说……

（3）学生分享的想法，或者将自己的话说给你想让听的那个人。

教师总结：死亡是每一个个体生命最终的必然结局，它与孕育、诞生、成长一起，构成生命的完整性与不可逆转、不可复制、不可修改等特性。面对死亡，我们不难思索，人生在世就应该活得更有意义，要对社会有所贡献，才会死而无憾。死为生之始，亦为生之终。能够意识到"死亡"，即是对生命有限性的自觉，因而也会成为对"生"的意义和价值的追问。"向死"而"思生"，让人坦然面对必然的死亡，过好有意义的人生。

第二节　感恩与宽恕

名人名言

有时宽容引起的道德震动比惩罚更强烈。

——苏霍姆林斯基

老兵的宽容

一场惨烈的战争中数万名士兵丧命于刀剑之下。命运将两个地位悬殊的人——年轻的指挥官和年老的炊事兵推到一起。他们不约而同地选择相同的逃亡之路——沙漠。追兵止于沙漠边缘，他们不相信有人会从那里活着出去。

"请带上我吧，我知道如何在沙漠中辨认方向，我会对你有用的。"老兵哀求道。指挥官麻木地下了马，他认为自己已经没有求生的资格了。他望着老兵花白的双鬓，心里不禁一颤：由于我的错误，几万个鲜活的生命从这个世界上消失了，我有责任保护最后一名士兵。他扶着老兵上了战马。

到处是金色的沙丘，在茫茫沙漠中，没有一个标志性的东西，很难辨认方向。"跟我走吧。"老兵果敢地说。指挥官跟在他的后面。灼热的阳光将沙子烤得如炙热的煤炭一样，喉咙干得几乎要冒烟了。他们没有食物了。老兵说："把马宰了吧！"指挥官怔了怔，也只能如此了。他取下腰间的军刀……

"现在，马没了，你背我走吧！"指挥官又一怔，心想：你有手有脚，这要求着实有点儿过分。但随即他就深深地自责：老兵迷失在沙漠中，完全是因为自己的指挥失误。于是他背起老兵，沙漠上留下一串深陷且绵延的脚印……

一天，两天……茫茫沙漠无边无际。白天，指挥官好像是一匹任劳任怨的骆驼；晚上，他又成了体贴周到的仆人。然而，老兵的要求越来越多，越来越过分。他会将两人一天的食物吃掉一大半，会将每天定量的水多喝好几口。指挥官没有怨言，他只希望老兵活着走出沙漠，以弥补自己的罪过。

他们越来越虚弱。直到有一天，老兵奄奄一息了，说："你走吧，别管我了。"

"不，我们一起走！"指挥官说。

老兵的脸上浮现一丝苦笑："这些天，难道你就没有感到我在刁难你、拖累你吗？我没想到，你可以包容这些不平等的待遇。"

"我想让你活着，你让我想起我的父亲。"指挥官痛苦地说。老兵解下身上的一只布包：

> "拿去吧,里面有水,也有吃的,还有指南针。你朝东再走半天,就可以走出沙漠了。我们在这里的时间实在太长了……"说着老兵闭上了眼睛。
>
> "我不会丢下你的,我要背你出去。"老兵勉强睁开眼睛:"唉,难道你真的认为沙漠这么漫无边际吗?其实,只要走3天就可以出去,我只是带你走了一个圆圈而已。我亲眼看着我两个儿子死在敌人的刀下,他们的血染红我眼前的世界,这全是因为你。我曾想与你同归于尽,一起耗死在这无边的沙漠里。然而,年轻人,你用宽广的胸怀融化了我内心的仇恨。只有宽容别人的人,才配受到他人的宽容。"说完,老兵永远地闭上了眼睛。
>
> 指挥官震惊地伫立在那儿,仿佛又经历了一场战争,一场人生的战争。他得到了一位父亲的宽容。此时他才明白,武力征服的只是人的躯体,只有爱和宽容才能赢得人心。

每个人的生命中都会经历很多风风雨雨,也会遇到绚烂的彩虹,关键是如何面对生命中的一切。在生活中,你是想做一个斤斤计较、得理不饶人的人,还是做一个豁达、感恩、宽恕的人呢?

一、感恩和感恩教育

(一)感恩和感恩教育的概念

"感恩"一词最早出现在晋朝陈寿的《三国志·吴书·骆统传》:"飨赐之日,可人人别进,问其燥湿,加以密意,诱谕使言,察其志趣,令皆感恩戴义,怀欲报之心。"这里的"感恩"是心怀感恩,有恩必报之意。《诗经》中"投我以木桃,报之以琼瑶。"这里讲的"感恩"是一种感恩的意识。在儒家的经典著作中,很多地方提到了感恩,《论语·学而》中"孝悌也者,其为仁之本钦",这里讲的"感恩"是对父母养育之恩的报答和对国家的回报。目前,中国学术界对"感恩"的定义存在争议,但是学者们比较认同陶志琼教授对"感恩"的解释:"感恩就是对他人、社会和自然给予自己带来的恩惠和方便在心里产生认可并意欲回馈的一种认识、一种情怀和行为。"

关于感恩教育,陶志琼教授认为"感恩教育是教育者运用一定的教育方法与手段,通过一定的感恩教育内容对受教育者实施的识恩、知恩、感恩、报恩和施恩的人文教育,是一种以情动情的情感教育,是一种以德报德的道德教育,更是一种以人性唤起人性的人性教育"。感恩教育的核心是培养人的感恩意识。感恩意识引导感恩行为,一个人只有形成正确的感恩意识,才会正确理解感恩的内涵,认识到感恩的重要性,并自觉践行感恩的实际行动,养成一种良好的行为习惯。

(二)感恩的意义

1)感恩是不可缺少的美德

"鸦有反哺之义,羊有跪乳之恩",我国自古就有"受人滴水之恩,当涌泉相报"的做人美德。感恩是学会做人的支点。在道德价值的坐标系中,坐标的原点是"我",我与他人、我与社会、我与自然,一切关系都是由主体"我"而延伸的。如果人与人之间缺乏感恩之心,人就会时时处处以自我为中心,只会爱自己,不会爱别人,只知道索取,不懂得奉献,必然导致人际关系冷漠。对他人的帮助时时怀有感恩之心,会使我们知道每个人都在享受着别人带给自己的快乐。

一个人拥有感恩之心，就会成为一个有责任心的人。一个人拥有感恩之心，说明他对自己与他人、社会的关系有着正确的认识，一个人知恩图报，则是在这种正确认识之下产生的一种责任感。拥有感恩之心的人，可以认真、务实地从一件小事做起。在现代社会分工越来越细的巨大链条上，每个人都有自己的职责、自己的价值，每个人有意无意间都在为他人付出。当我们感谢他人的嘉言善行时，当我们感谢社会给予我们的肯定时，第一个反应常常是自己应该怎样做，怎样做得更好。这虽是一种非常单纯的回报心理，但是对于整个社会来说，则是非常有意义的良性循环。

2）感恩是一种美好的心态

从成长的角度看，心理学家普遍认同这样一个规律：心态改变，态度就跟着改变；态度改变，习惯就跟着改变；习惯改变，性格就跟着改变；性格改变，人生就跟着改变。一旦拥有感恩的心态，最终就会改变性格，进而收获美丽的人生。

人生在世，不可能一帆风顺，种种挫折、无奈都要勇敢地面对，豁达地处理。如果我们有一种感恩的思想，就会关注事物中的积极因素，就可以沉淀许多浮躁和不安，消除许多不满与牢骚，消解内心所有的积怨，战胜困难和挫折。不要总抱怨父母给予我们的太少，而是学会体谅、感恩父母；不要总责怪朋友对我们帮助不够，而是学会信任、感恩朋友；不要总埋怨老师对我们要求太严厉，而是学会理解、感恩老师；不要总是抱怨命运不够好，而是学会在顺境中感恩，在逆境中依旧感恩；不要总是哀叹大自然带给我们风雨和泥泞，而是学会和自然共处，感恩大自然。

3）感恩是成就辉煌人生的重要支点

成功学家安东尼指出，成功的第一步就是先有一颗感恩之心，既要时时对自己的现状心存感恩，也要对别人为你所做的一切怀有敬意和感激之情。只有对社会、对环境、对周围的人心存感激，我们才会主动帮助他人，才会在遇到困难时得到别人更多的帮助。

一个人懂得感恩并付诸行动，才会受人欢迎，人们也愿意跟他长期合作。不懂得感恩的人认为别人帮他是应该的，若不思回报，别人就不愿意再与他合作，这样的人不会有大的作为。感恩是一种生存竞争力，也是成就辉煌人生的重要支点。

拓展阅读

感谢信

某天早晨，在洛杉矶的一家酒店里，一位男士在餐厅里发现他的右前方有3个孩子，他们在餐桌上埋头写着什么。在就餐的时间，这3个孩子却没做与吃饭有关的事情。他难以按捺心中的好奇，试探着走了过去。在这些孩子的应允下，他坐在他们旁边。看到一个外国人到来，孩子们没有一丝扭捏，而是落落大方地和他谈了起来。约莫十二三岁戴眼镜的男孩是老大，八九岁的女孩是老二，另外一个小男孩五六岁，是老三。从谈话中他了解到孩子们和母亲暂时住在这家酒店里，因为他们正在搬家，新房还未安顿好。当他问孩子们在做什么时，老大回答说正在写感谢信，并一副理所当然的神情让他满脸疑惑。3个小孩一大早写感谢信？他愣了一阵后，追问道："写给谁的？""给妈妈。"他心中的疑团一个未解一个又生。"为什么？"他又问道。"我们每天都写，这是我们每日必做的功课。"孩子回答道。哪有每天都写感谢信的？真是不可思议！他凑过去看了一眼孩子们手中的那沓纸。老大在纸上写了八九行字，老二写了五六行，老三只写了两三行。再细看其中内容，都是诸如"院子里的花开得真漂亮""昨天吃的比萨饼很香""昨天妈妈给我讲了一个很有意思的故事"之类的简单语句。他心头一震。原来，孩子们写给妈妈的感谢信不是专门感谢妈妈给他们帮了多大的忙，而是记录下他们幼小心灵中感觉很幸福的一点一滴。他们还不知道什么叫大恩大德，只知道对于每一件美好的事物都应心存感激。他们感谢母亲辛勤工作，感谢同伴热心帮助，感谢兄弟姐妹之间相互理解。他们对许多被认为理所当然的事都怀有一颗"感恩的心"。

（三）大学生感恩教育的途径

1）加强学习，增强感恩意识

"知是行之始"，要想增强感恩的意识，应从加强理论认知学习开始。首先，学习科学理论知识，结合辩证唯物主义和历史唯物主义的基本观点，正确认清自己，把握自己。不断拓展研究的内容，多涉猎心理学、伦理学、哲学等学科，全方面多角度地认知感恩。另外，加强传统美德教育，通过中华民族优秀的传统文化加强对自身的熏陶，培养鉴别良莠的能力。以先进人物为榜样示范，通过一个个真实而感人的事例，激发内心深处的情感共鸣，不断激励自己向更高的道德境界攀登。

2）注重实践，升华感恩情感

通过实践活动，将感恩教育的理论知识与实际行为有效结合，不断增强情感体验度。比如，积极参加公益活动、献爱心活动、献血活动，参加"为父母洗一次脚""为老师敬一杯茶""为长者让座"等感恩教育活动，参加感恩宣言、感恩演讲等活动。在看似不起眼的行为中，大学生体验到自我价值实现的成就感和服务奉献的愉悦感，为培养感恩情怀提供了更广阔的空间。

3）坚持自律，培养感恩习惯

感恩习惯的养成需要从自身做起，加强自我教育，坚持道德自律。大学生需要按照感恩教育的目标和要求，通过自我学习、自我反思和自我修养等方式，培养自身主体意识，提高自律性。比如，通过"感恩日记"将日常生活中的感恩细节记录下来，不断总结，不断反思。同时，还要培养"慎独"精神，坚持道德自律，无论何时何地是否有人监督，都不能做不道德的事情。感恩习惯的养成是一个漫长的过程，要持之以恒，完成从他律到自律的行为转变，最终养成感恩的习惯，践行感恩之举。

二、学会宽恕

（一）宽恕与宽恕品格

宽恕出自西方宗教的"原罪说"。最初，宽恕具有浓厚的宗教色彩，后来因其本身的道德意味被哲学、心理学等学科广泛关注。我国没有对宽恕的概念进行清晰的界定，但我国传统文化早有丰富的恕道思想。《汉语大字典》中将"宽"解释为"不严厉，不苛求"，对于"恕"有两种释义：一是原谅、宽容；二是以自己的心推想别人的心。

"宽恕"自古以来就是中华民族的传统美德，它是处理个人与他人道德关系的基本态度和要求，是指人与人交往之间必须具备的一种推己及人和宽以待人的道德品质。当然宽恕不是无原则的退让、懦弱与胆小，真正的宽恕应该代表着勇气与力量，是勇敢和智慧的象征。所谓的宽恕之心，不是指所有的错误都可以被宽恕，而是建立在承认法律与公正、肩负社会和谐的重要性基础之上的。

宽恕是一个恕人恕己的心理活动过程，宽恕品格的培养是涵盖这两个方向的一种综合教育过程。所谓宽恕品格的培养，其实质是促进自我的认知水平由低层次向高层次发展的过程，可以理解为"通过各种形式的活动有目的、有计划地向个体传授宽恕的知识、方法和技能，使受教育者掌握宽恕方法、提升实践宽恕的能力，明白宽恕的价值和意义，从而对宽恕有正确的认知和态度，并主动做出宽恕行为的影响过程"。

拓展阅读

化敌为友

竞选总统前夕，林肯在参议院演讲时，遭到一位参议员羞辱。那位参议员说："林肯先生，在你开始演讲之前，我希望你记住自己是位鞋匠的儿子。"

"我非常感谢你使我记起了我的父亲，他已经过世了。我一定记住你的忠告，我知道我做总统无法像我父亲做鞋匠那样做得好。"

参议院中的人们陷入了沉默。

林肯转过头来对那位傲慢的议员说："据我所知，我的父亲为你的家人做过鞋子，如果你的鞋子不合脚，我可以帮你改正。虽然我不是伟大的鞋匠，但我从小就跟父亲学会了做鞋子的技术。"然后，他又对所有的参议员说："对参议院的任何人都一样，如果你们穿的那双鞋是我父亲做的，而它们需要修理或改善，我一定尽可能地帮忙。但有一点可以肯定，他的手艺是无人能比的。"

说到这里，所有的嘲笑化作真诚的掌声。

有人批评林肯总统对待政敌的态度："你为什么试图让他们变成朋友呢？你应该想办法打击他们、消灭他们才对。"

"我们难道不是在消灭政敌吗？当我们成为朋友时，政敌就不存在了。"这就是林肯总统消灭政敌的方法，将敌人变成朋友。

林肯两度被选为美国总统。今天在以他的名字命名的纪念馆的墙壁上刻着这样一段话："对任何人不怀恶意；对一切人宽大仁爱；坚持正义，因为上帝使我们懂得正义；让我们继续努力去完成我们正在从事的事业，包括我们国家的伤口。"

（二）宽恕及其相关概念的联系与区别

宽恕与"公正""仁慈""宽容""原谅""容忍"等概念存在一定交集。分清楚与宽恕相关且容易混淆的概念，对正确理解宽恕的概念、培养大学生宽恕品格及深层次的相关研究具有重要意义。

1）宽恕与公正

公正，即公平和对等。道德问题的解决需建立在公正、平等的社会规则之上，因此，公正即是在社会规则范围内对道德问题的有效处理。而宽恕则是一种高于公正的善的形式。因此，公正与宽恕是不同道德层次上的概念，只有先具有公正的道德理念，才会具有宽恕理念，并做出宽恕行为。

2）宽恕与仁慈

在我国文化中，"仁"和"慈"的含义大体上是一致的，即"爱"，强调对他人的爱心。西方文化认为，仁慈作为一种美好的道德品质，总是不受约束的，它不能以力相逼，仅仅缺乏仁慈并不会受到惩罚，因为这并不会导致真正的罪恶。因此，仁慈作为道德品质，其存在是没有条件性与目的性的，没有外力的逼迫，也不会导致对他人的实质性伤害。而宽恕是有条件性的，它一般发生在人际伤害或自我心理矛盾之后。关爱和宽恕都是"仁慈"这一道德话题下的分支，但仁慈涵盖的范围更广一些，是宽恕存在的条件之一。

3）宽恕与宽容

宽容一词广义上具有"承受、保护和养育"的含义。在《现代汉语词典》中，"容"主要有两种含义：一是对人度量大，如宽容；二是让、允许，例如，容让。而"恕"有两种基本含义：一是"原谅、宽容"；二是"以己之心推想他人之心"。可见从单个字的释义来看，主要集中在"恕"与"容"的差别上。宽容的对象范围较为广泛，可以是人的思想，也可以是人的行为等内容。而宽恕的矛盾对象则较为具体，宽恕心理、行为往往是和自己直接相关的，无论是宽恕别人还是宽恕自己，都是事后需要的一种心理调适过程。

4）宽恕与原谅

原谅是指通过提供合理化的解释来减轻不宽恕带来的负面情感，而这个合理化的解释使冒犯者的行为可以被理解。可以说，宽恕是一种美德，而原谅不是一种美德。事实上"原谅"就是找一个消除负面情绪的理由，而宽恕往往发生在冒犯者的不公正的情况下，当个体感到抱歉的时候，个体可能并没有认识到不公正。原谅更倾向于对冒犯行为的忽视，而不一定表达为宽恕。

5）宽恕与容忍

容忍并不是一种美德，如果一个冒犯者的行为让我们感到不舒服，我们可以容忍他，但我们并不是在宽恕他。容忍并不是消极的反应，只是忍受他的行为，是一个被动的过程；相对来讲，宽恕是一个更为主动的过程，而且宽恕受到冒犯的程度更深。

（三）大学生宽恕品格的培养途径

1）宽恕理念的弘扬

在校园中，可以充分利用课堂教学这一手段进行宽恕及相关理论知识的传授，使大学生群体对宽恕的由来、何谓宽恕及东西方关于宽恕的异同点等知识有深刻的了解，对宽恕理论、影响因素、技巧等有一定程度的领悟。另外，在家庭教育中，父母应树立整体的家庭道德教育观念。首先，父母要了解家庭道德教育的意义；其次，加强家庭道德文化建设。树立平等、尊重、和谐的家庭道德教育理念，将时代的主流思想和家庭道德建设相结合，完善家庭道德教育的内容。

2）宽恕行为的强化

培养大学生宽恕品格还可以通过分析心理咨询案例来进行。目前，很多学校都设有心理咨询室，可以通过大学生日常的心理咨询整理出当代大学生宽恕倾向及动因的具体情况，为培养大学生宽恕品格提供具体的案例资料，这种心理咨询案例分析应该包括个案的分析及团体案例的分析，以便进行有针对性的个体宽恕辅导或者团体宽恕辅导。

3）宽恕氛围的营造

首先，宽恕品格的培养可以通过大学生团体活动来开展。有效利用学生社团这一载体，将宽恕课堂教学与大学生的日常生活紧密结合起来，将宽恕知识，尤其是宽恕的技巧和宽恕对于个体发展的正面作用渗透到学生团体活动中，在不知不觉中影响大学生的行为方式。其次，家庭氛围和谐对子女的家庭道德教育起着不可估量的作用。根据不同家庭的实际情况，精心设计积极的家庭活动，充分发挥家庭的主体作用，营造和谐的家庭氛围。最后，要创造积极的社会环境。政府可以通过自己的力量去引导民众，让民众相信宽恕的力量；运用政府的力量去树立宽恕典型榜样，鼓励人们向榜样学习。同时新闻媒体等也可以通过现代信息技术传播关于宽恕的观点，营造宽恕的氛围，给予宽恕者道德上的赞扬。也许这些行为是微不足道的，但是水滴石穿，如果长久发展下去，宽恕氛围会越来越强烈，那么对整个社会，尤其是对刚刚走出校园的大学生来说，不仅能够树立正确的世界观、人生观、价值观，还能对促进社会安定与和谐、保证社会健康向前发展具有非常重要的社会意义。

训练活动 9-2　我的支持系统

【目的】认识每个支持、理解、帮助你的人，组成你的支持系统，使你健康快乐地成长；同时，你对别人的理解、感激、宽容、支持，也会成为别人的支持系统。

【步骤】

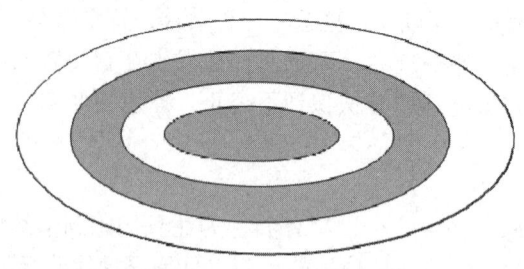

（1）把自己的名字写在最里面的圈内。

（2）根据获得心灵支持的程度，从内向外（越靠近中心，表示支持的力度越大）依次填写支持你的人的名字。

（3）小组分享。

他们为什么会成为你的支持系统？

你从他们那里获取了哪些支持和力量？请举例说明。

请分别对他们说一句心里话。

训练活动 9-3　自我检测——领悟社会支持量表（PSSS）

领悟社会支持量表，共含有12个项目，分为7级评分的自评量表，用于评价社会支持程度。

指导语：以下有12个句子，每一个句子后面各有7个答案。请你根据自己的实际情况在每句后面选择一个答案。例如，选择①表示你极不同意，即说明你的实际情况与这一句子描述的情况极不相符；选择⑦表示你极同意，即说明你的实际情况与这一句子描述的情况极相符；选择④表示中间状态；其余类推。

测试题目如下：

（1）在我遇到问题时，有些人（老师、亲戚、同学等）会出现在我的身旁。
①极不同意 ②很不同意 ③稍不同意 ④中立 ⑤稍同意 ⑥很同意 ⑦极同意

（2）我能与一些人（老师、亲戚、同学等）共享快乐与忧伤。
①极不同意 ②很不同意 ③稍不同意 ④中立 ⑤稍同意 ⑥很同意 ⑦极同意

（3）我的家庭能够切实、具体地给我帮助。
①极不同意 ②很不同意 ③稍不同意 ④中立 ⑤稍同意 ⑥很同意 ⑦极同意

（4）在需要时，我能够从家庭中获得感情上的帮助和支持。
①极不同意 ②很不同意 ③稍不同意 ④中立 ⑤稍同意 ⑥很同意 ⑦极同意

（5）当我有困难时，有些人（老师、亲戚，同学等）是安慰我的真正源泉。
①极不同意 ②很不同意 ③稍不同意 ④中立 ⑤稍同意 ⑥很同意 ⑦极同意

（6）我的朋友们能真正地帮助我。
①极不同意 ②很不同意 ③稍不同意 ④中立 ⑤稍同意 ⑥很同意 ⑦极同意

（7）在发生困难时，我可以依靠我的朋友们。
①极不同意 ②很不同意 ③稍不同意 ④中立 ⑤稍同意 ⑥很同意 ⑦极同意

（8）我能与其他家庭成员谈论自己的难题。
①极不同意 ②很不同意 ③稍不同意 ④中立 ⑤稍同意 ⑥很同意 ⑦极同意

（9）我的朋友们能与我分享快乐与忧伤。
①极不同意 ②很不同意 ③稍不同意 ④中立 ⑤稍同意 ⑥很同意 ⑦极同意

（10）在我的生活中有某些人（老师、亲戚、同学）关心着我的感情。
①极不同意 ②很不同意 ③稍不同意 ④中立 ⑤稍同意 ⑥很同意 ⑦极同意

（11）我的家庭能心甘情愿地协助我做出各种决定。
①极不同意 ②很不同意 ③稍不同意 ④中立 ⑤稍同意 ⑥很同意 ⑦极同意

（12）我能与朋友们讨论自己的难题。
①极不同意 ②很不同意 ③稍不同意 ④中立 ⑤稍同意 ⑥很同意 ⑦极同意

评分标准：PSSS 的主要统计指标为总分。在自评者评定结束后，将 12 个项目的各个得分相加即得总分。得分越高，说明社会支持系统越好，反之越弱。得分小于 32 分，说明你的社会支持系统存在严重问题，这可能和你的个性有关。得分小于 50 分，说明你的社会支持存在一定问题，但不是很严重。

适用对象：PSSS 适用于 18 周岁以上的成年人，它可以很好地评定个体的社会支持系统，帮助个体更好地认识周围的支持力量。

训练活动 9-4　我经历过的宽恕

【目的】通过分享经历，领悟生活中的宽恕。

【步骤】

（1）你在生活中宽恕过别人吗？你是否被别人宽恕过？写下我宽恕别人的一件事和别人宽恕我的一件事。

（2）分享讨论。

第三节 触摸幸福

人类的一切努力的目的在于获得幸福。

——欧文

传统心理学中的"福""喜""乐"

"福",最早见于甲骨文,其形象好似人的双手捧着酒杯供奉祭台。可见,福字有祭祀、求福之意。《尚书·洪范》中曾有"五福"之说,所谓"五福",一曰寿、二曰富、三曰康宁、四曰好德、五曰考终命。《韩非子·解老篇》则说"全身富贵之谓福"。而《礼记·祭统》对福的解释为"福者,备也。备者,百顺之名也,无所不顺者谓之备"。至汉朝,桓谭在《新论》中提出"寿、富、贵、安乐、子孙众多即是福"的观点。在中国民间又有所谓的"福、禄、寿、喜、财"之"五福"的说法。由此形成了中国社会源远流长的"福"文化的传统。中国传统文化对"福"的意义的解释,显示着中国文化对个体之"福"的条件性说明。"富""贵""长寿""康宁""安乐"都是个体获得"福"的一种条件。"福"文化代表的是中国人对个人之"福"的一种期冀和描绘,而不是对个人内在心理感受的描摹和说明。

"喜",见于甲骨文,其形体上面是"鼓"本字,下面是汉字"口"。其形象表现的是人们在面对热烈的喜庆场面时,听着击鼓声所发出的欢乐呼喊声。《说文·喜部》中提到:"喜,乐也。从,从口。"从"喜"一词的本义出发,不难看出,"喜"字具有快乐、欢悦之意。《周礼·秋官·大行人》中说:"贺庆以赞诸侯之喜。"意思是乔迁可谓之"喜",其他诸如庆寿、婚嫁等事情都可以以"喜事"称之。民间的"八喜"说,则具体涵盖了人生的八大喜事,即"久旱逢甘霖""他乡遇故知""洞房花烛夜""金榜题名时""升官又晋爵""财源纷纷至""家合体魄健""共享天伦日"。这些喜事都可以给人带来快乐、欢愉的感受。中国文化对"喜"的解释彰显着中国文化对可以引动个体情绪感受的"喜"事的关注。"喜"的意义与幸福感的意义在情绪感受这个层面是相近的。

"乐"在甲骨文中本指用丝和木制作的乐器。《说文解字》中提到:"乐,五音八声之名。"由此可见,"乐"的本意是指各种乐器和乐音的总称。有"乐"(yuè)自然有"乐"(lè),个体才会有发自内心的"愉悦"和"愉快"。后来,在中国传统哲学儒释道三家的思想中,用"乐"表示达到一种美学境界后的内心感受。在中国传统哲学儒释道三家思想的发展过程中,"乐"是各家思想中的一个核心范畴。儒家的"孔颜之乐"、道家庄子的"至乐"、佛家的"涅槃之乐",都用"乐"来表明一种人生美好的生存状态和心理体验。苗元江认为"乐"的概念与幸福的含义更为接近,其内涵很丰富,既可指情感化的,也可指超情感的,更可指一种超乎经验的心灵的美好感受,同时还涉及人格成长与人生意义等多样化的内容。

生活不是一帆风顺的，幸福的人生也会遇到困难和挫折。但是，幸福的人在困难面前仍然能够会心微笑，看到生命对自己的"优待"，然后鼓起勇气，克服困难，去拥抱更大的幸福！

一、幸福和幸福感

（一）幸福

幸福的概念美丽而又模糊，古今中外，社会学家、哲学家、心理学家从自己的学术视角对幸福进行定义，《辞海》中这样说："幸福是一种为生活满足和感到快乐并自然持续的愉快心情。"心理学上把幸福定义为个人需求得到满足后的愉悦感，幸福是人类需要的情绪体验，人类希望这种愉悦感的情绪能够持久，并想方设法努力使这种幸福的情绪长久而持续。

幸福的概念随着社会的发展而不断完善，直到马克思主义幸福观的提出，马克思主义幸福观才被认为是科学的幸福观，并得到社会的广泛认可。马克思主义指出："幸福是指人之所以为人的真理与自己同在时的心理状态，包括一切真实的事物、人性的道理、他人的生命甚至动物的生命与自己同在等，是一种心理欲望得到满足时的状态，是一种持续时间较长的对生活的满足和感到生活有巨大乐趣并自然而然地希望持续久远的愉快心情。"

（二）幸福感

随着积极心理学的兴起和不断发展，心理学对幸福感的研究取得了明显的进展。主观幸福感是指个体主观上对自己已有的生活正是自己心目中理想的生活状态的一种肯定和感受，即个体自己事先设定好标准，并以此标准对其生活质量进行整体性评价，也是反映个体对生活喜爱程度的标准。主观幸福感主要包括两个部分，分别是生活满意度和情感体验度，其中生活满意度是指个体对其生活质量形成的总体认识与评价；情感体验度是指个体对情绪情感的感受与体验，包括积极情感和消极情感两个方面，其中积极情感表现为轻松、快乐、满意、高兴等感受，而消极情感表现为难过、郁闷、伤心、焦躁等感受。

二、影响大学生幸福感的矛盾冲突

大学生正处于青年早期，身体、心理等各方面逐渐走向成熟，同时也存在很多发展上的问题，这些矛盾、冲突无疑会给大学生的幸福感带来一定的影响。具体矛盾表现为以下方面。

（一）需要交流与自我心理防御

大学生有着强烈的交流欲望和表达欲望，内心渴望得到理解和支持，渴望得到关爱和帮助。但同时，大学生又有着较高的自我心理防御，不轻易向他人吐露自己内心深处的真实想法，这些自我心理防御导致他们与父母、老师等缺乏有效沟通，容易产生心理距离。当苦闷无人倾诉、自己不被理解的时候，会影响他们对幸福的感知。

（二）强烈的自尊心与自卑感

有些大学生对未来、对生活缺乏合理的规划，强烈的自尊与自卑交融在一起，造成心理上的失衡与不安。比如，有些大学生渴望得到别人的认可和赞许，但又害怕自己所期望的关注不能实现，而在行为上表现得无所适从，甚至会用一些过激的行为，比如打架斗殴、顶撞老师等来掩饰内心的自卑与懦弱，用这些错误的方式来维护自己强烈的自尊心。

（三）情感的丰富与情绪的不稳定

大学生往往容易感情用事，敏感冲动，常处于一种无名的烦恼中。虽说也懂得一些人情世故，但却不善于处理情感与理智之间的关系。为此，在遇到一些应激事件时，他们常常不能冷静和理智对待，各种矛盾冲突都有可能在情绪中反映出来。在很多情况发生后他们又追悔莫及、苦恼万分，从而影响生活幸福感。

（四）求知欲强与识别力低

大学生求知欲旺盛，但由于社会经验不足，认知结构和思想方法简单，对真伪、美丑、精华、糟粕的分辨能力较差，有时会瑕瑜不分，甚至受到一些消极思想的影响，导致自己的行为出现偏差，进而影响生活，降低主观幸福感。

三、提升幸福感的策略

可以通过以下五方面来提升大学生的主观幸福感。

（一）树立正确的人生观、价值观

树立正确的人生观、价值观要做到以下几点。
（1）认真学习，不断自我评价、自我反省、纠正错误的思想观点。
（2）要有正确的观念，把握好自己的言行。
（3）结合自己的实际情况，树立人生目标，制定阶段性目标，并朝着目标不断努力。

塞利格曼的快乐窍门

美国著名心理学家塞利格曼认为，要想大幅增加你的快乐，最有效的办法之一就是做"感恩拜访"。他的意思是对任何你想感恩的对象写出感谢的话，然后去拜访对方，再当面读出这封感恩信。其惊人之处在于，就算只做过一次这种行为的人，事隔一个月之后，明显快乐得多，比较不沮丧，但是3个月之后就无效了。持续更久的办法是每天花点时间写下3件很好的事、好在哪里。

（二）营造积极的自我概念

积极的自我概念是指个体对自己的积极看法和态度。大学生可以通过从事实践活动并力争获得成功来营造积极的自我概念，成功可以增强人的自我效能感、价值感，提高自信心，有利于对自己做出正面的自我评价，从而使个体逐渐懂得欣赏自己、悦纳自己，对生活充满感恩。

（三）正确归因，增强控制感

根据美国心理学家韦纳的动机归因理论，成功和失败可归因于4个因素：能力、努力、运气和任务难度。把失败归因于主观因素会使人感到内疚和无助，把成功归因于客观因素则不利于个人成就动机的提高。因此，大学生在归因时，要努力避免这两种错误的归因模式，对自己的成败进行客观、冷静的分析，逐渐培养自己的控制感，摆脱无助感。

（四）积极乐观地应对挫折

挫折、压力与不幸本来就是生活的一部分，也是一种值得珍惜的生活体验。我们要正确认识并勇于面对挫折和压力，而不是怨天尤人。巴尔扎克曾说过："世界上的事情永远不是绝对的，结果完全因人而异。困难对于天才是一块垫脚石，对于能干的人是一笔财富，对于弱者是一个万丈深渊。"挫折会给人以打击，带来损失和痛苦，但也能使人受到磨炼和考验，从而变得坚强起来。引起挫折感的与其说是挫折、应激、冲突本身，不如说是受挫者对所受挫折的看法。因此，大学生应该以大智大勇来接受生活中的挫折与不幸。

为生命画一片树叶

只要心存信心，总有奇迹发生，希望虽然渺茫，但它永存人世。

美国作家欧·亨利在他的小说《最后一片叶子》里讲了个故事，一个生命垂危的病人从房间里看见窗外的一棵树，在秋风中树叶一片片地掉落下来。病人望着眼前的萧萧落叶，身体也随之每况愈下，一天不如一天。她说："当树叶全部掉光时，我也就要死了。"一位老画家得知后，用彩笔画了一片叶脉青翠的树叶挂在树枝上。最后这片叶子始终没掉下来。只因为生命中的这片绿，病人竟奇迹般地活了下来。

人生唯独不能没有希望。希望是人类生活中的一项重要的价值。有希望之处，生命就生生不息！其实，幸福早就在你的面前。饿的时候，有一碗热腾腾的面放在你眼前，这是幸福；累的时候，躺在软软的床上，也是幸福；哭的时候，有人递来一张纸巾，更是幸福。幸福本没有绝对的定义，平常一些小事也能撼动你的心灵，幸福与否，只在乎你怎么看待。

训练活动 9-5　自我检测——主观幸福感

指导语：请仔细阅读下面的每一句话，参照你大多数时间的生活状况，在最符合你的状况的数字下打"√"。其中"1"为"完全不符合"，"2"为"不符合"，"3"为"有点不符合"，"4"为"说不清"，"5"为"有点符合"，"6"为"符合"，"7"为"完全符合"。请按照你的真实想法和感受作答，而不是按应该采取的方式作答，这一点非常重要。

（1）我的朋友们对我很友善。　　　　　　　　　1　2　3　4　5　6　7
（2）我喜欢和我的父母在一起。　　　　　　　　1　2　3　4　5　6　7
（3）我在学校里感到不舒服。　　　　　　　　　1　2　3　4　5　6　7
（4）我希望自己住在别的地方，而不是现在的地方。1　2　3　4　5　6　7
（5）基本没有人强迫我做自己不喜欢做的事。　　1　2　3　4　5　6　7
（6）我在学业上取得了理想的成就。　　　　　　1　2　3　4　5　6　7
（7）我生活的环境周围有很多不如意的事情。　　1　2　3　4　5　6　7
（8）基本上我都能按照自己的愿望行事。　　　　1　2　3　4　5　6　7

（9）我对我的学业状况满意。	1	2	3	4	5	6	7
（10）如果我需要，我的朋友们都会帮助我。	1	2	3	4	5	6	7
（11）我喜欢与我的家人待在一起。	1	2	3	4	5	6	7
（12）学校的很多事情我都不喜欢。	1	2	3	4	5	6	7
（13）我生活的地方社会治安好。	1	2	3	4	5	6	7
（14）基本上我有自主选择的自由。	1	2	3	4	5	6	7
（15）与多数同学相比，我在学校的发展较全面。	1	2	3	4	5	6	7
（16）我的朋友们对我很好。	1	2	3	4	5	6	7
（17）我的家人相处得很和睦。	1	2	3	4	5	6	7
（18）我喜欢上学。	1	2	3	4	5	6	7
（19）我生活的地方社会风气好。	1	2	3	4	5	6	7
（20）我在课余时间能做自己喜欢做的事。	1	2	3	4	5	6	7
（21）与我的同学相比，我在学校得到的荣誉较多。	1	2	3	4	5	6	7
（22）我的朋友对我很小气。	1	2	3	4	5	6	7
（23）我的父母能平等地对待我。	1	2	3	4	5	6	7
（24）我喜欢学校的生活。	1	2	3	4	5	6	7
（25）我们生存的世界是和平安宁的。	1	2	3	4	5	6	7
（26）基本上没有人干涉我的生活。	1	2	3	4	5	6	7
（27）我觉得自己在同伴中很有面子。	1	2	3	4	5	6	7
（28）我的家庭成员之间讲话很友善。	1	2	3	4	5	6	7
（29）我在学校的生活很有趣。	1	2	3	4	5	6	7
（30）我在学业上很有成就感。	1	2	3	4	5	6	7
（31）我与我的朋友在一起有很多趣事。	1	2	3	4	5	6	7
（32）我和我的父母在一起能愉快地交谈。	1	2	3	4	5	6	7
（33）我喜欢学校的活动。	1	2	3	4	5	6	7
（34）我有很多朋友。	1	2	3	4	5	6	7
（35）大多数时候我喜欢家长的教育方式。	1	2	3	4	5	6	7
（36）我的同学都很尊重我。	1	2	3	4	5	6	7
（37）我在自己的同伴中很有威信。	1	2	3	4	5	6	7

结果分析：该量表以总分为主要统计指标，总分越高，表明主观幸福感越好；反之，主观幸福感和生活满意度越差。量表分为6个子维度，友谊满意度，包括1、10、16、22、27、31、34、36、37题；家庭满意度，包括2、11、17、23、28、32、35题；学业满意度，包括6、9、15、21、30题；自由满意度，包括5、8、14、20、26题；学校满意度，包括3、12、18、24、29、33题；环境满意度，包括4、7、13、19、25题。

训练活动9-6 "优点"轰炸

【目的】每个人身上都有属于自己的闪光点，但是很多人没有意识到。那么请我们的同伴帮忙找一找吧，让每个人感受自己的闪光点。

【步骤】

（1）每6人为一组。每组人围成一个圈，每个人将自己的卡片转交给右手边的同学，拿到卡片的同学在卡片背面写上卡片主人的一个优点，再交给右手边的下一位同学。直到卡片传回主人手中后停止。

（2）卡片主人念出卡片上写的内容。

（3）每位同学谈一下对同伴发现自己优点的感受，体会幸福，收获自信。

第四节　健康生活

习惯养得好，终身受其益，习惯养不好，终身受其累。

——陈鹤琴

小徐的病因

2017年9月，淮安市某高校大学生小徐被诊断出患有乳腺癌，对于小徐患癌的原因，医生在术后和小徐的交流中注意到一个细节，小徐平时经常熬夜玩手机，凌晨睡觉是常有的事，有时候还会通宵，作息非常不规律。医生表示熬夜比较多、生活压力调节不当和小徐的发病存在一定关系。专家指出，经常喝酒、熬夜、玩手机，长期面对电子产品、不运动等各种不良生活习惯容易导致内分泌失调，并且会引发各种疾病，提高患癌的概率。

近年来，大学生的健康状况越来越受到社会各界和教育部门的关注。一些不健康的生活习惯，比如抽烟、喝酒、食用高脂高糖高胆固醇食品、体育锻炼减少、熬夜等正在影响着大学生的身体健康。为此，引导大学生养成科学、合理、文明的生活习惯是增强其体质并提高健康水平的重要手段。

一、大学生不良生活习惯的现状

随着社会经济的不断进步和科学技术的飞速发展，人们的生活水平得到了显著提高，一些高科技产品在生活中被广泛应用，使得大学生的校园生活节奏加快且校园生活丰富多彩起来，从而大学生有了更多的空余时间，同时也养成了许多不健康的生活习惯，具体表现为以下几方面。

（一）作息时间不规律

大学生活相对来说轻松、自由，这对大学生的自理能力、学习能力和与人相处的能力均提出了更高的要求。一些大学生的作息时间不规律，该休息的时候不休息，得不到充足的睡眠，从而影响第二天的精神状态和学习。如果这种状况长期存在，就会形成恶性循环，

使大学生的学业和健康得不到保障。

(二) 日常饮食不科学

目前,很多大学生由于晚上熬夜,早上起床晚,来不及吃早饭便去上课,或匆匆忙忙边往教室赶边吃几口饭,有的学生索性不吃早饭,有的学生则在课间饿的时候随便吃些零食。如果大学生养成长期靠吃些零食充饥或不吃早饭的习惯,势必会影响他们的身体健康。

(三) 体育锻炼不充足

随着网络游戏受到学生的喜爱,参与传统文体活动的大学生总数呈现下降的趋势。近年来,大学生的体质健康达标测试指标下降,身体肥胖的大学生越来越多,这与缺乏体育锻炼有很大的关系。

(四) 娱乐休闲无节制

在网络世界的大环境下,大学生的业余生活得到了进一步充实,适度玩游戏可以放松心情,一旦成瘾,很难自拔,从而荒废学业,严重的还会造成性格孤僻、逃避现实等后果。据统计,在因学业不过关而导致退学、延长学制的情况中,大多数原因是长期沉溺网络。

二、培养大学生良好生活习惯的意义

良好生活习惯是奠定大学生健康人生的基础。生活中,人们的一言一行绝大程度来源于个人习惯。培养科学的饮食理念,养成良好的锻炼习惯,注重身体素质的提高,才能为我们的健康人生提供保障。

良好的生活习惯有利于促进和谐校园文化建设。大学生良好的生活习惯对营造和谐、积极向上的校园文化至关重要。大学生要勇敢迎接生活中的各种挑战,保持积极的人生态度,培养明辨善恶美丑、追求崇高、积极向上的审美趣味,具有诚信、开放、互助协作的处世胸怀,展现出当代大学生的人文精神。

良好的生活习惯有利于和谐人际关系的建立与发展。大学生活的特点是集体化,有集体观念的学生更能充分认识到集体对个人健康成长的重要意义,因而热爱集体、融入集体、建设集体,具有良好的公共道德,比如遵守作息时间、注意个人和寝室的卫生、尊重他人、帮助同学等,具有良好生活习惯的学生在校园人际交往中无疑是最受欢迎的人之一。

 案例分析

习惯的力量

一位理发师教自己的一位学徒如何理发,每次练习完之后,徒弟都会顺手将剃头刀插在模子上,理发师对此也习以为常。不久,弟子学成出师,这位理发师决定让徒弟为自己理一次发,以示结业。结果理完发后,徒弟像往常一样将刀插了下去,幸好理发师躲闪及时,否则就酿成了惨剧。

启示：良好的习惯都是从生活中一点一滴的小事中经过长时间的积累养成的，坏习惯也是如此。及时改掉不良习惯，养成良好的习惯，从小事做起。

三、培养大学生良好生活习惯的方法

（一）安排好作息时间，形成良好的作息习惯

有规律的生活习惯对促进个体的身心健康是非常有利的。大学生应注意培养自我约束的能力，增强时间观念，养成良好的作息习惯，睡眠时间每天一般不少于 7 个小时，早睡早起，适当午休。

（二）进行适当的体育锻炼，养成自觉锻炼的习惯

生命在于运动。大学生在安排好学习的同时，也要根据自身条件进行适当的体育锻炼，这样不但可以缓解学习压力，还可以增加生活乐趣，有助于提高学习效率。跑步、打篮球、踢足球、打羽毛球等活动都有助于增强体质，提高抵抗力，如果能够在锻炼过程中逐步找到适合自身特点的体育活动项目并一直坚持下去，将会终身受益。

（三）安排好饮食，养成良好的饮食习惯

近几年，我国因饮食问题产生疾病的人数逐渐增加，发病人群越来越年轻化。青少年中肥胖人群的快速增加，高血压、高血脂等老年病的低龄化倾向等，都与饮食习惯有关。大学生应合理安排好饮食，吃饭要定时定量、细嚼慢咽，早饭要吃好、午饭要吃饱、晚饭要吃少，注意营养搭配、荤素搭配，不挑食，全面加强营养，多吃蔬菜和水果。

（四）不沉溺网络，养成合理掌握上网时间的良好生活习惯

网络已成为大学生生活与学习不可缺少的一部分，它在为大学生带来极大便利的同时，也对大学生的思想品德、学业、身心、人际关系、情绪情感、兴趣爱好等多方面带来不少负面影响。大学生应当合理认识和利用网络，发挥网络的积极作用，合理安排上网时间，多做有意义的事情。

（五）远离烟酒，养成良好的卫生习惯

大学生应该明确自己的目标、振奋精神，从自身做起、从一点一滴做起，逐步养成良好的卫生习惯。从进校开始就严格要求自己，制订养成良好卫生习惯的计划，坚持不懈，杜绝不良影响。

三、绿色上网

丰富多彩的网络世界在为广大学生提供丰富的信息资源、创造精彩的娱乐空间的同时，也使一些大学生沉溺游戏和其他不良的网络活动，这些不良行为对大学生产生了巨大的消极影响。正确认识网络，远离网络的阴暗面，绿色上网，提高驾驭网络的能力，是科技发展带给我们的新课题，也是个体健康成长面临的新难题，更是时代进步带来的新任务。

（一）大学生网络活动的特点

伴随网络的大范围普及和互联网设备便携性的提高，大学生成为互联网的忠实追随者。大学生的网络活动主要有以下几种特点。

1）获取信息

网络是大学生获取信息的主要方式。随着网络在学校的全覆盖，大学生不出校门便知天下事，利用手机看新闻、上微博、了解新闻。

2）上网时间不受限制

无线网络的发展突破了上网时间和空间的限制，学生上网不再局限于教室、宿舍，只要缴费，网络即可尽情使用，这使得一些大学生随时随地通过手机、平板电脑上网，因而上网时间持续增加。

3）上网途径多样化

依靠移动便携网络终端设备的灵活性与方便性，大学生在任何时间、任何地点都可以进行网络活动。

4）上网目的以娱乐为主

除了利用网络完成作业、线上学习，大部分学生还将聊天、浏览新闻、玩游戏、看电影等作为上网的主要内容，以此来缓解学习与生活的压力，度过休闲时间。

5）存在不良网络行为

不少大学生因沉溺网络游戏而荒废学业，还有一部分大学生禁不住诱惑，浏览不良网站，传播不良信息。

（二）大学生网络心理的类型

1）求知型网络心理

求知是大学生上网的一个主要需求。一部分大学生根据自己的需要在网上搜索与学习有关的各种资料，而另一部分大学生在强烈的求知欲与好奇心的促使下，浏览平时想知道但是又接触不到的内容，比如两性生理知识、隐私轶事、花边新闻等。

2）情感型网络心理

大学生正处于自我形象逐渐清晰的青春发育期，其内心会产生不安、孤独与恐惧的情绪，渴望亲情、友情的温暖与理解，由于在现实生活中不能很好地与父母、朋友、同学诉说，所以求助于网络。网络的平等性、身份的隐匿性、选择的自由性、空间的超越性和时间的伸缩性等特点满足了他们交往的心理需求，因而网络成为大学生比较重要的一种交往方式。

3）游戏型网络心理

从广义上讲，网络游戏不仅仅指游戏本身，一切模拟现实社会的互动程序都可以被称为网络游戏，它与现实社会中的很多东西是融合的。通过虚拟网络，大学生可以接触、学习到许多现实社会中的东西，平时自己不敢说、不敢做或者做不到的事情都可以得到满足，可以不用付出现实代价就能在网络中得到尝试。

4）匿名型网络心理

网络的虚拟性可以使个体抛开身份、角色、地域的局限和束缚，获得在现实社会中得不到的某种心理补偿，不必担心被人知道真实身份，不必担心别人的评价。当然，在网络上胡言乱语或随意发泄情绪,也会影响个体在现实生活中的性格。

(三)网瘾的概念及其属性

网瘾是"网络成瘾综合征"的简称,英文简称为 IAD,是指上网使用者达到一定的时间量后又反复使用互联网,其认知功能、情绪情感功能、行为活动及生理活动均偏离现实生活,导致其身心素质下降,不能正常与人交往、生活、学习与工作,但其仍不减少或停止使用互联网。

网络成瘾与药瘾、毒瘾等有明显的不同,药瘾、毒瘾有明显的生物学基础,表现为有明显的躯体依赖,而网络成瘾者虽没有明显的躯体依赖,但却具有强烈的心理与行为依赖。网络成瘾者除了注意力不集中,不能参与正常的社交活动,还分不清现实世界和虚拟世界的界限,常常陷入一种超现实主义的人格迷惘状态。

网络成瘾者的特征

网络成瘾者对网络在心理上和行为上有过度的依赖感,他们以上网为生活重心,上网时间容易失控,一旦停止上网,马上就会出现不安、烦躁、乏力、情绪低落、兴趣丧失、头晕眼花、食欲下降、注意力不集中等反应,具体呈现为以下特征。

(1)渴求性。网络成瘾者的思维、情感和行为完全由上网活动控制,在无法上网时他们会体验到强烈的焦虑和渴望。

(2)逃避性。为应对环境变化或追求某种体验,通过网络活动,网络成瘾者产生激动、兴奋、刺激和紧张等情绪体验,也可从中获得一些安宁、躲避甚至麻木的情感效果。

(3)耐受性。他们必须逐渐增加上网时间和投入程度,才能获得以前从未有过的满足感。

(4)烦躁性。在意外情况或不能上网的情况下,他们会产生烦躁不安等情绪体验和全身颤抖等生理反应。

(5)冲突性。网络成瘾者容易与周围环境产生冲突,比如与家庭、朋友、工作、学习、社会活动和其他爱好等的冲突。

(6)矛盾性。网络成瘾者有时会有矛盾心态,当意识到过度上网的危害时,却不愿舍弃上网带来的各种精神满足。

(7)反复性。经过一段时间的控制和戒除之后,成瘾行为会反复发作,并且表现出更为强烈的倾向。

(四)大学生网瘾的干预策略

对大学生网瘾的干预是一项系统工程,需要家庭、学校、个人及社会各界力量的共同参与,具体干预模式如下。

1)家庭层面

父母作为孩子的"第一任教师",首先,应为孩子营造一个和谐、民主、平等的家庭氛围,亲子之间要有良好的感情沟通和交流,这将有利于培养孩子积极的情感;其次,多鼓励和帮助孩子,使孩子多一些成功体验,有利于孩子树立自信心,在遇到困难时能够勇敢

面对，而不是躲在虚拟世界里逃避困难；最后，父母要关注孩子的心理状况，若孩子出现网络依赖或成瘾的迹象时，应及时选择正规的心理治疗机构接受帮助。

2）学校层面

因大学生的大部分时间是在学校度过的，所以在网瘾问题的干预方面，学校应该处于核心地位。

（1）注重对大学生信息素养能力的培养。面对浩瀚的信息海洋，教育工作者只有注重培养学生的检索、评价、应用技能，才能使学生快速、有效地获取所需信息，并且从收集到的信息中，学会运用批判性思维评价这些信息，避免沉迷于虚拟世界。教育工作者还应该引导学生重新组织信息，创造性地建构属于学生自己的信息体系，从而能够合理、有效地应用信息，成为信息的主人而非信息的奴隶。

（2）制定上网行为准则，加强网络道德教育。开设专门的网络道德教育课程，在课堂上与学生共同探讨并制定大学生上网的行为准则，详细列出正确使用网络的行为、合理的网络使用时间、使用网络应遵循的道德及礼仪等，并且将其置于大学生经常上网的地点，如宿舍、机房等。教育工作者应起到监管作用，注意重点区域如课堂、宿舍，若发现沉迷网络的学生，应及时教育。

（3）开展多元文化活动，丰富课余生活。学校团委可通过开展多元文化活动，充实大学生的课余时间，比如经常组织一些有意义的讲座、讨论会、学术报告会、文娱活动、社团活动等，将大学生的注意力从网络中转移到生动活泼的文体活动中，使学生的课余生活充实丰富，人生增添乐趣。

（4）建立网络心理档案，加强大学生心理素质教育。学校应当通过专业的心理咨询师，定期检查大学生的心理健康状况，建立相应的心理档案，对筛选出来的学生进行跟踪监测，及时发现学生的心理问题，以便采取措施，避免不必要的伤害。高校辅导员可针对大学生不同年级的心理特点开展相应的主题教育，通过班会、讲座、个别辅导等形式对大学生进行心理素质教育，培养大学生的自我控制能力，采取积极的心理干预方法，培养大学生的积极心理品质，使大学生能够从容、乐观地应对生活中的矛盾和压力。

（5）进行多种网络心理健康咨询，开设网络心理健康论坛。高校应将传统的咨询方式，比如面对面的交流、电话咨询与在线咨询相结合，为那些性格内向、不愿面对心理咨询师的学生提供多元化的服务和帮助，使处于不良状态下的个体能够得到及时的诊断和治疗。此外，通过开展网络心理健康论坛，不仅可以宣传网络心理问题常识，还能让学生参与讨论和交流，加深对网络心理问题的认识，了解合理上网、保持网络心理健康的重要性。

3）个体层面

（1）树立科学的网络观。首先，大学生要认识到尽管网络很先进，但它毕竟是人类发明的一种工具，我们是使用这一工具的主人。我们要利用网络促进自我成长。如果它不能给我们带来幸福，我们就要换其他的手段和工具去创造幸福，而不是执着于它。网络并不是解决一切问题的灵丹妙药，除了网络，还有书籍、报刊、广播、电视等可以帮助我们增长知识、了解世界。其次，应该认清网络社会并非真实的社会，大学生在学校里的学习、生活、恋爱及人际交往都是发生在活生生的充满情感的现实世界中的，网络世界只是现实世界的调剂和补充，它始终处在一个次要的地位上，不能和现实世界混为一体。

（2）加强自律与自我管理。真正的救世主只有自己，大学生只有自律，才能充分实现自尊、自主，养成良好的"慎独"习惯。在网络社会里，一方面由于其信息量十分庞大，各种文化理念与价值观激烈碰撞，各种论断、诱惑比比皆是；另一方面由于网络具有极大的隐蔽性和虚拟性，在"匿名效应"的驱动下，人性之"恶"便无所顾忌地暴露出来，此时完全依靠大学生的自我约束和管理能力。

（3）积极求助心理咨询和治疗。心理咨询师会根据网瘾程度，从专业角度对成瘾行为采取必要的心理干预和治疗，目前，用于网络成瘾的心理咨询与治疗的方法主要有认知行为疗法、厌恶疗法、森田疗法和团体心理辅导等。

基于认知行为疗法的网瘾干预技术

（1）分层级安排任务。治疗中应遵循循序渐进的原则，对目标进行层级划分。比如将上网时间分为每次上网5小时、每次上网4小时、每次上网3小时、每次上网不超过2小时，在完成每个任务的过程中，心理咨询师都要进行及时鼓励，使个体获得成功的体验，逐步达到最终的目标。

（2）积极的自我对照。网瘾个体在处理他人传达的信息时多存在消极的偏见，常常忽视积极的评价甚至低估自己，这些负性信念往往影响他们正常的人际交往或学业，并进一步加剧网络依赖的程度。心理咨询师应尽量使个体关注自身取得的进步，注重与最差状态的距离，而非与最好状态的距离。

（3）积极的自我陈述记录。个体将每天所做的积极的事情或值得认可的项目简单列出来，如"我今天要先完成作业""将上网时间控制在2小时内""下午和同学一起打篮球"等，完成积极的自我陈述记录，有利于个体保持积极信念，抑制上网的欲望。

（4）实用体验。对于网络成瘾者，假如他一天已上网10小时，当他不愿意上网时，心理咨询师通过给网络成瘾者追加网络使用时间，比如再加上3小时，使网络成瘾者对网络感到疲倦，从而逐步减少他的上网时间，使他逐步摆脱网瘾。

（5）团体辅导。将网络成瘾者组织起来，分组进行辅导，并分4个层面进行干预：①在问题解决层面，使团体成员客观评价自我的网络使用行为、动机及后果；②在认知和情绪反应方面，纠正认知偏差，改善情绪反应方式；③在人际交往方面，评估个人的人际关系网络，寻找社会支持资源；④在自我管理方面，制定策略，提高自我管理技能。通过团体辅导，网络成瘾者可以恢复正常的生活规律，提高自我管理能力，学会正确使用网络。

（4）完善个性，培养健康的心理防御机制。不断完善自己的个性，培养广泛的兴趣爱好和较强的社会适应能力，学会合理宣泄情绪，正确面对挫折，培养健康的心理防御机制，尝试通过有益身心健康的兴趣爱好和休闲娱乐方式转移注意力。比如，爱好文艺的学生可以尝试加入大学生艺术团参加校内、校外的各种演出；爱好体育的学生可以打球、下棋等，以减少对网络的依赖。

4）社会层面

首先，应根据我国的经济、社会、文化发展水平及国民素质等实际情况，制定出完善的符合我国国情的政策法规；其次，政府应发挥主导作用，建立专业的网络心理问题干预机构，开设干预热线，建立干预网络，在民众中宣传并普及网络成瘾的危害，强化公众对大学生网络心理的人文关怀意识，从而为干预活动提供可靠的保证；最后，互联网经营者应本着对整个社会负责的态度，科学、有效地管理网络环境，控制不良信息的传播，为大学生创造一个健康、文明的网络环境。

总之，互联网对大学生有积极影响，也有消极影响，二者都不可忽略，我们既不能因为它的积极影响而放任不管，也不能因为它的消极影响而废除不用。加强网络的立法、管理、利弊宣传，引导大学生合理利用网络，促进信息时代大学生健全人格的发展。让我们一起学会在网络环境下如何趋利避害，培养健康的网络心理，拥有一个精彩的网络世界。

训练活动 9-7　习惯碉堡

【目的】懂得改变习惯需要付出努力。通过活动增强改掉坏习惯的意志力。

【步骤】

讨论：你有哪些不良生活习惯？它是如何影响你的生活的？

采取哪些有效措施可以帮助我们改掉不良习惯？写下你的措施。

训练活动 9-8　网络的利与弊

【目的】引导学生正确认识网络，合理利用网络。

【步骤】

（1）学生自由组合，分为正方和反方，围绕"网络的利与弊"展开一场辩论赛，老师担任评委，正方的主题是"网络利大于弊"，反方的主题是"网络弊大于利"，准备时间 3 分钟。

（2）辩论赛流程。

立论阶段：

① 正方一辩开篇立论，时间 3 分钟。

② 反方一辩开篇立论，时间 3 分钟。

驳立论阶段：

① 反方二辩驳对方立论，时间 2 分钟。

② 正方二辩驳对方立论，时间 2 分钟。

自由辩论阶段：

正方、反方自由辩论。

总结陈词：

① 反方总结陈词，时间 3 分钟。

② 正方总结陈词，时间 3 分钟。

（3）教师总结。

呼吁广大学生合理使用网络，保障身心的健康发展。

训练活动 9-9　制作"上网自控检测表"

【目的】通过分析自己的上网时间，提高自己的控制能力。

【步骤】

自己填写表格，请朋友评价。坚持下去，看看发生什么积极变化。

一周上网自控检测表

	上网时限	活动内容	是否主动下线	是否因上网而耽误学习或活动	自评	朋友评语
星期一						
星期二						
星期三						
星期四						
星期五						
星期六						
星期日						

备注：自认做得好就画一个☺，然后再请朋友评价，一周后继续列表进行自控。

小　　结

本章先介绍了生命和生命观的概念，指出大学生生命观现状、特点及大学生生命观的教育途径；然后，指导大学生学会感恩和宽恕，体会这两种重要的生命人格，并通过拓展阅读和训练活动了解自己并从他人身上获得社会支持，学会感恩生命；体会和触摸幸福，了解幸福的含义及提升幸福感的策略，并检测自己的主观幸福感，最后，对大学生的生活习惯和网络活动提出了建议。

实践与应用

自我测试：人生意义问卷（C-MLQ）

人生意义问卷是美国学者 Steger 等人于 2006 年编制的，用于测量人生意义的两个因子：人生意义体验和人生意义寻求。人生意义体验是指个体目前体验和知觉自己人生有意义的程度。人生意义寻求是指个体积极寻求人生意义或人生目标的程度。它们各含 5 个条目。

指导语：请您先花一点时间思考一下：对您来说，什么使您感觉您的生活是很重要的。然后，根据下列描述与您的情况相符合的程度，在 1～7 选项中做出选择，请您尽可能准确、真实地做出回答。下列项目的主观性很强，每个人的回答都会有所不同，并无对错之分。

项　目	完全不同意	基本不同意	有点不同意	同意	有点同意	基本同意	完全同意
1. 我很了解自己人生的意义。	1	2	3	4	5	6	7
2. 我正在寻找某种使我的生活有意义的东西。	1	2	3	4	5	6	7
3. 我总是在寻找自己的人生目标。	1	2	3	4	5	6	7
4. 我的生活有很明确的目标感。	1	2	3	4	5	6	7

续表

项　　目	完全 不同意	基本 不同意	有点 不同意	同意	有点 同意	基本 同意	完全 同意
5. 我很清楚什么会使我的人生变得有意义。	1	2	3	4	5	6	7
6. 我已经发现了一个令人满意的人生目标。	1	2	3	4	5	6	7
7. 我一直在寻找某样能使我感觉生活重要的东西。	1	2	3	4	5	6	7
8. 我正在寻找自己人生的目标和"使命"。	1	2	3	4	5	6	7
*9. 我的生活没有很明确的目标。	1	2	3	4	5	6	7
10. 我正在寻找自己人生的意义。	1	2	3	4	5	6	7

注：标"*"的项目为反向计分题。

结果分析：在人生意义问卷中，项目1、4、5、6、9测试人生意义体验，项目2、3、7、8、10测试人生意义追求。除项目9外，选1得1分，选2得2分，以此类推，项目9反向计分。若每个因子（人生意义体验和人生意义追求）的平均分越大，则人生意义体验或人生意义追求的分值越高。

思考与解答

1. 生命教育的内容有哪些？
2. 如何做到感恩生活？
3. 塞林格曼提出的24种优势是什么？
4. 案例分析。

孙某，大二学生，整天觉得人生没有意义，不知道做些什么事，除了玩游戏，就是读网络小说，晚上玩，白天睡，在一年半的大学学习中，六门课程挂科，被要求重修。他自己也非常内疚、后悔，觉得不应该浪费时间，也想做点有意义的事情。

请根据本章学习的知识，给王某提些建议。比如，如何找到并实现大学的奋斗目标，如何发挥自己的内在动力，如何实现生命的价值和意义。

推荐欣赏

电影推荐
《当幸福来敲门》《网瘾少年》
书籍推荐
[1] 维克多·弗兰克尔. 活出生命的意义[M]. 吕娜, 译. 北京：华夏出版社, 2014.
[2] 阿德勒. 自卑与超越[M]. 若初, 译. 武汉：华中科技大学出版社, 2017.
[3] 塞利格曼. 真实的幸福[M]. 洪兰, 译. 沈阳：万卷出版公司, 2010.
[4] 威尔·鲍温. 不抱怨的世界[M]. 陈敬旻, 译. 西安：陕西师范大学出版社, 2009.
[5] 派克. 少有人走路：心智成熟旅程[M]. 于海生, 译. 合肥：安徽人民出版社, 2007.

第十章 规划与适应职业

大学阶段是人生历程中一个重要的十字路口,在面临多个选择的时候,一份明确的职业生涯规划犹如导航,引导学生顺利实现职业理想。在职业发展的过程中,良好的职业规划和适应能力是必备的。

第一节 规划职业生涯

 名人名言

计划的制订比计划本身更为重要。

——戴尔·麦康基

 案例分析

深海钳工

"深海钳工"讲述了管延安从一名"农民工"成长为"大国工匠"的故事。2018年10月23日,港珠澳大桥正式通车。这座"一桥连三地"的世纪工程,被国外媒体誉为"新世纪七大奇迹之一"。而中交一航局第二工程有限公司的员工管延安,就是这个超级工程的建设者之一。33节巨型沉管,60多万颗螺丝,他创下了5年零失误的深海奇迹,也因此被誉为中国"深海钳工"第一人。

工程中最大的挑战之一是修建一条5.6公里长的海底隧道。考虑到地质条件和生态保护,港珠澳大桥海底隧道采用33节水泥沉管在海底进行对接,误差要以毫米计算,工程难度极高。管延安的主要工作就是负责对接设备的安装、调试和维修。这项工作简单来说就是拧螺丝。一根沉管有两万多个螺丝,若一颗螺丝的误差超过1毫米,不仅会导致沉管漏水,还会直接影响整个工程的质量和1000多名工人的人身安全。在工作中练就一手"绝活"的管延安,仅靠一把扳手,就能保证一根沉管上的两万多个螺丝间隙不超过1毫米。这样的间隙没办法用肉眼来判断，但管延安却通过一次次的拆卸和练习，创下了零缝隙的奇迹，同时也成为保障沉管隧道安全的最后一道生命线。

在拜师学艺的过程中，管延安的业余爱好便是看书学习。在熟练掌握并精通了錾、削、钻、铰、攻等各门钳工技艺后，管延安通过拜师和自学，学会了电器安装调试和设备维修等技能，并对自己未来的职业发展有了详细的规划。在这种勤奋好学、严谨认真的努力付出中，只有初中文化水平的农村小伙管延安成了中国"深海钳工"第一人。

从上面的故事中我们可以知道，职业生涯规划对立志成才、实现理想有着重要的作用。

一、职业生涯规划的概念

职业生涯规划是指个人和组织相结合，在对个人职业生涯的主观条件与客观条件进行测定、分析、总结研究的基础上，对自己的兴趣、爱好、能力、特长、经历及不足等各方面进行综合分析与权衡，结合时代特点，根据自己的职业倾向，确定其最佳的职业奋斗目标，并为实现这一目标做出行之有效的安排。比如，做出个人职业的近期规划、远景规划、职业定位、阶段目标、路径设计、评估与行动方案等一系列计划。

职业生涯规划的目的不只是协助个人按照自己的资历、条件找一份工作，实现个人目标，更重要的是帮助个人真正了解自己，为自己订下事业大计，筹划未来，拟订职业生涯的方向，进一步详细估量内部环境、外部环境的优势和限制，在"衡外情，量己力"的情形下设计出合理且可行的职业生涯发展方向。

 案例分析

择业迷惘

刘勇是计算机专业的一名学生。开始他想做一个软件工程师，因为这个职业和他所学的专业更贴近。但是他从新闻中得知软件工程师是一个青春职业，和年龄有很大关系，35岁以后的软件工程师面临着被淘汰的可能，工作会不太稳定。于是他想去卖包子，他认为卖包子这份工作很稳定，后来因为家人的反对，他放弃了这个想法。看到很多公司的高层领导都是从销售开始做起的，他决定去应聘销售岗位，但是没有成功，他又回到IT行业，想做IT培训老师，还是没有成功。长时间以来，他找了很多工作，做了很多选择，但都没有成功，于是变得非常失望、焦虑，他觉得自己的能力不被社会所接受。后来为了逃避就业的压力，他决定考研，成为考研一族。

案例点评：刘勇之所以在就业的道路上屡遭挫折，一方面，由于他不太清楚自己适合的工作，因而求职方向变动很大；另一方面，由于他缺乏持之以恒的毅力，因而"只换目标，不换方法"。建议刘勇进行自我分析，选择适合自己的就业方向，同时积极行动起来，干一行爱一行。相信在自己的努力下，刘勇会取得成功。

二、职业生涯规划的流程

系统化的职业生涯规划是一个循环的过程，其理念是了解自我内部世界，了解职业外部世界，把自己放在最恰当的位置。具体包括分析自我、分析环境、确定目标、计划与行动、评估与调整。

（一）分析自我

明确系统化职业生涯规划是一个"由内而外"的过程，诚实地自问："我的兴趣是什么？我有哪些人格特质？我有哪些与众不同的、赖以为生的技能？哪些东西是我生命中不能缺少的？"解决"我是谁""我想干什么""我能干什么"的问题。

职业性向的类型

美国职业指导专家约翰·霍兰德认为每个人的职业性向都可归为一定的类型，他提出了6种基本类型。

（1）实际性向。具有实际性向的人乐于做有规则、按基本程序进行的技术性或技能工作，但不善于与别人交往，常常喜欢从事那些包含体力活动并且需要一定技巧、力量和协调性的职业。这类职业有摄影师、电工、木匠、裁缝等。

（2）研究性向。具有研究性向的人乐于独立解决一些抽象的问题，擅长分析和推理，对发挥创造力、想象力的工作有浓厚兴趣，喜欢担任管理工作，常常喜欢从事那些包含较多认知活动（分析、推理、理解等）的职业，而不喜欢那些主要以感知活动（感觉、反应、人际沟通及情感等）为主要内容的职业。这类职业有机电工程师、计算程序设计员、生物学家、化学家及教师等。

（3）艺术性向。具有艺术性向的人感情丰富，其想象力和创造力很强，但操作能力差，常常喜欢从事那些包含大量自我表现、艺术创造、情感表达及个性化活动的职业。这类职业有诗人、编辑、艺术家、广告制作及音乐家等。

（4）社会性向。具有社会性向的人擅长处理人际关系，乐于助人，常常喜欢从事那些包含大量人际交往内容的职业，而不喜欢那些包含大量智力活动或体力活动的职业。这类职业有心理医生、外交官、律师、营销人员、护士、医生等。

（5）企业性向。具有企业性向的人有一定的组织管理才能，擅长开展管理人的工作，常常喜欢从事那些包含大量以影响他人为目的的语言活动的职业。这类职业有厂长、校长、管理人员、律师和公共关系管理者等。

（6）常规性向。具有常规性向的人喜欢接受稳定的有条理的具体任务，能在较长的时间内从事某一项工作，常常喜欢从事那些包含大量结构性的且规则性较为固定的职业，在这类职业中，雇员的需要往往要服从组织的需要。这类职业有会计、银行职员、打字员、统计员等。

（二）分析环境

明确职业的分类和内容、专业与职业的关系、人力资源市场现状、就业的相关政策，学会职业生涯人物访谈，建立自己预期的职业库，确定自己的职业方向。解决"我能干什么"的问题。

（三）确定目标

感知到目标的重要作用并能确定自己的职业目标，在搜集、分析、评估信息的基础上做出科学决策，并制订和实施行动计划。解决"我的职业目标是什么""怎样管理我的职业生涯"的问题。

（四）计划与行动

学会权益保护，提高求职技能与心理调适能力，做好各种职业准备。解决"我怎样才能成功就业"的问题。

（五）评估与调整

重点解决职业适应问题，能根据职业生涯满意度调整自己的职业生涯规划。解决"我怎样做个成功的职业人"的问题。

三、职业生涯规划的原则

正确的职业生涯规划能使一个人走向成功之路，不正确的职业生涯规划可能使一个人走很多弯路，与成功失之交臂。为了拟订正确的职业生涯规划，我们必须遵循一些原则，主要有以下几个原则。

（1）清晰性原则。目标与措施是否清晰、明确？实现目标的步骤是否直截了当？

（2）挑战性原则。目标与措施是否具有挑战性，还是仅保持原来的状况而已？

（3）动态原则。目标与措施是否有弹性或缓冲性？是否能根据环境的变化而调整？

（4）一致性原则。主要目标与分目标是否一致？目标与措施是否一致？个人目标与组织目标是否一致？

（5）激励性原则。目标是否符合自己的性格、兴趣和特长？是否能对自己产生内在的激励作用？

（6）合作性原则。个人目标与企业目标是否具有合作性与协调性？

（7）全程原则。在拟定职业生涯规划时，必须考虑职业生涯发展的整个历程，做全程的考虑。

（8）量化清晰原则。职业生涯规划各阶段的路线划分与安排必须具体可行。

（9）务实原则。实现职业生涯目标的途径很多，在做规划时必须考虑自己的特质、社会环境、组织环境及其他相关因素，选择切实可行的途径。

（10）可评量原则。规划的设计应有明确的时间限制或标准，以便评量、检查，使自己随时掌握执行状况，并为规划的修订提供参考依据。

案例分析

全国劳动模范丛建杰的先进事迹

左手拎工具箱，右手握着厚厚的笔记本，每天清晨，威海经济技术开发区仁昌电子有限公司的职工丛建杰要给设备"查体"，一排排自动化机械都是他一手"培育"出来的，细微误差，他总能第一时间察觉。

从业以来，丛建杰从一个中专学历的普通维修工，逐渐成长为全国劳动模范，用攻克和解决300多项生产技术难题、创效2000多万元的成绩，诠释了当代"工匠精神"的内涵。

一个中专学校的毕业生，凭什么能在"自动化"这一高端领域取得一连串的成就呢？"再难的问题也不怕，只要下苦功夫，总能找出办法。"丛建杰朴实的一句话道出了其中奥妙。

曾经，从建业所在企业从韩国进口了低温焊接机，由于电熔不匹配，一天就烧毁了三四个，维修费就像无底洞一样，大家打算放弃这个"烫手的山芋"。越是难题，越能激发丛建杰的斗志，反复试验了20多次后，他在电熔后面增加了一个线路板来进行调节，有效解决了电熔的充电、放电问题，电熔再也没有被烧毁过，一个小问题惹出的大麻烦被彻底解决了。

2010年，他把烦琐的人手组装工序改为自动化机械作业，把温度检查、阻抗值检查、耐电压检查整合到一条自动线上，原来需要多个人烦琐作业的工序，现在可由一人操作，产能提高50%；研制的剪PIN机，将四五十人的用工量压缩到5人的工作量；CAP打印机由手动变为自动，提高效率25%。

同事随洪涛见证了产品国际声誉的提升，他说："这些年，我们的产品无论是质量还是生产效率，都有了质的改变，丛建杰主导的自动化生产在其中发挥了重要作用，把企业生产的韩国模式变成中国模式，订单稳步增长。"

"我的创新不会停止，还会有更多的'发明'投入使用，中国制造、中国创造都是一流的。"丛建杰说。

从以上案例可以看出，全国劳动模范丛建杰从中专生成为"自动化专家"的过程，体现出善于思考、勤于钻研、勇于探索的精神，以及爱岗敬业的职业素养。所以，在制定职业生涯规划时，我们要遵循务实原则，在做规划时必须要考虑自己的特质与社会环境，选择切实可行的途径，实现自己的理想；同时，也为中华民族实现伟大复兴的中国梦做出贡献，这对于个人职业的成功有着非常重要的意义。

四、职业生涯规划中容易出现的问题

大学生在规划职业生涯的过程中，容易出现以下问题。

（一）忽视职业生涯规划

有些大学生缺乏职业生涯规划意识，对职业生涯规划的重要性认识不够，甚至错误地认为计划赶不上变化，做职业生涯规划无用或用处不大。

（二）把职业生涯规划等同于职业选择

职业选择，单纯地讲，就是找一份工作，实际上也是根据自身兴趣、爱好、能力等因素选择一份符合自己的工作，因而职业选择是职业生涯规划的一个重要环节，但它不是职业生涯规划的全部。

（三）职业发展路径不清晰

不少大学生将考取学位、证书作为职业发展的主要路径或职业生涯规划的职业目标。还有一些大学生"为保险起见"，准备了多条发展路径，但路径的结果差距较大，路径之间也缺乏内在联系，发展方向和路径不清晰会导致大学生在实际选择中犹豫不决，不利于核心职业目标的实现。

（四）社会实践的方向不够明晰

为了增加工作经验，不少人选择了兼职，比如做家教、促销员和业务员等；还有人花费大量时间参加各种文体活动，只是为了向用人单位证明自己兴趣广泛。许多大学生的社会实践活动缺乏职业方向性，遍地开花，不能只注重量的积累而忽视质的要求，那样不仅使自己疲于奔命，还增加了盲目性和风险性。

（五）过于追求"最佳规划"

有些学生对经济学中讲的"最小成本、最大收益"津津乐道，花费大量时间和精力寻找"最佳规划"，希望"一次规划，终身受益"，在做规划时面面俱到，不愿舍弃，在行动中也不愿从小事做起，碰到困难就不知所措，不会灵活调整规划。实际上，由于诸多因素的限制，一个人几乎无法做出十全十美的职业生涯规划，况且，由于外部环境变化和自身认识能力的提高，职业生涯规划也需要不断调整，与时俱进。

针对以上职业生涯规划的误区，大学生要克服片面强调职业的经济收入和"出人头地""光宗耀祖""非公不选"等错误观念，加强对职业生涯规划的重视和学习，及时有效地规划好自己的职业生涯。

训练活动 10-1　制定职业生涯规划书

【目的】 帮助大学生做好职业生涯规划。

【步骤】

分组商讨，制定个人职业生涯规划书。

职业生涯规划书

姓名		性别		年龄		专业		班级		所在学校		家庭住址	
职业素质结果													
职业兴趣类型													
职业性格特征													
职业技能													
总结：（我能干什么？我擅长干什么？）														
职业长期目标定向和SWOT分析结果（我能做什么）													
	S（优势）			W（劣势）			O（机会）			T（威胁）		
目标产业													
目标行业													
目标职业													
目标岗位													
在职条件													
职业生涯不同发展阶段的分解目标（我看重什么）													
1.学习目标	近期			中期			长期							
学历													
职业资格证书													

第十章 规划与适应职业

续表

2.收入目标	起薪	职业发展中期收入	最终目标收入	
职业收入				
其他				
3.家庭目标	恋爱时间段	结婚时间段	住房	养老
4.职务目标	初职岗位	晋升岗位	职务总目标	
5.职称目标	初级职称	中级职称	高级职称	专家
6.健康目标	健康途径	保健途径	医疗途径	应急措施

职业发展道路（如何实现我的职业理想）	
职业道路选择	
理由1	
理由2	
理由3	
路径选择	就业_____ 深造_____ 创业_____
路径A	
路径B（备用）	
路径C（备用）	

在校学习期间的职业生涯规划（现在的我从何做起）				
一、课程目标	课	相关选修课	学习方式	
1年级				
2年级				
3年级				
二、职业资格目标	证书名称	考证期限		
三、职业素质目标	社团选择	竞赛项目选择	社会实践项目选择	其他

毕业后的行动计划（实现目标的措施）
一、实现近期职业目标的主要措施
二、实现中期职业目标的主要措施
三、实现长期职业目标的主要措施

注：这份职业生涯规划书简明地体现了共性的思路和框架，教师和学生可以根据自己的个性和需要，编制个性鲜明的职业生涯规划书。

第二节　适应职业角色

在年轻人的颈项上，没有什么东西能比事业心这颗灿烂的宝珠更迷人了。

——哈菲兹

小刘的困境

大学毕业生小刘的学习成绩和其他方面的条件都不错，在就业初期他自信满满。由于专业冷门等原因，他在面试的几家单位碰了壁，结果产生了自卑感。这使他在后来的择业过程中表现越来越差，陷入恶性循环而不能自拔，以至于到了新的用人单位，只能被动地问人家："学××专业的人要不要？"其他什么话都不敢讲，最终他未能找到就业单位。

大学生完成学业后，走向社会，面临着从"学校人"向"职场人"的转变。如何尽快并顺利完成这一角色转换、实现良好的职业适应，尽快度过"职场适应期"，是摆在大学毕业生面前的一个重要的现实问题。

一、角色转换

（一）角色转换的概念

对于大学毕业生来说，角色转换指的是从自己的学生角色转换到职业角色。其中，学生角色可以这样界定："在社会教育环境中依赖非自身劳动收入的资助，学习知识，培养能力，全面提高自身素质，完善自身的知识结构，努力使自己成为社会需要的人才"；职业角色可以这样界定："在某一职位上，以特定的身份，依靠自身的知识和能力并按照一定的规范具体地展开工作，在行使职权、履行义务、为社会做出贡献的同时取得相应的报酬"。

在从学生角色向职业角色转换的过程中，有"5个转变"非常关键。

（1）从情感导向到职业导向的转变。大学毕业生进入职场后应尽可能地按照职业操守行事，即使认为自己非常有能力，也要遵章办事，不能一味地任由自己的性情为人处世。

（2）从思想意识到实际行动的转变。大学毕业生要脚踏实地、兢兢业业地工作。很多大学生在参加工作之前很有自己的想法，说起事情来也头头是道，但是在实际工作时却眼高手低，说得比做得好。

（3）从成长导向到绩效导向的转变。这一转变过程从事实上体现出从学生角色到职业角色在社会职责上的改变。在学生时期，大学生的主要职责和任务是积累知识，而工作后要开始承担各方面的责任，包括经济上的独立和家庭义务。

（4）从剔除个人导向到树立团队意识的转变。职场上最看重的就是员工的绩效，只有努力工作、多付出，才会得到更多的回报。许多当代大学生有一个明显的特点就是个性化强，团队和集体意识淡薄。工作不同于读书，有时候更需要的是与他人的配合和团队精神。

（5）从兴趣导向到责任导向的转变。这是大学毕业生进入社会后非常重要的角色转变。大多数学生比较明显的特点是凭兴趣做事，比较注重自我感受。进入社会后，大学毕业生必须学会承担责任。

（二）角色转换的原则

大学毕业生从学生角色转换到职业角色，通常会经历一个长期的、艰苦的过程，而且需要遵循一定的原则。

（1）不断增强职业角色意识。对于刚刚步入社会的大学毕业生来说，需要对自己的职业角色意识进行高度强化，对职业角色的责任、任务、工作要求等有充分的认识，从而使自己准确、及时地进入职业角色中。

（2）不断增强社会责任意识。大学毕业生在进入工作岗位后，其工作或服务的效率、质量、贡献等都不会被认为是个人的事情，而且会从其承担的社会责任出发对工作或服务的效率、质量、贡献等进行评价。因此，大学毕业生在进入工作岗位之后，要时刻想着"自己从事的工作会对社会发展产生怎样的影响"，并对自己在社会中应承担的责任进行明确，还要依照职业角色规范的要求不断提高自己的职业道德和职业素质，以便更好地履行自己应尽的社会义务。

（3）不断增强独立自主意识。大学毕业生成为职业人后，要想将自己在学习期间掌握的知识与技能以提供服务或劳动的方式回报给社会，就要不断提高自己的自主意识。随着大学毕业生工作后的社会竞争压力、支撑家庭的压力、个人生存和发展的压力都在不断增大，其自主意识将会增强、自立能力将会提高。

 案例分析

小李求职

某学校举办小型招聘会，通信工程专业毕业生小李的父亲、母亲在招聘会尚未开始时，就早早地到会场打听各个单位的情况。招聘会开始很久以后，小李姗姗来迟，并由家长陪同前往用人单位的摊位前进行面谈。面谈过程中，小李说话的时间还没有其父母多，结果谈了一家又一家，最终一无所获。某天，她40多岁的父亲又走进了一家用人单位的人力资源部门，说想应聘。招聘主管接过简历后发现，这是一位应届毕业生的简历，正在诧异时，小李的父亲解释说他是来为自己的女儿送简历的，并咨询招聘相关信息。招聘主管很有礼貌地接待了他，回答了他的问题，之后特别提醒他："大学毕业生已到了独立的年龄，应当自己解决自己的问题或困难，求职是人生大事，更应当自己亲自面对。"

（4）不断提高心理调适能力。在角色转换过程中，大学毕业生往往会由于自身认知能力、心理发展水平、家庭和社会等因素的影响，无法对自己角色转变的事实形成正确的认识，无法坚持不懈地进行角色转换，从而出现了心理上不适应职业角色的社会地位、作用和要求的现象，即心理困扰。对于这些心理困扰，大学毕业生要及时采取有效的措施进行调适。

二、职业适应

（一）职业适应的概念

职业适应也称工作适应，是指人在职业活动中，对工作提出各种问题时的一系列心理过程。它主要是指个体对工作环境、工作任务、工作活动的适应，以及对自身行为和新的工作需要的适应。具体地说，就是个体在工作、生活环境中根据工作的性质和外在要求，对自身的身心系统进行评价，对职业行为进行自我调适，并努力达到自我与经验相互一致的心理过程。有专家研究认为，大学毕业生的职业适应期为 3 年。大学毕业生可以适应某职业，但他的内心不一定认同该职业，其评价可能很低，甚至低于社会评价。据调查，有 70%的大学毕业生在刚参加工作时认为自己"完全适应"或"基本适应"工作需要，有 20%的大学毕业生认为自己"基本不适应"或"完全不适应"工作需要。

（二）职业适应的内容

大学毕业生在进行职业适应时，主要包括以下几方面的内容。

（1）角色适应。大学毕业生在就业初期，由于对职业角色的认知和理解不够深入，很容易发生角色错位或角色偏差，因而大学毕业生还需要对职业角色的权利和义务、职业角色规范、职业角色的行为模式等有所了解和把握，进而增强对职业角色的认同感和归属感，更好地适应工作。

（2）生理适应。生理适应是指大学毕业生能够很好地适应劳动的强度、劳动的紧张度，能够很好地适应工作节奏、工作时间，同时自己身体的感觉器官和运动器官也能适应。

（3）心理适应。心理适应是指大学毕业生的大脑适应职业的各种信息而引起的感觉、情绪、情感、性格、意志等各种心理变化活动。

（4）智能适应。智能适应是指大学毕业生依据职业岗位的要求对自己的知识与能力结构进行补充与调整，进而与职业岗位的要求相适应。

（5）群体适应。群体适应是指大学毕业生通过对各种人际关系的调整，与新的协作集体相适应。

你知道用人单位欢迎谁吗

每家用人单位总是欢迎具有下列品质的员工。

诚实守信，讲究团队精神的人；吃苦在前，乐于奉献的人；爱岗敬业，同享福、共患难的人；充满自信，善于学习的人；基础扎实，具有多种技能的人；专业能力强，善于沟通的人；追求效率，勇于创新的人。

（三）大学生职业适应中存在的问题

1）理想与现实的脱节

许多大学毕业生的家庭环境优越，自我成长经历不丰富，想法较为单纯，对社会现实了解不够，自我太过理想化，职业期望值过高。虽然在就业前已经有大部分学生清楚地认识到就业难的问题，但是在进行工作选择的时候还是期望过高，现实未必能如人所愿。因此,大学毕业生应积极调整自己的认知,降低理想值,适应职业特点。

2)心态过度急于求成

刚毕业的大学生往往满怀雄心壮志,对待工作的热情度很高,想在自己的事业里干出一番成就,希望能在最短的时间内得到同事的赞许与领导的认同,在最短的时间内能上升到一定职位。年轻人有理想和抱负是一件好事,但是任何事情都有一个过程,必须循序渐进,不可以急于求成。

3)缺乏应有的人职匹配

部分大学毕业生在选择就业的时候没有充分考虑到人职匹配,去招聘会时看到工作岗位就投简历。而有的大学毕业生甚至连自己的兴趣爱好也不了解,四处撒网,这样的做法盲目性非常大,即使找到了工作,也不一定是合适自己的,会对接下来的职业适应和职业发展带来隐患。

(四)大学生职业适应的策略

大学毕业生要想尽快完成职业适应,就要借助一定的策略,具体来说有以下几个方面。

1)要树立正确的职业观

一般来说,大学毕业生树立正确职业观应包括3个方面的内容:一是有正确的职业待遇观,即不能只看重物质待遇而忽视精神待遇,物质待遇要不断地通过自己的诚实劳动来提高;二是要有较高层次的职业苦乐观,即积极地将工作看成个人谋生、致富的手段与途径,并能正确地处理个人地位、待遇与乐于奉献的关系;三是要有客观的职业地位观,即对职业地位(包括权利、工资、晋升机会、发展前景、工作条件等)有客观而正确的认识。

理性对待职业流动

职业流动也就是现在所说的"跳槽",一般来说,人们在进行了一定的职业流动后,有可能会找到比之前更好的工作,但也有可能找到比之前更差的工作。职业流动既是一种策略,又是一种学问,大学毕业生一定要慎重对待职业流动。

(1)不对职业流动抱太高的期望。职业流动既是一种策略,又是一种学问,而且职业流动并不意味着一定能在职业上取得成功。因此,大学毕业生在进行职业流动时,不应对其抱太高的期望。具体来说,要做到以下几点。

① 不要指望一下子通过职业流动选择到理想的企业或单位。
② 不要一味地只想通过职业流动进入大公司。
③ 不要一味地只想通过职业流动进入外企。
④ 不要一味地只想通过职业流动一下子从普通员工晋升为经理或主管。
⑤ 不要只是通过工资和奖金对职业流动的结果进行衡量。

(2)只在具备一定能力和资本的基础上考虑职业流动。当前,大学毕业生进行职业流动已是非常普遍的现象。但对于他们来说,在选择职业流动时,主要还是因为自己的职业定位和自己的职业目标。因此,如果大学毕业生现在所从事的职业及所在单位与自己的职业方向、职业期望和职业设计相符合,就应该在现在的工作单位待下去,切不可因为一些非目标性的原因频繁且盲目地进行职业流动。若不得已要进行职业流动,则要慎重考虑自

己是否具有职业流动的能力与资本，包括自己是否有适应新工作、新环境、新人际关系的能力，是否有勤于思考和善于总结的能力，是否有比同行业过硬的专业本领等。

2）要积极培养乐观的职业心态

大学毕业生在进入工作岗位后，要先培养自己乐观的职业心态，这样才能在面对新的环境、同事、工作要求、问题时，更积极、自信、乐观，从而更好地适应职业。

3）要不断提高职业道德素质

无论哪种职业，都会有自己的职业规范和道德标准；无论哪种工作岗位，都会有自己的岗位规范与职责，严格而详细地规定该岗位工作人员的职业道德、业务能力、操作要求、注意事项等。只有不断提高自己的职业道德水准，切实遵守相应的岗位规范与道德，才能更好地适应职业。

4）要不断完善知识与技能结构

随着科学技术的迅猛发展及知识更新速度的加快，任何职业和岗位都会发生一定的变化。此时，若不能及时掌握相关职业和岗位的新知识、新技能，便难以适应职业和岗位的新要求，很容易被淘汰。因此，大学毕业生要不断完善自己的知识与技能结构，使自己能够更好地适应职业。

5）要主动地融入团队之中

大学毕业生在进入工作单位后，应积极主动地工作，努力寻找团队的积极品质，以便自己快速融入团队中。同时，大学毕业生还要经常对自己的不足之处进行反思，并始终保持谦虚的态度，以使自己更快地被领导和老员工接受。

 案例分析

大学生经营主题咖啡店

Meet Coffee 的经营者是某大学管理学院大三学生李明、陶宛军，以及信息学院大二学生冯杰文。此前他们通过兼职赚了一些钱，便萌生了共同创业的念头。为此三人还特意去广州大学城考察了市场，最终综合考虑人流量和客户需求，三人决定在西南校区宿舍楼下开一间以"舒适"为主题的咖啡店。开业后，3位老板进行了明确分工：李明负责财务和原材料购进等，陶宛军负责店面卫生、微博营销，而冯杰文负责出纳和店面装饰等。2015年9月1日，咖啡店正式开始营业，聘请了一位专业人士调制饮品。咖啡店每天能收入500元左右。

三人合伙工作，意见不合是经常的事，但他们总能把工作和感情分开对待，遇事也总能共同商量，团结协作，克服困难。所以 Meet Coffee 一直经营得不错。

6）要与同事建立和谐的人际关系

人的一切社会活动都不可避免地与其他个体发生相互作用与联系，这种在个人情感基础上建立的、在社会活动过程中形成的相互联系就是人际关系。和谐的人际关系有助于人们尽快地对新环境消除陌生感和孤独感，进而更快地适应新环境，更好地完成工作。因此，刚刚步入社会的大学毕业生要注意与领导、同事进行良好而有效的沟通，进而与他们建立和谐的人际关系，为自己创设良好的外部工作环境，以更好地适应工作。

训练活动 10-2　模拟入职

【目的】使每个人能深切感受到第一天入职的氛围,以及一些需要注意的问题。

【步骤】

(1) 人员安排。由少数人充当公司管理人员,大多数人充当公司员工。

(2) 注意事项。每个人都要穿正装,要和以前从未交谈过的人进行交谈,注意言谈举止,遵守规则。让每一个人都感受到入职的氛围。

(3) 交流感受。每个人在活动结束后要谈论自己的感受,以加深对角色转变的理解。

第三节　做好创业准备

名人名言

成功自是人权贵,创业终由道力强。

——梁启超

案例分析

成功的秘诀就在于"多一次等待"

小萍大学毕业后,带着妹妹小丽从农村来到省城打工,姐妹两人几经周折被一家礼品公司招聘为业务员。刚来到省城打工的她们没有客户,也没有任何关系,每天只能提着沉重的钟表、影集、茶杯、台灯及各种工艺品的样品,沿着城市的大街小巷去寻找买主。5个月过去了,她们仍然到处碰壁,连一个钥匙链也没有推销出去。

无数次的失望磨掉了妹妹小丽最后的耐心,小丽辞职,重找出路。小萍认为万事开头难,再坚持一阵子,兴许下一次就有收获。小丽不顾小萍的挽留,毅然从那家公司离职。第二天,姐妹两个人一同出门。小丽开始到处找工作,小萍依然提着样品四处寻找客户。几天后的一个晚上,两个人回到出租屋时却是两种情况:小丽求职无功而返;小萍的付出却得到了回报,拿回来人生拼搏的第一张订单。她多次登门推销的一家公司,因为要召开一个大型会议,感于小萍的诚意,故向她订购了250套精美的工艺品,将其作为与会代表的纪念品,这些工艺品价值20多万元。小萍因此拿到2万元的提成,挣到了人生的第一桶金。从此,小萍的业绩不断攀升,订单一个接一个而来。几年过去了,在事业上尝到甜头的小萍成立了自己的公司。因有了打工经历,又选择了自己熟悉的行业,小萍创业的道路一帆风顺,经过近一年的创业,公司有了不错的效益。小萍在还没有看到光明时,选择了等待,并在等待中积聚成功的力量。

从上述案例中,我们看到小萍和小丽的成功只差一次等待,原本有同样机遇的姐妹俩走上了截然不同的人生之路。选择创业其实就是选择一种希望、一种生活,困难来临,不能绝望,成功来临,不能骄傲。创业的道路并非一帆风顺,那么创业者需要具备哪些素质?需要做好哪些准备呢?

一、创业素质

创业素质是创业者必须具备的重要素质之一，它是指创业者在创业时必须具有各种能力、品性、习惯等各方面的素质。创业素质是个综合性很强的概念，其内涵深刻丰富，而且具有广泛的外延。

创业素质的内涵

全球创业管理教育和研究比较著名的美国百森商学院企业管理研究中心主任、管理学专家威廉·D. 拜格雷夫曾将优秀创业者的基本禀赋归纳为 10 个 "D"：理想（Dream）、果断（Decisiveness）、实干（Doers）、决心（Determination）、奉献（Dedication）、热爱（Devotion）、周详（Details）、命运（Destiny）、金钱（Dollar）、分享（Distribute）。

亚马逊网站推荐的两次荣获年度"美国俄亥俄州青年企业家"称号和"全美青年企业家奖"的美国创业家，同时也是演说家的马丁·J. 格伦德认为，成功创业者的"九大素质"分别是选择一个爱好，制定一个目标，拿着薪水学习，与成功者为伍，相信自己，以己之长发财致富，敢于提问，不循规蹈矩、墨守成规，努力工作。

胡润百富董事长兼首席调研官胡润提出了创业者的"十大财富品质"。他认为作为成功的创业者，具有的共同品质有 10 项，诚信列于十大财富品质排行榜之首，之后依次是把握机遇、创新、务实、终身学习、勤奋、领导才能、执着、直觉、冒险。

《科学投资》杂志在研究了国内上千例创业者案例后提出，"中国成功创业者十大素质"是欲望、忍耐、眼界、明势、敏感、人脉、谋略、胆量、与他人分享的愿望、自我反省的能力。

由于创业素质内涵的综合性与广泛性，且对于不同的人群其侧重点有所不同，我们通过对相关理论的整理与分析，将与大学生自主创业有关的创业素质划分为两大部分：创业心理基础和创业的知识技能，其中创业心理基础包括创业意识、创业心理品质；创业的知识技能包括创业能力、创业相关知识与技能。它们之间没有绝对的界限，是相互渗透、相互影响的。

（一）创业意识

创业意识包括创业需要、创业动机、创业兴趣、创业理想、创业信息、创业世界观。创业意识的形成主要是指创业者在头脑中形成自己自主谋生和发展所要达到的目标。影响创业意识的因素包括自身的创业素质情况、社会创业环境的影响。创业意识既是准备和实施创业的基础和前提，也是形成创业目标的重要因素。良好的创业意识有利于正确分析问题，制定正确的创业目标，评估创业的风险，学习和掌握创业的知识和理念。没有创业意识或者缺乏创业意识，就不可能很好地进行创业。因此，创业意识的培养是促进学生创业素质形成的基本前提。大学生创业意识的培养应该包括自主创业意识、风险和冒险意识、创新意识、竞争意识、成功意识、时效意识、市场意识、法律意识等的培养，另外，还应注意培养自我管理能力、自主决策能力和独立生活的能力；克服自卑心理，培养吃苦耐劳的精神。在创业意识的教育中,还要注意克服传统观念的影响,树立正确的就业观和人才观,勇于创业,敢于创业。

(二)创业心理品质

创业心理品质包括意志与毅力、兴趣与爱好、自信心、钻研精神、心理承受能力等。创业者的心理素质对创业成功与否起着关键性的作用。大学生应加强良好心理素质的培养和训练,包括创业者应具有的信心、胆识、恒心、诚心,只有这样才能正确对待成与败、得与失,不惧怕困难和风险,保持坚定的信心和决心,始终充满自信、坚韧不拔、乐观向上、勇于创新,并妥善处理各种不利的局面,化解矛盾,使自己创立的事业从小到大不断走向辉煌。

(三)创业能力、创业相关知识与技能

哈佛大学拉克教授讲过这样一段话:"创业对大多数人而言是一件极具诱惑的事情,同时也是一件极具挑战的事。不是人人都能成功,也并非想象中那么困难。但任何一个梦想成功的人,倘若他知道创业需要策划、技术及创意的观念,那么成功已离他不远了"。可见,创业能力、创业相关知识与技能对创业而言有多么重要。知识经济时代的特点决定了知识,特别是从事行业所需的相关专业知识对创业成功的重要作用。只有掌握了相应的专业知识,才能对从事的行业进行准确、分析和判断,及时把握各种机会。成功创业需要的知识和能力主要有创新知识与能力,包括创造性思维、创造技法、发明与革新、适应与求变等;决策知识与能力,包括信息获取、情报检索、预测决策、反馈调节等;经营管理知识与能力,包括领导科学、组织管理、财务管理、金融与投资、市场营销、电子商务等;社会活动知识与能力,包括人际交往、合作共事、公共关系、社情民意调查分析等。

二、创业者要做的准备

创业既能带来成功的喜悦,又潜藏着巨大的风险。因此,大学生创业前要做好充分的准备,不打无准备之仗。

(一)要有充分的心理准备

1)要有创业的欲望

创业的欲望表现为有强烈的需要、动机和兴趣,并且把创业当成生命中重要的事情。

案例分析

大三学生合伙开快餐店,月入5万多元

大三学生合伙开一家快餐店,每月收入5万多元。日前,武汉商贸职业学院学生皮俊桢说:"我只是参加社会实践,喜欢不断挑战自己。"

皮俊桢是武汉商贸职业学院汽车服务与营销专业的大三学生,被同学们称为"兼职达人"。他实地调查市场,观察、计算商业区人流量,还把两个同班同学拉入伙,三人共同投入15万元,在一所大学旁开了一家漫步Bar炸鸡坊。从采购材料到宣传销售,皮俊桢和同学都从零开始做起。功夫不负有心人,快餐店经营得不错,月收入5万多元,还雇用了6名员工。

"他很能吃苦,也很有想法。"合伙人邓明华说,"虽然有点累,但是非常开心,很有成就感。"皮俊桢的第二家快餐店也即将开业。他有个梦想——将快餐店做成一个连锁品牌,并为同学们提供更多的就业机会。

2)要有信心

人的意志可以发挥无限力量,可以把梦想变为现实。对创业者来说,信心就是创业的动力。要对自己有信心,对未来有信心,要坚信成败并非命中注定,而是靠自己的努力,更要坚信自己能战胜一切困难。

3)要有胆识

该出手时就出手。创业过程往往是风险与机会并存。创业者必须善于发现新生事物,并对新生事物有强烈的探求欲;必须敢于冒险,即使没有十足把握,也应果断地尝试。创业需要有迈出第一步的勇气和胆量,如果你不敢迈出第一步,即使你再有智慧、再聪明,创业的机会也会离你远去。

4)要有恒心

创业是一个过程,不是立刻就会见到回报的,不是今天做了,明天就会有回报的,这个过程也许需要一个月、一年甚至更长时间。在创业过程中,要学会坚持,持之以恒地朝你的创业目标努力。坚持下去,才有可能成功。

5)要有诚信

市场经济已进入诚信时代,作为一种特殊的资本形态,诚信日益成为企业的立足之本与发展源泉。创业者的品质决定着企业的市场声誉和发展空间。没有"诚信"或许可以"赢一时之利",但必然会"失长久之利"。反之,树立诚信,才会有良好的口碑,良好口碑会带来滚滚财源,使创业渐入佳境。

(二)要有充足的信息准备

1)区域经济发展信息

了解区域经济发展信息,既可以捕捉到有利于自身发展的机会,又可以验证个人发展目标是否符合经济社会发展需要。

2)行业信息

收集行业相关信息、搜集行业发展趋势材料,了解该行业的生命周期阶段、行业发展前景、行业的进入和退出障碍、行业的竞争情况等,可以做到"知己知彼,百战不殆"。

3)产品市场需求信息

以销售为例,创业之前,创业者应该想清楚:销售什么产品或服务、向谁销售产品或服务、如何销售产品或服务、满足客户的哪些需要。对产品的需求要做到准确定位,同时,一定要选择朝阳产业的产品和与此相关的创业活动,并及时捕捉产品的创新点。

(三)要有必备的知识

1)创新知识

目前,大学生创业的项目一般规模较小、技术含量较低,容易被别人复制。经常是今天你在创业,明天就可能有一批类似的创业项目如雨后春笋般拔地而起。所以,创业者必须具备创新知识的能力,只有不断改革,才能永葆竞争力。大学生要不断学习产品创新、技术创新、盈利模式创新、营销方式创新等方面的知识，培育创新思维，突破思维定式，不墨守成规，能根据客观情况的变化，及时提出新目标、新方案，不断开拓新局面，创出新路子，不断创新，才能不断前进。

2）决策知识

决策贯穿于创业的整个过程中，从项目选择到产品定位、从销售策略到员工招聘等每一个步骤都需要决策，所以创业者应该学会做决策，一个创业者要先成为一个决策者。大学生在创业时，要先从众多的创业目标及方向中进行比较分析，选择最适合发挥自己特长与优势的创业方向、创业途径等。在创业过程中，能从错综复杂的问题中发现原因，找出因果关系，善于从中把握事物的发展方向，正确处理问题，做出正确的决定。"识时务者为俊杰"，当一个机会来临时，要抓住时机，迅速做出决定，主动出击。否则，犹犹豫豫会使我们失去发展机会。很多资金不多的创业者都是依靠准确抓住某个不起眼的信息而挖到"第一桶金"的。因此，要想创业成功，不能害怕做决定，不要临时做决定，做了决定就不要害怕失去什么。

3）经营管理知识

大学生创业初期的合作伙伴往往是亲朋挚友，由于初涉商场，知识单一，又缺乏实践经验，往往出现决策随意、信息不通、理念不清、患得患失、用人不当、忽视创新、急功近利、盲目跟风等情况。对合作伙伴的完全信任，使创业者忽略了企业管理的重要性，长此以往，导致企业的管理混乱不堪，最后企业的发展也越来越艰难。因此，大学生一定要具备足够的经营管理知识。大学生在创业时应该学习人事管理、资金财务管理、物资管理、生产运营管理、市场营销管理等方面的知识。比如资产负债表、利润损益、营销组合模式，与此相关的《公司法》《商标法》《版权法》《劳动合同法》等法律知识也应该熟知。

 案例分析

大学生办电影网站遭50万元索赔

最近，刚毕业于某大学的小王郁闷至极。他在校期间创办的一家免费电影网站被某影视公司以"版权侵权"为由起诉，对方要求索赔50万元。

小王说："我们网站上的电影都是通过迅雷下载下来的，并不知道哪几部电影是由哪家公司代理的，50万元的赔偿对我们刚创业的大学生来说，是一个沉重的打击。"目前，他和共同投资创业的同学已收到法院的传票，下月初开庭。小王认为大学生创业既缺乏经验又缺少创业资本，无意中触碰法律底线，难以避免，这样的索赔数额对于他们来说无疑是个天价。

案例点评："版权侵权"分直接侵权和间接侵权。直接侵权：指抄袭；复制，如将版权作品的表达语言复制为另一种语言，或做任何改编，包括将传统媒体复制为非形体媒体，于互联网上传或下载；出版抄袭品，如出版由二维版权作品复制而成的三维作品。间接侵权：指将抄袭品入口、贩卖、出租或作其他商业用途，以至提供方法、器具或地方做侵犯行为。小王及同学的行为已触犯《版权法》。

4）社会活动知识

在提倡合作双赢的时代，过去那种单枪匹马的创业方式已越来越不适应时代需求。扩大社交圈，通过朋友掌握更多信息、寻求更大的发展，日益成为创业成功的途径。

（四）要有足够的资金

对于创业，资金总是让人头疼的一件事，资金短缺是大学生创业的拦路虎，大学生创业的资金从哪里来呢？主要有以下几个途径。

1）向家人朋友筹集资金

向家人朋友筹集资金是部分大学生创业者筹集资金的主要途径之一。这种途径的优势在于向亲友借钱一般不需要付利息，只在借钱和还钱时增加现金的流入和流出，筹集资金的速度快、风险小、成本低。缺点是向亲友借钱创业，会给亲友带来资金风险，甚至是资金损失，如果创业失败就会影响双方的感情。

2）巧用国家政策

现在国家对大学毕业生创业有很多支持政策，为创业者提供小额创业担保贷款，是国家鼓励创业的主要政策之一。除了国家的扶持政策，各地还有一些相关的扶持优惠政策，以鼓励高校毕业生自主创业。其优势在于使用政府资金不用担心投资方的信用问题；而且政府的投资一般都是免费的，可降低或免除筹资成本，但申请创业基金有严格的申报要求。同时，政府每年的资金投入有限，大学毕业生要面对其他筹资者的竞争。

3）借助创业公益组织

目前，中国有专门指导创业的组织，他们是大学生创业的资金来源。比如YBC（中国青年创业国际计划）是由共青团中央、中华青年联合会、中华全国工商联合会共同倡导并发起的一个旨在帮助青年创业的教育项目，该项目可为18岁至35岁的青年提供无息无抵押贷款，贷款总额在3万元至5万元左右。

4）参加创业比赛

创业比赛是一个公平竞争的机会，参加创业比赛对大学生创业者来说是一个挑战，也是一个学习与收获的过程，还是一个获得奖金的机会。一般创业大赛的创业培训资金非常丰厚，获得比赛第一名的选手往往能得到10万元左右的创业培训基金，目前，很多大学生都将参加创业大赛当作挑战自我的机会和创业实战的平台。创业大赛吸引了很多大学生参与。

案例分析

张某的创业之路

沈阳城市建设学院的学生张某，在步入大学校园后就开始琢磨着做点什么事情。他认为事情的成功与失败都不太重要，重要的是要一直思考，一直努力进步。在他大二的时候，一个偶然的机会，他报名参加了学校组织的大学生创业计划大赛，他感觉机会到了。于是他带头组建团队，确定项目，做策划方案。但是他的团队在首轮比赛就被淘汰了。在之后的一年里他又报名参加了"挑战杯"全国大学生创业大赛，又重新组建团队，加班加点地做策划，连续一个多月每天奋斗到凌晨。参赛项目名称叫"线圈"，是一个校园服务项目。当时6个人把3000多字的策划反复修改到3万字左右，此次大赛他得了三等奖。后来他又把"线圈"这个项目落地,成立了"线圈"传媒工作室。再后来,"线圈"项目逐步进入社会,他不断打磨自己的项目并锻炼团队的合作能力,注册了公司,先后承接了一些商业项目,如一些品牌的整体策划与首秀的执行。

5)从金融机构贷款

由于银行财力雄厚且大多具有政府背景,因此在创业者中很有"群众基础"。从目前的情况看,银行贷款有抵押贷款、信用贷款、担保贷款、贴现贷款等。银行贷款的优点是利息支出可以在税前抵扣,融资成本低,运营良好的企业在债务到期时可以续贷;缺点是一般要提供抵押(担保)品,还要有不低于30%的自筹资金,由于要按期还本付息,如果企业经营状况不好,就有可能导致债务危机。创业者从申请银行贷款开始,就要做好打"持久战"的准备,因为申请贷款并不只是与银行打交道,还要经过工商管理部门、税务部门、中介机构等一道道"门槛",并且手续烦琐,任何一个环节都不能出现问题。

(五)要有高绩效的团队

一个好汉三个帮,红花也需绿叶衬。不管创业者在某个行业多么优秀,都不可能具备所有的经营管理经验,还要借助团队,让团队成员发挥作用,拓展人脉关系,巧用各种资源,提高创业成功率。

一个处于良性运转的高绩效团队具备的特征

(1)目标清晰。高效的团队有清晰的奋斗目标,目标激励着团队成员为共同理想的实现而不懈奋斗。

(2)技能互补。高效的团队是由一群有能力的人组成的。他们不仅具备实现理想目标所必需的技术和能力,而且具有良好合作的个性品质,能够出色地完成任务。

(3)沟通良好。成员之间通过畅通的渠道交流情感、互通信息,能最大限度地消除误解、凝聚士气。

(4)承诺一致。团队成员对群体具有认同感,把自己在群体中身份的实现当作自我价值的实现。因此,承诺一致表现为对团队目标的实现有奉献精神,愿意为实现目标调动并发挥自己的最大潜能。

(5)恰当领导。高绩效团队的领导者往往担任教练和后盾的角色,他们为团队提供指导和支持,但不试图去控制团队;他们鼓舞团队成员,帮助团队成员树立自信心,帮助他们更充分地了解自己的潜能。

(6)相互信任。团队成员之间相互作用,直接接触,彼此相互影响,形成一种默契、关心和信赖,不论何时,不论需要什么样的支持,团队成员之间都会相互给予,彼此协作,共同完成团队的目标。

创业是一项复杂的事业,大学生作为建设创新型国家、实现"两个一百年"奋斗目标和中华民族伟大复兴的中国梦的人才智力支撑,有朝气、有活力,富于开创精神和探索精神,是国家的未来,是创业创新的希望,所以,大学生从现在开始做好准备,多参加实践活动,总结经验,向他人学习,顺应时代潮流,抓住历史机遇,积极投身创业、创新实践,勇当大众创业、万众创新的先锋队和主力军，为国家发展和社会进步做出应有的贡献。

训练活动 10-3　评估自身的创业素质

【目的】了解自身具有的创业素质。

【步骤】

（1）分组讨论：创业素质包括什么？

（2）自己评估，你具备哪些创业素质。

评估内容			评估结果
创业心理基础	创业意识	创业需要	
		创业动机	
创业心理基础	创业意识	创业兴趣	
		创业理想	
		创业世界观	
	创业个性品质	信心	
		胆识	
		恒心	
		诚心	
创业知识技能	创业相关知识及能力	创新知识与能力	
		决策知识与能力	
		经营管理知识与能力	
		社会活动知识与能力	

小　　结

本章先通过对职业生涯规划概念、流程及原则的讲述，帮助学生正确理解职业生涯规划，通过相关的训练活动帮助学生进行初步的职业生涯规划。然后讲述了角色转换、职业适应方面的相关知识，帮助学生正确认识角色转换，理解职业适应，正确对待职业流动。最后阐述了创业素质和创业应做的准备，帮助大学生正确理性创业，提升创业素质。

实践与应用

霍兰德职业爱好问卷

仔细阅读下面对职业类型的介绍，并用笔在每一项特性前做好记号。凡是看起来与你自己相符合的情况画"+"，完全不符合的画"-"，其他的情况不做标记。然后根据"+""-"及各职业类型的一般描述，选一种最像你的类型，虽然没有一种可以完全准确地描述你，但总有一种类型看起来更符合你，最后从高到低排列出适合你的6种类型，思专一下什么职业最适合你。你也可以让周围的同学测试一下，看看差异性。

一、现实型

1. 喜好与户外、机械及体育相关的活动及职业。
2. 喜欢从事与植物、动物有关的工作,不喜欢涉及理念、资料或与成人有关的工作。
3. 往往具有机械、运动方面的能力。
4. 喜欢建筑、塑造、重新建构和修理东西。
5. 喜欢使用设备和机器。
6. 喜欢看到有形的结果。
7. 是个有毅力、勤勉的人。
8. 缺乏创造力和原创性。
9. 比较喜欢用熟悉的方法做事,并建立固定模式。
10. 以绝对的观点思考问题。
11. 不喜欢模棱两可的感觉。
12. 比较不喜欢处理抽象、理论和哲学的议题。
13. 是个唯物论,并且传统、保守。
14. 没有很好的人际关系和语言沟通技巧。
15. 当大家关注的焦点汇聚在自己身上时会很不自在。
16. 很难表达自己的情感。
17. 别人认为你很害羞。

二、研究型

1. 天生好奇且好问。
2. 必须了解、解释并预测身边发生的事。
3. 具有科学精神。
4. 对于非科学、过度简化或超自然的解释,持悲观、批判的态度。
5. 对于正在做的事情能全神贯注、心无旁骛。
6. 独立自主且喜欢单枪匹马地做事。
7. 不喜欢管人也不喜欢被人管。
8. 以理论和解析的观点看事情且用于解决抽象、含糊的问题及状况。
9. 具有创造力和原创性。
10. 常难以接受传统的态度及价值观。
11. 逃避那种受到外在束缚的结构化情境。
12. 做事按部就班、精确且有条理。
13. 对于自己的智力很有信心。
14. 在社会场合常觉得困窘。
15. 缺乏领导能力和说服技巧。
16. 在人际关系方面拘谨且形式化。
17. 通常不做情感的表达。
18. 可能让人觉得不太友善。

三、艺术型

1．是个有创造力、善于表达、有原则性、天真及有个性的人。
2．喜欢与众不同并努力做个卓越出众的人。
3．喜欢用文学、音乐、媒体和身体（如表演和舞蹈）创造新事物并以此表现自己的人格。
4．希望得到众人的目光和赞赏，对于批评很敏感。
5．在衣着、言行举止方面倾向于无拘无束、不循传统。
6．喜欢在无人监督的情况下工作。
7．做事比较冲动。
8．非常重视美及审美的品位。
9．较情绪化且心思复杂。
10．喜欢抽象的工作及非结构化的情境。
11．在高度秩序化和系统化的情境中很难有出色表现。
12．寻求别人的接纳和赞美。
13．觉得亲密的人际关系有压力而避免人际交往。
14．主要通过艺术间接地与别人交流，以弥补自己的疏离感。
15．常自我反省。

四、企业型

1．外向、自信、有说服力、乐观。
2．喜欢组织、领导、管理及控制团体活动，以达到个人或组织的目标。
3．怀有雄心壮志且喜欢承担责任。
4．重视地位、权力、金钱及物质财产。
5．喜欢控制局面。
6．在发起、监督活动时充满活力和热忱。
7．喜欢影响别人。
8．爱好冒险、易冲动、行事武断且言语具有说服力。
9．乐于参与社交，并喜欢与有名、有影响力的人来往。
10．喜欢旅行和探险，并常有新奇且花费昂贵的爱好。
11．自认为很受人欢迎。
12．不喜欢要求具有科学能力的活动及系统化、理论化的思考。
13．避免从事要求注意细节的活动及千篇一律的活动。

五、传统型

1．是个一板一眼、固执、脚踏实地的人。
2．喜欢做抄写、计算等遵循固定程序的活动。
3．是个可依赖、有效率且尽责的人。
4．希望拥有隶属于团体和组织的安全感，并且做个好成员。
5．具有身份地位的意识，但通常不渴望处于高层领导地位。

6. 当知道自己该做什么事时，感到很自在。
7. 比较保守且遵循传统。
8. 遵循别人所期望的标准及相信自己认同的权威人士的领导。
9. 喜欢在令人愉快的室内环境工作。
10. 重视物质享受和财物。
11. 有自制力并有节制地表达自己的情感。
12. 避免紧张的人际关系，喜欢随和的人际关系。
13. 在熟识的人群中才会感觉自在。
14. 喜欢有计划地做事，不喜欢打破惯例。

六、社会型

1. 是个友善、热心、外向、善于合作的人。
2. 喜欢与人为伍。
3. 能了解及洞察别人的情感和问题。
4. 喜欢扮演帮助别人的角色，如教师、调停者、顾问、咨询者。
5. 善于表达自己的想法，并在人群中具有说服力。
6. 喜欢当焦点人物，并乐于处于团体的中心位置。
7. 对于生活及与人相处都很敏感、理想化、谨慎。
8. 喜欢处理哲学问题，如人生、宗教及道德的本质和目的。
9. 不喜欢从事与机器或资料有关的工作，或是结构严密、反复不变的任务。
10. 和别人相处融洽，并能自然地表达情感。
11. 为人处世很圆滑，别人都认为你很仁慈、乐于助人、贴心。

思考与解答

1. 通过对本章的学习，我还是不能很好地确定自己未来的职业目标，还是对前途感到迷惘，我该怎么办呢？
2. 知识问答。
（1）什么是职业生涯规划？
（2）职业生涯规划应遵循哪些原则？职业生涯规划的具体步骤有哪些？
（3）角色转换的原则有哪些？
（4）如何尽快实现职业适应？
（5）创业前，应做好哪些准备？

推荐欣赏

电影推荐
《肖申克的救赎》

书籍推荐

[1] 白山. 做事不贪大，做人不贪小[M]. 北京：北京工业大学出版社，2008.

[2] 李可. 杜拉拉升职记[M]. 西安：陕西师范大学出版社，2007.

[3] 宋三弦. 我为什么不要应届毕业生[M]. 重庆：重庆出版社，2005.

[4] 李开复. 做最好的自己[M]. 北京：人民出版社，2008.